插图升级版

OUTLINE OF MODERN
CHINESE HISTORY

中国近代史

蒋廷黻 著

SPM 南方传媒 | 广东人民出版社

·广州·

中国武力史

（上册）

目 录

小 序

这本《中国近代史》是民国二十七年五、六两月起草的。那时我已辞去驻苏大使的任务，还未恢复行政院政务处的职掌，在汉口有几个月的安逸，于是趁机写这本小书。

我在清华教学的时候，原想费十年工夫写部近代史。抗战以后，这种计划实现的可能似乎一天少一天。我在汉口的那几个月，身边图书虽少，但是我想不如趁机把我对我国近代史的观感作一个简略的初步报告。这是这书的性质，望读者只把它作个初步报告看待。

总　论

中华民族到了十九世纪就到了一个特殊时期。在此以前，华族虽已与外族久已有了关系，但是那些外族都是文化较低的民族。纵使他们入主中原，他们不过利用华族一时的内乱而把政权暂时夺过去。到了十九世纪，这个局势就大不同了，因为在这个时候到东亚来的英、美、法诸国绝非匈奴、鲜卑、蒙古、清朝可比。原来人类的发展可分两个世界，一个是东方的亚洲，一个是西方的欧美。两个虽然在十九世纪以前曾有过关系，但是那种关系是时有时无的，而且是可有可无的。在东方这个世界里，中国是领袖、是老大哥，我们以大哥自居；他国连日本在内，也承认我们的优越地位。到了十九世纪，来和我们找麻烦的不是我们东方世界里的小弟们，是那个素不相识而且文化根本互异的西方世界。

嘉庆、道光年间的中国人当然不认识那个西方世界。直到现在，我们还不敢说我们完全了解西洋的文明。不过有几点我们是可以断定的：第一，中华民族的本质可以与世界上最优秀的民族比，中国人的聪明不在任何别的民族之下。第二，中国的物产虽不及俄、美两国的完备，然总在一般国家水平线之上。第三，我国秦始皇的废封建为郡县及汉、唐两朝的伟大帝国足证我民族是有政治天才的，是故论人论地，中国本可大有作为。然而到了十九世纪，我民族何以遇着空前的难关呢？第一，是因为我们的科学不及人。人与人的竞争，民族与民族的竞争，最足以决胜负的，莫过于知识的高低。科学的知识与非科学的知识比赛，好像汽车与洋车的比赛。在嘉庆、道光年间，西洋的科学基础已经打好了，而我们的祖先还在那里作八股文，讲阴阳五行。第二，西洋已于十八世纪中年起使用机械生财打仗，而我们的工业、农业、运输、军事，仍保存唐宋以来的模样。第三，西洋在中古的政治局面很像中国的春秋时代，文艺复兴以后的局面很像我们的战国时代。在列强争雄的生活中，西洋人养成了热烈的爱国心，深刻的民族观念；我们则死守着家族观念和家乡观念。所以在十九世纪初年，西洋的国家虽小，然团结有如铁石之固；我们的国家虽大，然如一盘散沙，毫无力量。总而言之，到了十九世纪，西方的世界已经具备了所谓近代文化。而东方的世界则仍滞留于中古，我们是落伍了！

近百年的中华民族根本只有一个问题，那就是：中国人能近代化吗？能赶上西洋人吗？能利用科学和机械吗？能废除我们家族和家乡观念而组织一个近代的民族国家吗？能的话，我们民族的前途是光明的；不能的话，我们这个民族是没有前途的。因为在世界上，一切的国家能接受近代文化者必致富强，不能者必遭惨败，毫无例外。并且接受得愈早愈速就愈好。日本就是一个好例子。日本的原有土地不过中国的一省，原有的文化几乎全是隋唐以来自中国学去的。近四十余年以来，日本居然能在国际上做一个头等的国家，就是因为日本接受近代文化很快。我们也可以把俄国作个例子。俄国在十五世纪、十六世纪、十七世纪也是个落伍的国家，所以那时在西洋的大舞台上，几乎没有俄国的地位；可是在十七世纪末年，正当我们的康熙年间，俄国幸而出了一个大彼得，他以专制皇帝的至尊，变名改姓，微服到西欧去学造船、学炼钢。后来他又请了许多西欧的技术家到俄国去，帮助他维新。那时许多的俄国人反对他，尤其是首都莫斯科的国粹党。他不顾一切，奋斗到底，甚至迁都到一个偏僻的，但是滨海的涅瓦河旁，因为他想靠海就容易与近代文化发源地的西欧往来。俄国的近代化基础是大彼得立的，他是俄罗斯民族大英雄之一，所以今日的斯大林还推崇他。

土耳其的命运也足以表示近代文化左右国家富强力量之大。在十九世纪初年，土耳其帝国的土地跨欧、亚、非三洲，土耳其人也是英勇善战的。却是在十九世纪百年之内，别国的科学、机械和民族主义有一日千里的长进，土耳其则只知保守，因此土耳其遂受了欧洲列强的宰割。到了一八七八年以后，土耳其也有少数青年觉悟了非维新不可，但是他们遇着极大的阻力。第一，土耳其的国王，如我国的清朝一样，并无改革的诚意。第二，因为官场的腐败，创造新事业的经费都被官僚侵吞了、浪费了。国家没有受到新事业的益处，人民已加了许多的苛捐杂税，似乎国家愈改革就愈弱愈穷。关于这一点，土耳其的近代史也很像中国的近代史。第三，社会的守旧势力太大，以至有一个人提倡维新，就有十个人反对。总而言之，土耳其在十九世纪末年的维新是三心二意的、不彻底的、无整个计划的。其结果是在上次世界大战中的惨败，国家几致于灭亡。土耳其人经过那次大国难以后一致团结起来，拥护民族领袖凯末尔，于是始得复兴。凯末尔一心一意为国家服务，不知有他。他认识了时代的潮流，知道要救国非彻底接受近代的文化不可。他不但提倡科学、工业，他甚至改革了土耳其的文字，因为土耳其的旧文字太难，儿童费在文字上的时间和脑力太多，能费在实学上的必致减少。现在土耳其立国的基础算打稳了。

日本、俄国、土耳其的近代史大致是前面说的那个样子。这三国接受了近代的科学、机械及民族主义，于是复兴了、富强了。现在我们要研究我们的近代史，我们要注意帝国主义如何压迫我们，我们要仔细研究每一个时期内的抵抗方案，我们尤其要分析每一个方案成败的程度和原因。我们如果能找出我国近代史的教训，我们对于抗战建国就更能有所贡献了。

第一章

剿夷与抚夷

中/国/近/代/史

第一节
英国请中国订立邦交

在十九世纪以前，中西没有邦交。西洋没有派遣驻华的使节，我们也没有派大使公使到外国去。此中的缘故是很复杂的。第一，中西相隔很远，交通也不方便。西洋到中国来的船只都是帆船。那时没有苏伊士运河，中西的交通须绕非洲顶南的好望角，从伦敦到广州顶快需三个月。因此商业也不大：西洋人从中国买的货物不外丝茶及别的奢侈品；我们的经济是自足自给的，用不着任何西洋的出品。所以那时我们的国际贸易总有很大的出超。在这种情形之下，邦交原来可以不必有的。

还有一个缘故，那就是中国不承认别国的平等。西洋人到中国来的，我们总把他们当作琉球人、朝鲜人看待。他们不来，我们不勉强他们；他们如来，必尊中国为上国而以藩属自居。这个体统问题、仪式问题就成为邦交的大阻碍，"天朝"是绝不肯通融的。中国那时不感觉有联络外邦的必要，并且外夷岂不是蛮貊之邦，不知礼义廉耻，与他们往来有什么好处呢？他们贪利而来，天朝施恩给他们，许他们做买卖，借以羁縻与抚绥而已。假若他们不安分守己，天朝就要"剿夷"。那时中国不知道有外交，只知道"剿夷与抚夷"。政治家分派别，不过是因为有些主张剿，有些主张抚。

那时的通商制度也特别。西洋的商人都限于广州一口。在明末清初的时候，西洋人曾到过漳州、泉州、福州、厦门、宁波、定海各处。后来一则因为事实的不方便，二则因为清廷法令的禁止，就成立了所谓一口通商制度。在广州，外人也是不自由的。夏秋两季是买卖季，他们可以住在广州的十三行；买卖完了，他们必须到澳门去过冬。十三行是中国政府指定的十三家可以与外国人做买卖的。十三行

十三行商是拥有垄断中外贸易特权的商业组织，也是清政府与外商之间的媒介，兼有外交职责。清朝统治者授予行商以外贸特权，但也从他们身上取得更多的财富。

的行总是十三行的领袖，也是政府的交涉员。所有广州官吏的命令都由行总传给外商；外商上给官吏的呈文也由行总转递。外商到广州照法令不能坐轿，事实上官吏很通融。他们在十三行住的时候，照法令不能随便出游，逢八（那就是初八、十八、二十八）可以由通事领导到河南的"花地"去游一次。他们不能带军器进广州。"夷妇"也不许进去，以防"盘踞之渐"。顶奇怪的禁令是外人不得买中国书，不得学中文。第一个耶稣教传教士马礼逊博士的中文教师，每次去授课的时候，身旁必须随带一只鞋子和一瓶毒药。鞋子表示他是去买鞋子的，不是去教书的，毒药是预备万一官府查出，可以自尽。

那时中国的海关是自主的，朝廷所定的海关税则原来很轻，平均不过百分之四。清朝政府并不看重那笔海关收入，但是官吏所加的陋规极其繁重，大概连正税要收货价百分之二十。中国法令规定税则应该公开；事实上，官吏绝守秘密，以便随意上下其手。外人每次纳税都经过一种讲价式的交涉，因此很不耐烦。

中国那时对于法权并不看重。在中国境内外国人与外国人的民刑案件，我国官吏不愿过问，那就是说，自动地放弃境内的法权。譬如，乾隆十九年，一个法国人在广州杀了一个英国人，广州的府县最初劝他们自己调解。后因英国坚决要求，官厅始理问。中国人与外国人的民事案件总是由双方设法和解，因为双方都怕打官司之苦。倘若中国人杀了外国人，官厅绝不偏袒，总是杀人者抵死，所以外人很满意。只有外国人杀中国人的案子麻烦，中国要求外人交凶抵死。在十八世纪中叶以前，外人遵命者多，以后则拒绝交凶，拒绝接受中国官厅的审理，因为他们觉得中国刑罚太重，审判手续太不高明。

外人最初对于我们的通商制度虽不满意，然而觉得既是中国的定章，只好容忍。到了十八世纪末年（乾隆末年，嘉庆初年），外人的态度就慢慢地变了。这时中国的海外留易大部分在英国的东印度公司手里。在广州的外人之中，英国已占领了领袖地位。英国此时的工业革命已经起始，昔日的手工业都慢慢地变为机械制造。海外市场在英国的国计民生上一天比一天紧要。中国对通商的限制，英国认为最不利于英国的商业发展。同时英国在印度已战胜了法国，印度半岛全入了英国的掌握。以后再往亚东发展也就更容易了，因为有了印度作发展的根据地。

当时欧洲人把乾隆皇帝作为一个模范的开明君主看。英国人以为在华通商所遇着的困难都是广州地方官吏做出来的。倘若有法能使乾隆知道，他必愿意改革。一七九二年（乾隆五十七年）正是乾隆帝满八十岁的一年，如果英国趁机派使来贺寿，那就能得着一个交涉和促进中英友谊的机会。广州官吏知道乾隆的虚荣心，竭力怂恿英国派使祝寿。于是英国乃派马戛尔尼伯爵为全权特使来华。

马戛尔尼使节的预备是很费苦心的。特使乘坐头等兵船，并带卫队。送乾隆的礼物都是英国上等的出品，用意不外要中国知道英国是个富强而且文明的国家。英政府给马戛尔尼的训令要他竭力迁就中国的礼俗，唯必须表示中、英的平等。交涉的目的有好几个：第一，英国愿派全权大使常驻北京，如中国愿派大使到伦敦去，英廷必以最优之礼款待之。第二，英国希望中国加开通商口岸。第三，英国希望中国有固定的、公开的海关税则。第四，英国希望中国给它一个小岛，可以供英国商人居住及贮货，如同葡萄牙人在澳门一样。在乾隆帝方面，他也十分高兴迎接英国的特使，但是乾隆把他当作一个藩属的贡使看待，要他行跪拜礼。马戛尔尼最初不答应，后来有条件地答应。

他的条件是：将来中国派使到伦敦去的时候，也必须向英王行跪拜礼；或是中国派员向他所带来的英王的画像行跪拜答礼。他的目的不外要表示中、英的平等。中国不接受他的条件，也就拒绝行跪拜礼。乾隆帝很不快乐，接见以后，就要他离京回国。至于马戛尔尼所提出的要求，中国都拒绝了。那次英国和平的交涉要算完全失败了。

十八世纪末年和十九世纪初年，欧洲正闹法兰西革命和拿破仑战争，英国无暇顾及远东商业的发展。等到战事完了，英国遂派第二次的使节来华，其目的大致与第一次同。但是嘉庆给英使的待遇远不及乾隆，所以英使不但外交失败，并且私人对我的感情也不好。

英国有了这两次的失败，知道和平交涉的路走不通。

中西的关系是特别的。在鸦片战争以前，我们不肯给外国平等待遇；在以后，他们不肯给我们平等待遇。

到了十九世纪，我们只能在国际生活中找出路，但是嘉庆、道光、咸丰年间的中国人，不分汉满，仍图闭关自守，要维持历代在东方世界的光荣地位，根本否认那个日益强盛的西方世界。我们倘若大胆地踏进大世界的生活，我们需要高度的改革，不然，我们就不能与列强竞争。但是我们有与外人并驾齐驱的人力物力，只要我们有此决心，我们可以在十九世纪的大世界上得着更光荣的地位。我们研究我民族的近代史必须了解近代的邦交是我们的大困难，也是我们的大机会。

第二节
英国人做鸦片买卖

在十九世纪以前，外国没有什么大宗货物是中国人要买的，外国商船带到中国来的东西只有少数是货物，大多数是现银。那时经济学者，不分中外，都以为金银的输出是于国家有害的。各国都在那里想法子加增货物的出口和金银的进口。在中国的外商，经过多年的试验，发现鸦片是种上等的商品。于是英国东印度公司在印度乃奖励种植，统制运销。乾隆初年，鸦片输入每年约四百箱，每箱约百斤。乾隆禁止内地商人贩卖，但是没有效果。到了嘉庆初年，输入竟加了十倍，每年约四千箱。嘉庆下令禁止入口，但是因为官吏的腐败和查禁的困难，销路还是继续加增。

道光对于鸦片是最痛心的，对于禁烟是最有决心的。即位之初，他就严申禁令，可是在他的时代，鸦片的输入加增最快。道光元年（一八二一年）输入尚只五千箱，道光十五年，就加到了三万箱，值价约一千八百万元。中国的银子漏出，换这有害无益的鸦片，全国上下都认为是国计民生的大患。广东有般绅士觉得烟禁绝不能实行，因为"法令者，胥役之所借以为利也，立法愈峻，则索贿愈多"。他们主张一面加重关税，一面提倡种植，拿国货来抵外货，久而久之，外商无利可图，就不运鸦片进口了。道光十四五年的时候，这一派的议论颇得势，但是除许乃济一人外，没有一人敢冒天下之大不韪，公开提倡这个办法。道光十八年，黄爵滋上了一封奏折，大声疾呼地主张严禁。他的办法是严禁吸食，他说没有人吸，就没有人卖，所以吸者应治以死罪：

> 请皇上严降谕旨，自今年某日起，至明年某月日止，准给一年期限戒烟，虽至大之瘾，未有不能断绝。若一年以后，仍然吸食，是不奉法之乱民，置之重刑，无不平允。查旧例，吸食鸦片者罪仅枷杖，其不指出兴贩者罪杖一百，徒三年，然皆系活罪。断瘾之苦，甚于枷杖与徒，故甘犯明刑，不肯断绝。若罪以死论，是临刑之惨急，更苦于断瘾之苟延，臣知其情愿断瘾而死于家，必不愿受刑而死于市。惟皇上明慎用刑之至意，诚恐立法稍严，互相告讦，必至波及无辜。然吸食鸦片者，是否有瘾无瘾，到官熬审，立刻可辨。如非吸食之人，虽大怨深仇，不能诬枉良善；果系吸食，究亦无从掩饰。故虽用重刑，并无流弊。

这封奏折上了以后，道光令各省的督抚讨论。他们虽不彰明地反对黄爵滋，总觉得他的办法太激烈，他们说吸食者尚只害自己，贩卖者则害许多别人，所以贩卖之罪，重于吸食之罪。广州是鸦片烟的总进口，大贩子都在那里，要禁烟应从广州下手。唯独湖广总督林则徐完全赞成黄爵滋的主张，并建议各种实施办法。道光决定吸食与贩卖都要加严禁止，并派林则徐为钦差大臣，驰赴广州查办烟禁。林文忠贩卖鸦片的趸船，和中国渔船相比之下大得多。由于鸦片输入激增，中英贸易逐渐变化，中国国内发生严重银荒，造成银贵钱贱，出现通货膨胀。

公是当时政界声望最好、办事最认真的大员，士大夫尤其信任他，他的自信力也不小。他虽然以前没有办过"夷务"，他对外国人说："本大臣家居闽海，于外夷一切伎俩，早皆深悉其详。"

实在当时的人对禁烟问题都带了几分客气。在他们的私函中，他们承认禁烟的困难，但是在他们的奏章中，他们总是逢迎上峰的意旨唱高调。这种不诚实的行为是我国士大夫阶级大毛病之一。其实禁烟是个极复杂、极困难的问题。纵使没有外国的干涉，禁烟已极其困难，何况在道光间英国人绝不愿意我们实行禁烟呢？那时鸦片不但是通商的大利，而且是印度政府财政收入之大宗。英国对于我们独自尊大、闭关自守的态度已不满意，要想和我们算一次账，倘若我们因鸦片问题给予英国任何借口，英国绝不惜以武力对付我们。

那次的战争我们称为"鸦片战争"，英国人则称为"通商战争"，两方面都有理由。关于鸦片问题，我方力图禁绝，英方则希望维持原状：我攻彼守。关于通商问题，英方力图获得更大的机会和自由，我方则硬要维持原状：彼攻我守。就世界大势论，那次的战争是不能避免的。

第三节
东西对打

    林则徐于道光十九年正月二十五日行抵广州，经一个星期的考虑和布置，他就动手了。他谕告外国人说："利己不可害人，何得将尔国不食之鸦片烟带来内地，骗人财而害人命乎？"他要外国人做两件事：第一，把已到中国而尚未出卖的鸦片"尽数缴官"。第二，出具甘结，声明以后不带鸦片来华，如有带来，一经查出，甘愿"货尽没官，人即正法"。外国人不知林则徐的品格，以为他不过是个普通官僚，到任之初，总要出个告示，大讲什么礼义廉耻，实在还不是要价？价钱讲好了，买卖就可以照常做了。因此他们就观望、就讲价。殊不知林则徐不是那类的人："若鸦片一日未绝，本大臣一日不回，誓与此事相始终，断无中止之理。"到了二月初十，外人尚不肯交烟，林则徐就下命令，断绝广州出海的交通，派兵把十三行围起来，把行里的中国人都撤出，然后禁止一切的出入。换句话说，林则徐把十三行做了外国人的监牢，并且不许人卖粮食给他们。

    当时在十三行里约有三百五十个外国人，连英国商业监督义律在内。他们在里面当然要受相当的苦，煮饭、洗碗、打扫都要自己动手。但是粮食还是有的，外人预贮了不少，行商又秘密地接济。义律原想妥协，但是林则徐坚持他的两种要求。是时英国在中国洋面只有两只小兵船，船上的水兵且无法到广州。义律不能抵抗，只好屈服。他屈服的方法很值得我们注意。他不是命令英国商人把烟交给林则徐，他是教英商把烟交给他，并且由他以商业监督的资格给各商收据，一转手之间，英商的鸦片变为大英帝国的鸦片。

义律共交出二万零二百八十箱，共计二百数十万斤，实一网打尽。这是林文忠的胜利，道光帝也高兴极了。他批林的奏折说："卿之忠君爱国皎然于域中化外矣。"外人尚不完全相信林真是要禁烟，他们想林这一次发大财了。林在虎门海滩挑成两个池子，"前设涵洞，后通水沟，先由沟道引水入池，撒盐其中，次投箱中烟土，再抛石灰煮之，烟灰汤沸，颗粒悉尽。其味之恶，鼻不可嗅，潮退，启放涵洞，随浪入海，然后刷涤池底，不留涓滴"。共历二十三日，全数始尽销毁，逐日皆有文武官员监视，外人之来观者，详记其事，深赞钦差大臣之坦然无私。

义律当时把缴烟的经过详细报告英国政府以后，静待政府的训令。林文忠的大功告成，似乎可以休手了。并且朝廷调他去做两江总督，他可是不去。他说，已到的鸦片，既已销毁，但是以后还可以来。他要彻底，方法就是要外商人人出具甘结，以后不做鸦片买卖。这个义律不答应，于是双方又起冲突了。林自觉极有把握。他说，英国的战斗力亦不过如此，英国人"腿足缠束紧密，屈伸皆所不便"。虎门的炮台都重修过，虎门口他又拿很大的铁链封锁起来。他又想外国人必须有茶叶、大黄，他禁止茶叶、大黄出口，就可以致外人的死命。那年秋冬之间，广东水师与英国两只小兵船有好几次的冲突，林报告朝廷，中国大胜，因此全国都是乐观的。

英国政府接到义律的信以后，就派全权代表懿律率领海陆军队来华。这时英国的外相是巴麦尊，有名的好大喜功的帝国主义者。他不但索鸦片赔款、军费赔款，并且要求一扫旧日所有的通商限制和邦交的不平等。懿律于道光二十年（一八四〇年）的夏天到广东洋面。倘若英国深知中国的国情，懿律应该在广州与林则徐决胜负，因为林是主战派的领袖。但英国人的策略并不在此，懿律在广东并不进攻，仅宣布封锁海口。中国人的解释是英国怕林则徐。封锁以后，懿律北上，派兵占领定海。定海并无军备，中国人觉得这是不武之胜。以后义律和懿律就率主力舰队到大沽口。

定海失守的消息传到北京以后，清廷愤懑极了。道光下令调陕、甘、云、贵、湘、川各省的兵到沿海各省，全国脚慌手忙。上面要调兵，下面就请饷。道光帝最怕花钱，于是对林则徐的信任就减少了。七月二十二日他的上谕骂林则徐道："不但终无实际，反生出许多波澜，思之曷胜愤懑，看汝以何词对朕也。"

是时在天津主持交涉者是直隶总督琦善。他下了一番知己知彼的功夫。他派人到英国船上假交涉之名去调查英国军备，觉得英人的船坚炮利远在中国之上。他国的汽船，"无风无潮，顺水逆水，皆能飞渡"；他们的炮位之下，"设有石磨盘，中具机轴，只须移转磨盘，炮即随其所向"。回想中国的设备，他觉得可笑极了。山海关的炮，尚是"前明之物，勉强蒸洗备用"。所谓大海及长江的天险已为外人所据，"任军事者，率皆文臣，笔下虽佳，武备未谙"。所以他决计抚夷。

英国外交大臣致中国宰相书很使琦善觉得他的抚夷政策是大有希望的。那封书的前半都是批评林则徐的话，说他如何残暴武断，后半提出英国的要求。琦善拿中国人的眼光来判断那封书，觉得它是个状纸。林则徐待英人太苛了，英人不平，所以要大皇帝替他们申冤。他就将计就计，告诉英国人说："上年钦差大臣林等查禁烟土，未能体仰大皇帝大公至正之意，以致受人欺蒙，措置失当。必当逐细查明重治其罪。唯其事全在广东，此间无凭办理。贵统帅等应即返棹南还，听候钦差大臣驰往广东，秉公查办，定能代申冤抑。"至于赔款一层，中国多少会给一点，使英代表可以有面子回国。至于变更通商制度，他告诉英国人，事情解决以后，英人可照旧通商，用不着变更。懿律

镇江之战是第一次鸦片战争的最后一战，此战失败后清朝政府被迫同英国签订《南京条约》。

和义律原不愿在北方打仗，所以就答应了琦善回到广州去交涉，并表示愿撤退在定海的军队。道光帝高兴极了，觉得琦善三寸之舌竟能说退英国的海陆军，远胜林则徐的孟浪多事，于是下令教内地各省的军队概归原防，"以节糜费"。同时革林则徐的职，教琦善去代替他。

琦善到了广东以后，他发现自己把事情看得太容易了。英国人坚持赔款和割香港或加通商口岸，琦善以为与其割地，不如加开通商口岸。但是怕朝廷不答应，所以只好慢慢讲价，稽延时日。英人不耐烦，遂于十二月初开火了。大角沙角失守以后，琦善遂和义律订立条约，赔款六百万元，割香港予英国，以后给予英国平等待遇。道光不答应，骂琦善是执迷不悟，革职锁拿，家产查抄入官，同时调大兵赴粤剿办。英国政府也不满意义律，另派代表及军队来华。从这时起中英双方皆一意主战，彼此决不交涉。英国的态度很简单：中国不答应他的要求，他就不停战。道光也是很倔强的：一军败了，再调一军。中国兵士有未出战而先逃者，也有战败而宁死不降不逃者。将帅有战前妄自夸大而临战即后退者，也有鞠躬尽瘁死而后已者，如关天培、裕谦、海龄诸人。军器不如人，自不待说；纪律不如人，精神不如人，亦不可讳言。人民有些甘做汉奸，有些为饥寒所迫，投入英军做苦力。到了二十二年的夏天，英军快要攻南京的时候，清廷知道没有办法，不能再抵抗，于是接受英国要求，订立《南京条约》。

第四节
民族丧失二十年的光阴

鸦片战争失败的根本理由是我们的落伍。我们的军器和军队是中古的军器和军队，我们的政府是中古的政府，我们的人民，连士大夫阶级在内，是中古的人民。我们虽拼命抵抗终归失败，那是自然的、逃不脱的。从民族的历史看，鸦片战争的军事失败还不是民族致命伤；失败以后还不明了失败的理由力图改革，那才是民族的致命伤。倘使同治、光绪年间的改革移到道光、咸丰年间，我们的近代化就要比日本早二十年，远东的近代史就要完全变更面目。可惜道光、咸丰年间的人没有领受军事失败的教训，战后与战前完全一样，麻木不仁，妄自尊大。直到咸丰末年英法联军攻进了北京，然后有少数人觉悟了，知道非学西洋不可。所以我们说，中华民族丧失了二十年的宝贵光阴。

为什么道光年间的中国人不在鸦片战争以后就起始维新呢？此中缘故虽极复杂，但是值得我们研究。第一，中国人的守旧性太重。我国文化有了这几千年的历史，根深蒂固，要国人承认有改革的必要，那是不容易的。第二，我国文化是士大夫阶级的生命线。文化的摇动，就是士大夫饭碗的摇动。我们一实行新政，科举出身的先生们，就有失业的危险，难怪他们要反对。第二，中国士大夫阶级（知识阶级和官僚阶级）最缺乏独立的、大无畏的精神。无论在哪个时代，总有少数人看事较远较清，但是他们怕清议的指摘，默而不言，林则徐就是个好例子。

林则徐实在有两个，一个是士大夫心目中的林则徐，一个是真正的林则徐。前一个林则徐是主剿的，他是百战百胜的，他所用的方法都是中国的古法。可惜奸臣琦善受了英人的贿赂，把他驱逐了。英人未去林之前，不敢在广东战；既去林之后，当然就开战。所以士大夫想中国的失败不是因为中国的古法不行，是因为奸臣误国。当时的士大夫得了这样的一种印象，也是很自然的。林的奏章充满了他的自信心，可惜自道光二十年夏天定海失守以后，林没有得着机会与英国比武，难怪中国人不服输。

林则徐画像

真的林则徐是慢慢地觉悟了的。他到了广东以后，他就知道中国军器不如西洋，所以他竭力买外国炮，买外国船，同时他派人翻译外国所办的刊物。他在广东所搜集的材料，他给了魏默深。魏后来把这些材料编入《海国图志》。这部书提倡以夷制夷，并且以夷器制夷。后来日本的文人把这部书译成日文，促进了日本的维新。

林虽有这种觉悟，他怕清议的指摘，不敢公开地提倡。清廷把他谪戍伊犁，他在途中曾致书友人说：

> 彼之大炮，远及十里内外，若我炮不能及彼，彼炮先已及我，是器不良也。彼之放炮，如内地之放排枪，连声不断。我放一炮后，须辗转移时，再放一炮，是技不熟也。求其良且熟焉，亦无他谬巧耳。不此之务，即远调百万貔貅，恐只供临敌之一哄。况逆船朝南暮北，惟水军始能尾追，岸兵能顷刻移动否？盖内地将弁兵丁，虽不乏久历戎行之人，而皆觌面接仗，似此之相距十里八里，彼此不见面而接仗者，未之前闻，故所谋往往相左。徐尝谓剿夷有八字要言，器良技熟，胆壮心齐是已。第一要大炮得用，今此一物置之不讲，真令岳韩束手，奈何奈何！

这是他的私函，道光二十二年九月写的。他请他的朋友不要给别人看。换句话说，真的林则徐，他不要别人知道。难怪他后来虽又被派为陕甘总督和云贵总督，他总不肯公开提倡改革。他让主持清议的士大夫睡在梦中，他让国家日趋衰弱，而不肯牺牲自己的名誉去与时人奋斗。林文忠无疑的是中国旧文化最好的产品。他尚以为自己的名誉比国事重要，别人更不必说了。士大夫阶级既不服输，他们当然不主张改革。

主张抚夷的琦善、耆英诸人虽把中外强弱的悬殊看清楚了，而且公开地宣传了，但是士大夫阶级不信他们，而且他们无自信心，对民族亦无信心，只听其自然，不图振作，不图改革。我们不责备他们，因为他们是不足责的。

第五节
不平等条约开始

　　道光二十二年八月二十九日在南京所订的《中英条约》不过是战后新邦交及新通商制度的大纲，次年的《虎门条约》才规定细则。我们知道战后的整个局面应该把两个条约合并起来研究。我们应该注意的有下列几点：第一，赔款二千一百万两。第二，割香港。第三，开放广州、厦门、福州、宁波、上海为通商口岸。第四，海关税则详细载明于条约，非经两国同意不能修改，是即所谓协定关税。第五，英国人在中国者只受英国法律和英国法庭的约束，是即所谓治外法权。第六，中英官吏平等往来。

　　当时的人对于这些条款最痛心的是五口通商。他们觉得外人在广州一口通商的时候已经不易防范，现在有五口通商，外人可以横行天下，防不胜防。直到前清末年，文人忧国者莫不以五口通商为后来的祸根。五口之中，他们又以福州为最重要，上海则是中、英双方所不重视的。割让土地当然是时人所反对的，也应该反对的。但是香港在割让以前毫无商业的或国防的重要。英人初提香港的时候，北京还不知道香港在哪里。时人反对割地，不是反对割香港。

《南京条约》是自清朝于两百多年前确立了较稳定的版图后第一次因战败而所签署的割地条约。香港成为大英继印度后在远东的一个新据点，从十九世纪开始逐渐发展成为转口和贸易重镇。

　　协定关税和治外法权是我们近年所认为不平等条约的核心，可是当时的人并不这样看。治外法权，在道光时代的人的目光中，不过是让夷人管夷人。他们想那是最方便、最省事的办法。至于协定关税，他们觉得也是方便省事的办法。每种货物应该纳多少税都明白地载于条约，那就可以省除争执。负责交涉条约的人如伊里布、耆英、黄恩彤诸人知道战前广东地方官吏的苛捐杂税是引起战争的原因之一，现在把关税明文规定岂不是一个釜底抽薪、一劳永逸的办法？而且新的税则平均到百分之五，比旧日的自主关税还要略微高一点。负交涉责任者计算以后海关的收入比以前还要多，所以他们洋洋得意，以为他们的外交成功。其实他们牺牲了国家的主权，贻害不少。总而言之，道光年间的中国人，完全不懂国际公法和国际形势，所以他们争所不当争，放弃所不应当放弃的。

我们与英国订了这种条约，实因为万不得已，如别的国家来要求同样的权利，我们又怎样对付呢？在鸦片战争的时候，国内分为两派：剿夷派和抚夷派。前者以林则徐为领袖，后者以琦善为领袖。战争失败以后，抚夷派当然得势了。这一派在朝者是军机大臣穆彰阿，在外的是伊里布和耆英。中、英订了条约以后，美、法两国就派代表来华，要求与我国订约。抚夷派的人当然不愿意与美国、法国又打仗，所以他们自始就决定给美、法的人平等的待遇。他们说，倘若中国不给，美、法的人大可以假冒英人来做买卖，我们也没有法子查出。这样做下去，美、法的人既靠英国人，势必与英国人团结一致，来对付我们；假使中国给美、法通商权利，那美国、法国必将感激中国，我们或者还可以联络美、法来对付英国。并且伊里布、耆英诸人以为中国的贸易是有限的，这有限的贸易不让英国独占，让美、法分去一部分，与中国并无妨碍，中国何不做个顺水人情？英国为避免别国的妒忌，早已声明它欢迎别国平等竞争。所以美国、法国竟能和平与中国订约。

不平等条约的根源一部分由于我们的无知，一部分由于我们的法制未达到近代文明的水准。

第六节
剿夷派又抬头

在鸦片战争以前，广州与外人通商已经三百多年，好像广州人应该比较得多知道外国的情形，比别处的中国人应该更能与外人相安无事。其实不然，五口通商以后，唯独广州人与外人感情最坏、冲突最多。此中原因复杂。第一，英国在广州受了多年的压迫，无法出气，等到他们打胜了，他们觉得他们出气的日子到了，他们不能平心静气地原谅中国人因受了战争的痛苦而对他们自然不满意，自然带几分的仇视。第二，广东地方官商最感觉《南京条约》给他们私人利益的打击。在鸦片战争以前，因为中外通商集中于广州，地方官吏，不分大小，都有发大财的机会。《南京条约》以后，他们的意外财源都禁绝了，难怪他们要恨外国人。商人方面也是如此。在战前，江、浙的丝茶都由陆路经江西、过梅岭，而由广州的十三行卖给外国人。据外人的估计，伍家的怡和行在战前有财产八千多万，恐怕是当时世界上最富的资本家。《南京条约》以后，江、浙的丝茶，外人直接到江、浙去买，并不经过广州。五口之中，上海日盛一日，而广州则日形衰落。不但富商受其影响，就是劳工直接间接受影响的都不少。

　　仇外心理的表现之一就是排斥外国人。他们到郊外去玩的时候，乡民出其不意，就把他们杀了。耆英知道这种仇杀一定要引起大祸，所以竭力防御，决不宽容。他严厉地执行国法，杀人者处死，这样一来，士大夫骂他是洋奴。他们说，官民应该一致对外，哪可以压迫国民以顺夷情呢？因此耆英在广东的地位，一天困难一天。

　　在广东还有外人进广州城的问题。照常识看来，许外国人到广州城里去似乎是无关宏旨的。在外人方面，不到广州城里去似乎也没任何损失，可是这个入城问题竟成了和战问题。在上海，就全无这

与外国人交往时间最长，对外国人也最应了解的广东人，却与外国人交恶最多，认为外国人在广州城中出现有损其尊严，双方在此遂起诸多争执。

种纠纷。《南京条约》以后，外人初到上海的时候，他们在上海城内租借民房；后来他们感觉城内街道狭小，卫生情形也不好，于是请求在城外划一段地作为外人居留地区。上海道台也感觉华洋杂处，不便管理，乃划洋泾浜以北的小块地作为外人住宅区。这是上海租界的起源。广州十三行原在城外，鸦片战争以前，外人是不许入城的。广州人简直把城内作为神圣之地，外夷倘进去，就好像于尊严有损。外人也是争意气，他们以为不许他们入城，就是看不起他们。耆英费尽苦心调停于外人与广州人民之间，不料双方愈闹愈起劲。道光二十七年，英人竟兵临城下，要求入城。耆英不得已，许于两年后准外人入城，希望在两年之内，或者中外感情可以改良，入城可以不成问题。但当时人民攻击耆英者多，于是道光调他入京，而升广东巡抚徐广缙为两广总督，道光给徐的上谕很清楚地表示他的态度：

> 疆寄重在安民，民心不失，则外侮可弭。嗣后遇有民夷交涉事件，不可瞻徇迁就，有失民心。至于变通参酌，是在该署督临时加意权衡体察，总期以诚实结民情，以羁縻办夷务，方为不负委任。

徐广缙升任总督以后，就写信问林则徐驭夷之法。林回答说："民心可用。"道光的上谕和林则徐的回答都是士大夫阶级传统的高调和空谈。仅以民心对外人的炮火当然是自杀。民心固不可失，可是一般人民懂得什么国际关系？主政者应该负责指导舆论。如不指导，或指导不生效，这都是政治家的失败。徐广缙也是怕清议的指责，也是把自己的名誉看得重，国家事看得轻。当时广东巡抚叶名琛比徐广缙更顽固。他们继承了林则徐的衣钵，他们上台就是剿夷派的抬头。

　　道光二十九年，两年后许入城的约到了期。英人根据条约提出要求，广州的士大夫和民众一致反对。徐广缙最初犹疑，后亦无可奈何，只好顺从民意。叶名琛自始即坚决反对履行条约。他们的办法分两层：第一，不与英人交易。第二，组织民众。英人这时不愿为意气之争与中国决裂，所以除声明保存条约权利以外，没有别的举动。徐、叶认为这是他们的大胜利，事后他们报告北京说：

　　　　计自正月二十七日至三月二十日，居民则以工人，铺户则以伙伴，均择其强壮可靠者充补，挨户注册，不得在外雇募，公同筹备经费，置造器械，添设栅栏，共团勇至十万余人。无事则各安工作，有事则立出捍卫。明处不见荷戈持戟之人，暗中实皆折冲御侮之士（朱批：朕初不料卿等有此妙用。）……众志成城，坚逾金石，用能内戢土匪，外警猾夷。

　　为纪念胜利，道光帝赏了徐广缙子爵，世袭双眼花翎，叶名琛男爵，世袭花翎。道光又特降谕旨，嘉勉广州民众：

　　　　我粤东百姓，素称骁勇。乃近年深明大义，有勇知方，固由化导之神，亦系天性之厚，难得十万之众，利不夺而势不移，朕念其翊戴之功，能无恻然有动于中乎！

　　三十年（一八五〇年）年初道光死了，咸丰即位。在咸丰年间，国内有太平天国的内战，对外则剿夷派的势力更大。三十年五月，有个御史曹履泰上奏说：

> 查粤东夷务，林始之而徐终之，两臣皆为英夷所敬畏。去岁林则徐乞假回籍，今春取道江西养疾。使此日英夷顽梗不化，应请旨饬江西抚臣速令林则徐赶紧来京，候陛见后，令其协办夷务，庶几宋朝中国复相司马之意。若精神尚未复元，亦可养病京中，勿遽回籍。臣知英夷必望风而靡，伎俩悉无所施，可永无宵旰之虑矣。

咸丰也很佩服林则徐，当即下令教林来京。林的运气真好：他病大重，以后不久就死了，他的名誉借此保存了。

第七节
剿夷派崩溃

林则徐死了，徐广缙离开广东去打太平天国去了。在广东负外交重责的是叶名琛。他十分轻视外人，自然不肯退让。在外人方面，他们感觉已得的权利不够，他们希望加开通商口岸。旧有的五口只包括江、浙、闽、粤四省海岸，现在他们要深入长江，要到华北，其次他们要派公使驻北京。此外他们希望中国地方官吏不拒绝与外国公使领事往来。最后他们要求减轻关税并废除厘金。这些要求除最后一项外，并没有什么严重的性质。但是咸丰年间的中国人反而觉得税收一项倒可通融，至于北京驻使、长江及华北通商及官吏与外人往来各项简直有关国家的生死存亡，是绝对不可妥协的。

咸丰四年（一八五四年），英、美两国联合要求修改条约。当时中国没有外交部，所有的外交都由两广总督办。叶名琛的对付方法就是不交涉。外人要求见他，他也不肯接见。英、美两国的代表跑到江苏去找两江总督，他劝他们回广东去找叶名琛。他们后来到天津，地方当局只允奏请皇帝施恩稍为减免各种税收，其余一概拒绝。总而言之，外人简直无门可入。他们知道要修改条约只有战争一条路。

英方描绘中国人在"亚罗"号上的粗暴行为，此被认为是英帝国的战争宣传。画作标题："中国官员扯下了英国国旗！"

　　咸丰六年（一八五六年），叶名琛派兵登香港注册之"亚罗"船上去搜海盗，这一举给了英国人开战的口实。不久，法国传教士马赖神父在广西西林被杀，叶名琛不好好处理，又得罪了法国。于是英法联军来和我们算总账。

　　七年冬天，英法联军首先进攻广东。英、法不但打进广州，而且把总督巡抚都俘虏了。叶后来押送印度，死在加尔各答。巡抚柏贵出来做英、法的傀儡维持地方治安。

　　八年，英法联军到大沽口。交涉失败，于是进攻。我们迫不得已与订《天津条约》，接受英、法的要求。于是英、法撤退军队。

清廷对于北京驻使及长江通商始终不甘心，总要想法挽回，清廷派桂良和花沙纳到上海，名为交涉海关细则，实则想取消《天津条约》。为达到这个目的，清廷准备出很大的代价。只要英、法放弃北京驻使、长江开通商口岸，清廷愿意以后全不收海关税。幸而桂良及何桂清反对这个办法，所以《天津条约》未得挽回。清廷另一方面派科尔沁亲王僧格林沁在大沽布防。僧格林沁是当时著名勇将之一，办事极认真。

九年，英、法各国代表又到大沽，预备进京去交换《天津条约》的批准证书。他们事先略闻中国要修改《天津条约》，并在大沽设防，所以他们北上的时候，随带相当海军。到了大沽口，看见海河已堵塞，他们啧啧不平，责中国失信，并派船拔取防御设备，僧格林沁就令两岸的炮台出其不意同时开炮。英、法的船只竟无法抵抗。陆战队陷于海滩的深泥，亦不能登岸。他们只有宣告失败，等国内增派军队。

咸丰九年的冬季及十年的春季，正是清廷与太平天国内战最紧急的时候。苏州被太平军包围，危在旦夕。江、浙的官吏及上海、苏州一带的绅士听见北方又与英、法开战，简直惊慌极了，因为他们正竭力寻求英、法的援助来对付太平军。所以他们对北京再三请求抚夷，说明外人兵力之可畏及长江下游局势之险急。清廷虽不许他们求外人的援助，恐怕示弱于人，但外交政策并不因大沽口的胜利而转强硬。北京此时反愿意承认《天津条约》。关于大沽的战事，清廷的辩护亦极有理。倘使英、法各国代表的真意旨是在进京换约，何必随带重兵？海河既为中国领河，中国自有设防的权，而这种防御或者是对太平军，并非对外仇视的表示。海河虽阻塞，外国代表尚可在北塘上岸，有陆路进北京。我国根据以上理论的宣传颇生效力。大沽之役以后，英、法并不坚持要报复，要雪耻。他们只要求赔偿损失及其他不关重要之条约解释与修改。这种《天津条约》以外的要求遂成为咸丰十年英法联军的起因。

十年，英、法的军队由侧面进攻大沽炮台，僧格林沁不能支持，连天津都不守了。清廷又派桂良等出面在天津交涉。格外的要求答应了。但到签字的时候，一则英、法代表要求率卫队进京，二则因为他们以为桂良的全权的证书不合格式，疑他的交涉不过是中国的缓兵之计，所以又决裂了。英、法的军队直向北京推进。清廷改派怡亲王载垣为钦差大臣，在通州交涉。条件又讲好了，但英使的代表巴夏礼在签字之前声明英使到北京后，必须向中国皇帝面递国书。这是国际应行的礼节，但那时中国人认为这是外夷的狂悖，其居心叵测，中国决不能容忍。载垣乃令军队捕拿英、法代表到通州来的交涉人员。这一举激怒外人，军事又起了。

咸丰帝原想"亲统六师，直抵通州，以伸天讨，而张挞伐"。可是通州决裂以后，他就逃避热河，派恭亲王奕䜣留守北京。奕䜣是咸丰的亲弟，这时只二十八岁。他当然毫无新知识。八年天津交涉的时候，他竭力反对长江通商。捕拿外国交涉代表最初也是他提议的，所以他也是属于剿夷派的。但他是个有血性的人，且真心为国图谋。他是清朝后百年宗室中之贤者。在道、咸时代，一般士大夫不明天下大势是可原谅的，但是战败以后而仍旧虚骄，如附和林则徐的剿夷派，或是服输而不图振作、不图改革，如附和耆英的抚夷派，那就不可救药了。恭亲王把握政权以后，天下大势为之一变。他虽缺乏魄力，

（但）他有文祥做他的助手。文祥虽是亲贵，但他的品格可说是中国文化的最优代表，他为人十分廉洁，最尽孝道。他可以做督抚，但因为有老母在堂，不愿远行，所以坚辞。他办事负责而认真，且不怕别人的批评。我们如细读《文文忠年谱》，我们觉得他真是一个"先天下之忧而忧，后天下之乐而乐"的大政治家。

　　奕䜣与文祥在元首逃难、京都将要失守的时候，接受大命。他们

第八世额尔金伯爵下令焚烧圆明园，作为对清朝皇帝的直接惩罚，英法联军再度抢掠，徒手搬运，无法搬走的如古瓷器和古铜器就地打碎。法国作家维克多·雨果曾对此给予强烈谴责，认为此事为"两个强盗的胜利"。

最初因无外交经验，不免举棋不定。后来把情势看清楚了，他们就毅然决然承认外人的要求，与英、法订立《北京条约》。条约签订以后，英、法退军，中国并没丧失一寸土地。咸丰八年的《天津条约》和十年的《北京条约》是三年的战争和交涉的结果。条款虽很多，主要的是北京驻使和长江通商。历史上的意义不外从此中国与西洋的联系更要密切了。这种联系固可以为祸，亦可以为福，看我们振作与否。奕䜣与文祥决不转头回看，留恋那已去不复回的闭关时代。他们大着胆向前进，到国际生活中去找新出路。我们研究近代史的人所痛心的就是这种新精神不能出现于鸦片战争以后而出现于二十年后的咸末同初。一寸光阴一寸金，个人如此，民族更如此。

第二章

洪秀全与曾国藩

中/国/近/代/史

第一节
旧社会走循环套

第一章已经讨论了道光、咸丰年间自外来的祸患。我们说过那种祸患是不可避免的，因为我们无法阻止西洋科学和机械势力，使其不到远东来。我们也说过，我们很可以转祸为福，只要我们大胆地学习西洋近代文化。以我们的人力物力，倘若接受了科学机械和开放精神，我们可以与别国并驾齐驱，在国际生活之中，取得极光荣的地位。可是道光时代的人不此之图。鸦片之役虽然败了，他们不承认是败了。主战的剿夷派及主和的抚夷派，在战争之后，正如在战争之前，均未图振作。直到受了第二次战败的教训，然后有人认识时代的不同而思改革。

在没有叙述同治、光绪年间的新建设以前，我们试再进一步地研究道、咸年间中国的内政。在近代史上，外交虽然要紧，内政究竟是决定国家强弱的根本要素。譬如上次世界大战以前，德国的外交失败了，所以战争也失败了，然而因为德国内政健全，战后尚不出二十年，她又恢复她的地位了，这就是自力更生。

不幸到了十九世纪，我们的社会、政治、经济都已到腐烂不堪的田地。据前清政府的估计，中国的人口在康熙四十年（一七〇一年）约有二千万；到了嘉庆五年（一八〇〇年）增加到三万万。百年之内竟有十五倍的增加！这种估计虽不可靠，然而我国人口在十八世纪有很大的增加，这是毫无疑问的。十七世纪是个大屠杀的世纪。开初有明朝末年的内乱，后又有明清的交战及清政府有计划地屠杀汉人，如扬州十日及嘉定屠城。我们也不要忘记张献忠在四川的屠杀。近年中央研究院发表了很多明清史料，其中有一件是康熙初年四川某县知事的人口年报。那位县老爷说他那县的人口，在大乱之后，只有九百余人，而在一年之内，老虎又吃了一大半！康熙、雍正、乾隆三朝是大乱之后的大治，于是人口增加。这是中国几千年来的圈套，演来演去，就是圣贤也无法脱逃。

那时的人一方面不知利用科学节制生育，另一方面又不知利用科学增加生产。在大乱之后，大治之初，人口减少，有荒可垦，故人民安居乐业，生活程度略为提高。这是老百姓心目中的黄金时代。后来人口一天多一天，荒地则一天减少一天，而且新垦的地不是土质不好，就是水源不足，于是每人耕地的面积减少，生活程度降低。老百姓莫名其妙，只好烧香拜佛，嗟叹自己的命运不好。士大夫和政府纵使有救世之心，亦无救世之力，只好听天灾人祸自然演化。等到土匪一起，人民更不能生产，于是小乱变为大乱。

中国历史还有一个循环套。每朝的开国君主及元勋大部分起自民间，自奉极薄，心目中的奢侈标准是很低的，而且比较能体恤民间的痛苦，办事亦比较认真，这是内政昌明、吏治澄清的时代。后来慢慢地，统治阶级的欲望提高，奢侈标准随之提高，因之官吏的贪污亦大大地长进。并且旧社会里，政界是才子唯一的出路，不像在近代文化社会里，有志之士除做官以外，可以经营工商业，可以行医，可以做新闻记者、大学教授、科学家、发明家、探险家、音乐家、美术家、工程师，而都名利两全，其所得往往还在大官之上。有人说，中国旧日的社会很平等，因为官吏都是科举出身，而且旧日的教育是很不费钱的。这种看法，过于乐观。前清一代的翰林哪一个在未得志以前，曾经下过苦力？我们可以进一步地问，前清一代的翰林，哪一个的父亲曾下过苦力？林则徐、曾国藩是前清有名的贫苦家庭的子弟，但是细考他们的家世，我们就知道他们的父亲是教书先生，不是劳力者。中国旧日的资本家有几个不是做官起家？中国旧日的大商业哪一种没有官吏做后盾，仗官势发财？总而言之，在中国旧日的社会里，有心事业者集中于政界，专心利禄者也都挤在官场里。结果是每个衙门的人员永在加增之中，而衙门的数目亦天天加多。所以每个朝代到了天下太平已久，人口加增很多，民生痛苦的时候，官吏加多，每个官吏的贪污更加厉害，人民所受的压榨也更加严重。

中国到了嘉庆年间已到了循环套的最低点。嘉庆初年所革除的权臣和珅，据故宫博物院所保存的档案，积有私产到九万万两之多，当时官场的情形可想而知。历嘉庆、道光两朝，中国几无日无内乱，最初有湖北、四川、陕西三省白莲教徒的起事，后有西北回民起义、西南苗瑶起义，同时东南沿海的海盗亦甚猖獗。这还是明目张胆与国家对抗者，至于潜伏于社会的匪徒几遍地皆是。道光十五年，御史常大淳上奏说："直隶、山东、河南向有教匪，辗转传习，惑众敛钱。一遇岁歉，白昼伙抢，名曰均粮。近来间或拿办，不断根株。湖南之永州、郴州、桂阳，江西之南安、赣州与两广接壤，均有会匪，结党成群，动成巨案。"

西洋势力侵略起始的时候，正是我们抵抗力量薄弱的时候。到了道光年间，我们的法制有名无实，官吏腐败，民生痛苦万分，道德已部分地失其维系力。我们一面须接受新的文化，一面又须设法振兴旧的政教。我民族在近代所遇着的难关是双层的。

第二节
洪秀全企图建新朝

洪秀全所领导的太平天国运动，就是上一节所讲的那个时代和那种环境的产物。

洪秀全是广东花县人，生于嘉庆十八年，即西历一八一三年。传说他的父亲是个农民，家境穷苦，但他自幼就入村塾读书，到十六岁才辍学，做乡村教师。这样似乎他不是出身于中国社会的最下层，他自己并不是个劳力者。他两次到广州去考秀才，两次都失败了，于是心怀怨恨。这是旧社会常有的事，并不出奇。洪秀全经验的特别是他在广州应试的时候，得着耶稣教传教士的宣传品。后来大病四十多天，病中梦见各种幻象，自说与耶稣教义符合，于是信仰上帝，创立上帝会。最早的同志是冯云山，也是一位因考试失败而心怀不平者，他们因为在广东传教不顺利，所以迁移其活动于广西桂平县。

中国自古以来的民间运动都带点宗教性质，西洋中古的时候也是如此。可是洪秀全与基督教发生关系，不过是偶然的事。他的耶稣教也是个不伦不类的东西。他称耶和华为天父，耶稣为天兄，自为天弟。他奉天父、天兄之命来救世。他的命令就是天父、天兄的命令。

崇拜耶和华上帝者，"无灾无难"；不崇拜者，"蛇虎伤人"。他的兵士，如死在战场，就是登仙。孔教、佛教、道教，都是妖术。孔庙及寺观都必须破坏。

洪秀全的上帝会吸收了许多三合会的分子。这个三合会是排满的秘密团体，大概是明末清初时代起始的。洪秀全或者早有了种族革命的思想。无论如何，他收了三合会的会员以后，他的运动以推倒清朝为第一目的。他骂满人为妖人。满人之改变中国衣冠和淫乱中国女子（三千粉黛，皆为羯狗所污；百万红颜，竟与骚狐同寝），是洪秀全的宣传品斥责的最好的对象。

洪秀全除推行宗教革命及种族革命以外，他有社会革命的思想没有？他提倡男女平权，但他的宫廷充满了妃妾，太平天国的王侯将帅亦皆多蓄妻妾。他的诏书中有田亩制度，其根本思想类似共产主义："有田共耕，有饭同食，有衣同穿，有钱同使。"但是他的均田主义，虽有详细的规定，并未实行。是他不愿实行呢？还是感觉实行的困难而不愿试呢？就现在我们所有的史料判断，我们可以说洪秀全对于宗教革命及种族革命是十分积极的，对于社会革命则甚消极。他的党徒除冯云山以外，尚有烧炭的杨秀清，后封东王；耕种山地的萧朝贵，后封西王；曾捐监生与衙门胥吏为伍的韦昌辉，后封北王，及富豪石达开，后称翼王。他的运动当然是个民间运动，反映当时的民间痛苦和迷信，以及潜伏于民间的种族观念。

道光三十年夏天，洪秀全在广西金田村起兵。九月，占蒙山县（旧名永安），于是定国号为太平天国，自称天王。清兵进围永安。洪秀全于咸丰二年春突围，进攻桂林，未得，改图湖南。他在长沙遇着很坚强的抵抗，乃向湘江下流进攻。他在岳州得着吴三桂留下来的军械，并抢夺了不少的帆船。实力补充了以后，他直逼武汉。他虽打下了汉阳、武昌，他不留兵防守，设官立治。他一直向长江下游进攻，沿途攻破了九江、安庆、芜湖，咸丰三年春打进南京，就定都于此，名叫天京。在定都南京以前，洪秀全的行动，类似流寇；定都南京以后，他才开始他的建国工作。

从道光三十年（一八五〇年）到咸丰三年（一八五三年）可说是太平天国的顺利时期。在这时期内，社会对洪秀全的运动是怎样应付呢？一般安分守己的国民不分贫富，是守中立的。太平军到了，他们顺从太平军，贡献金钱；官军到了，他们又顺从官军，又贡献金钱。他们是顺民，其实他们是左右为难的。他们对清朝政府及其官吏，绝无好感，因为他们平素所受的痛苦也够了。并且官军的纪律不好，在这期内，太平军的纪律还比较好一点。同时老百姓感觉太平军是造乱分子，使他们不能继续过他们的平安日子。太平军到处破坏庙宇，毁

太平天国运动早期之所以呈势如破竹之势，在于其作为一种新兴势力敢拼敢搏。

灭偶像，迷信的老百姓看不惯，心中不以为然。各地的土匪都趁火打劫。太平军所经过的地方，就是他们容易活动的地方。他们干他们的事，对于官军及太平军无所偏倚。有组织的秘密会社则附和太平军，如湖南的哥老会及上海的小刀会。大多数士大夫阶级，积极反对洪秀全的宗教革命。至于排满一层，士大夫不是不知道汉人的耻辱，但是他们一则因为洪秀全虽为汉人，虽提倡种族革命，然竭力破坏几千年来的汉族文化，满人虽是外族，然自始即拥护汉族文化；二则他们觉得君臣之分既定，不好随便作乱，乱是容易的，拨乱反正则是极难的。所以士大夫阶级，这时对于种族革命并不热心。

太平军的军事何以在这时期内这样顺利呢？主要原因不是太平军本身的优点。论组织训练，太平军很平常；论军器，太平军尚不及官军；论将才，太平军始终没有出过大将。太平军在此时期内所以能得胜，全因为它是一种新兴的势力，富有朝气，能拼命、能牺牲。官军不但暮气很重，简直腐化不成军了。当时的官军有两种，即八旗和绿营。八旗的战斗力随着满人的汉化、文弱化而丧失了。所以在乾隆、嘉庆年间，清朝用绿营的时候已逐渐加多，用八旗的时候已逐渐减少。到了道光、咸丰年间，绿营已经成了清廷的主力军队，其腐化程度正与一般政界相等。士兵的饷额甚低，又为官长剥削，所以自谋生计，把当兵作为一种副业而已。没有纪律，没有操练，害民有余，打仗则简直谈不到。并且将官之间，猜忌甚深，彼此决不合作。但是绿营在制度上也有一种好处。这种军队虽极端腐化，然是统一的国家的军队，不是个人的私有武力。在道、咸以前，地方大吏没有人敢拥兵自重，与朝廷对抗。私有的武力，是太平天国内乱的意外副产品，以后我们要深切地注意它的出世。

第三节
曾国藩刷新旧社会

曾国藩是我国旧文化的代表人物，甚至于理想人物。他生在嘉庆十六年（一八一一年），比洪秀全大两岁。他是湖南湘乡人，家世业农。他虽没有下过苦力，他的教育是从艰难困苦中奋斗出来的。他成翰林的时候，正是鸦片战争将要开始的时候。他的日记虽提及鸦片战争，他似乎不大注意，不了解那次战争的历史意义。他仍埋首于古籍中。他是一个实践主义的理学家。无论我们是看他的字，读他的文章，或是研究他的为人办事，我们自然地想起我们乡下那个务正业的小农民。他和小农民一样，一生一世，不做苟且的事情。他知道文章学问、道德功业都只有汗血才能换得来，正如小农民知道要得一粒一颗的稻麦都非出汗不可。

在咸丰初年曾国藩官做到侍郎，等于现在的各部次长。他的知己固然承认他的文章道德是特出的，但是他的知己不多，而且少数知己也不知道他有大政治才能，恐怕连他自己也不知道。所以在他的事业起始的时候，他的声望并不高，他也没有政治势力作他的后盾。但是湖南地方上的士大夫阶级确承认他的领袖地位。他对洪秀全的态度就是当时一般士大夫的态度，不过比别人更加积极而已。

　　那时的官兵不但不能打仗，连乡卜的土匪都不能对付，所以人民为自卫计，都办团练。这种团练就是民间的武力，是务正业的农民借以抵抗不务正业的游民土匪。这种武力，因为没有官场化，又因为与

湘军在平灭晚清的各地农民暴动中迅速成长，湘军将领及其幕僚成为当时中国政治、军事舞台的主角，使晚清一度出现了"中兴"的局面。

农民有切身利害关系，保存了我国乡民固有的勇敢和诚实。曾国藩的事业就是利用这种乡勇，而加以组织训练，使它成为一个军队。这就是以后著名的湘军。团练是当时全国皆有的，并不是曾国藩独创的，但是为什么唯独湘军能成大事呢？缘故就在于曾国藩所加的那点组织和训练。

曾国藩治兵的第一个特别是精神教育的注重。他自己十二分相信孔孟的遗教是我民族的至宝。洪秀全既然要废孔教，那洪秀全就是他的敌人，也就是全民族的敌人。他的"讨贼檄文"骂洪秀全最激烈的一点就在此：

> 举中国数千年礼义人伦，诗书典则，一旦扫地荡尽，此岂独我大清之变；乃开辟以来名教之奇变，我孔子、孟子之所痛哭于九原，凡读书识字者，又焉能袖手安坐，不思一为之所也？

他是孔孟的忠实信徒，他所选的官佐都是他的忠实同志。他是军队的主帅，同时也是兵士的导师。所以湘军是个有主义的军队。其实精神教育是曾国藩终身事业的基础，也是他在我国近代史上地位的特别。他的行政用人都首重主义。他觉得政治的改革必须先有精神的改革。前清末年的官吏，出自曾文正门下者，皆比较正派，足见其感化力之大。

曾国藩不但利用中国的旧礼教做军队的精神基础，而且利用宗族观念和乡土观念来加强军队的团结力。他选的官佐几全是湖南人，而且大半是湘乡人。这些官佐都回本地去招兵，因此兵士都是同族或同里的人。这样他的部下的互助精神特别浓厚。这是湘军的第二特点。

　　历史上的精神领袖很少同时也是事业领袖，因为注重精神者往往忽略事业的具体条件。在西洋社会里，这两种领袖资格是完全分开的。管教者不必管事，管事者不必管教。在中国则不然：中国社会几千年来是政教不分、官师合一的。所以在中国，头等领袖必须兼双层资格。曾国藩虽注重为人，并不忽略做事，这是他的特别的第三点。当时绿营之所以不能打仗，缘故虽多，其中之一是待遇太薄。曾氏在起始办团练的时候，就决定每月陆勇发饷四两二钱，水勇发三两六钱，比绿营的饷额加一倍。湘军在待遇上享有特殊权利。湘军作战区域是长江沿岸各省，在此区域内水上的优势很能决定陆上的优势，所以曾国藩自始就注重水师。关于军器，曾氏虽常说打仗在人不在器，然而他对军器的制造，尤其对于大炮的制造，是很费苦心的。他用尽心力去罗致当时的技术人才。他对于兵士的操练也十分认真，他自己常去督察检阅。他不宽纵他的军官，也不要军官宽纵他的部下。

　　曾国藩的事业，如同他的学问，也是从艰难困苦中奋斗出来的。他要救旧社会、旧文化，而那个旧社会、旧文化所产生的官僚反要和他捣乱。他要维持清政府，但清政府反而嫉妒他、排斥他。他在长沙练勇的时候，旧时的官兵恨他的新方法、新标准，几乎把他打死了，他逃到衡州去避乱。他最初的一战是个败仗，他投水自尽，幸而被部下救起来。他练兵打仗，同时他自己去筹饷。以后他成了大事，并不是因为清政府和官僚自动地把政权交给他，是因为他们的失败迫着他们求曾国藩出来任事，迫着他们给他个做事的机会和权利。

第四节
洪秀全失败

　　洪秀全得了南京以后，我们更能看出他的真实心志不在建设新国家或新社会，而在建设新朝代。他深居宫中，务求享做皇帝的福，对于政事则不放在心上。宫廷的建筑，宫女的征选，金银的聚敛，官制、宫制的规定，这些事情是太平天王所最注意的。他的宗教后来简直变为疯狂的迷信。杨秀清向他报告国事的困难，他回答说：

　　　　朕奉上帝圣旨，天兄耶稣圣旨，下凡作天下万国独一真主，何具（惧）之有？不用尔奏，政事不用尔理，尔欲出外去，欲在京，任由于尔。朕铁桶江山，尔不扶，有人扶。尔说无兵，朕之天兵，多过于水，何具（惧）曾妖（国藩）者乎？

　　快要灭亡的时候，南京绝粮，洪秀全令人民饮露充饥，说露是天食。
　　这样的领袖不但不能复兴民族，且不能作为部下团结的中心。在咸丰六年，洪秀全的左右起了很大的内讧。东王杨秀清个人独掌大权。其他各王都须受东王的节制。照太平天国的仪式，天王称万岁，东王称九千岁，西王八千岁，余递减。别的王都须到东王府请安议事，并须跪呼千岁。在卜奉天王的时候，东王立在陛下，其余则跪在陛下，因此杨秀清就为其同辈所愤恨。同时天王也怕他要取而代之。六年九月，北王韦昌辉设计诱杀杨秀清和他的亲属党羽。翼王石达开心怀不平，北王又把翼王家属杀了。天王为联络翼王起见，下令杀北王，但翼王以后还是独树一帜，与天王脱离关系。经过此次的内讧，太平天国打倒清政府的希望完全消灭。以后洪秀全尚能抵抗八年，一则因为北方有大股捻军做他的声援，二则因为他得了两个后起的良将，忠王李秀成和英王陈玉成。

在清政府方面，等到别人都失败了，然后重用曾国藩，任他为两江总督，节制江、浙、皖、赣四省军事。湖北巡抚胡林翼是与他志同道合的，竭力与他合作。他的亲弟曾国荃是个打硬仗的前线指挥。以后曾国藩举荐他的门生李鸿章做江苏巡抚，他的朋友左宗棠做浙江巡抚。长江的中游和下游都是他的势力范围，他于是得通盘筹划。他对于洪秀全采取大包围的战略。同时英、美、法三国也给了曾、左、李三人不少的帮助。同治三年（一八六四年），湘军在曾国荃领导之下打进南京，洪秀全自杀，太平天国就此亡了。

洪秀全想打倒清政府，恢复汉族的自由，这当然是我们应该佩服的。他想平均地权，虽未实行，也足表现他有相当政治家的眼光。他的运动无疑的是起自民间，连他的宗教，也是迎合民众心理的。但是他的人格上及才能上的缺点很多，而且很大。倘若他成了功，他也不能为我民族造幸福。总而言之，太平天国的失败，证明我国旧式的民间运动是不能救国救民族的。

曾国藩所领导的士大夫式的运动又能救国救民族吗？他救了清政

曾国荃率湘军打败太平天国，并非因清朝国力的提升，而是太平天国自身后期腐败堕落，同时因家族、家乡观念而忠于长官的湘军战斗力强。

府，这是毫无疑问的。但是清政府并不能救中国，倘若他客观地、诚实地研究清朝在嘉庆、道光、咸丰三代的施政，他应该知道清政府是不可救药的。他未尝不知道此中实情，所以他平定太平天国以后，他的态度反趋于消极了。平心而论，曾国藩要救清朝是很自然的、可原谅的。第一，中国的旧礼教既是他的立场，而且士大夫阶级是他的凭依，他不能不忠君。第二，他想清廷经过大患难之后，必能有相当觉悟。事实上同治初年的北京，因为有恭亲王及文祥二人主政，似乎景象一新，颇能有为。所以嘉、道、咸三代虽是多难的时代，同治年间的清朝确有中兴的气象。第三，他怕清朝的灭亡要引起长期的内乱。他是深知中国历史的，我国几千年来，每次换过朝代，总要经过长期的割据和内乱，然后天下得统一和太平。在闭关自守、无外人干涉的时代，内战虽给人民无穷的痛苦，尚不至于亡国。到了十九世纪，有帝国主义者绕环着，长期的内战就能引起亡国之祸，曾国藩所以要维持清政府，最大的理由在此。

在维持清政府作为政治中心的大前提之下，曾国藩的工作分两方面进行。一方面他要革新，那就是说，他要接受西洋文化的一部分；另一方面他要守旧，那就是说，恢复我国固有的美德。革新守旧，同时举行，这是曾国藩对我国近代史的大贡献。我们至今还佩服曾文正公就是因为他有这种伟大的眼光。徒然恢复我国的旧礼教而不接受西洋文化，我们还不能打破我民族的大难关，因为我们绝不能拿礼义廉耻来抵抗帝国主义者的机械军器和机械制造。何况旧礼教本身就有它的不健全的地方，不应完全恢复，也不能完全恢复呢？同时，徒然接受西洋文化而不恢复我国固有的美德，我们也不能救国救民族，因为腐化的旧社会和旧官僚根本不能举办事业，无论这个事业是新的或是旧的。

曾国藩的革命事业，我们留在下一章讨论。他的守旧事业，我们在前一节里已经说过。现在我们要指出他的守旧事业的流弊。湘军初起的时候，精神纪律均好，战斗力也高。后来人数多了，事业大了，湘军就退化了。收复南京以后，曾自己就承认湘军暮气很深，所以他遣散了好多，足证我国治军的旧法根本是有毛病的。此外湘军既充满了宗族观念和家乡观念，兵士只知道有直接上级长官，不知道有最高统帅，更不知道有国家。某回，曾国荃回家乡去招兵，把原有的部队交曾国藩暂时管带。这些部队就不守规矩。国藩没有法子，只好催国荃赶快回营。所以湘军是私有军队的开始。湘军的精神以后传给李鸿章所部的淮军，而淮军以后又传给袁世凯的北洋军。我们知道民国以来的北洋军阀利用私有的军队，割据国家，阻碍统一。追究其祸根，我们不能不归咎于湘军。于此也可看出旧法子的毛病。

第三章

自强及其失败

中/国/近/代/史

第一节
内外合作以求自强

恭亲王及文祥从英法联军的经验，得了三种教训。第一，他们确切地认识西洋的军器和练兵的方法远在我们之上。咸丰十年，担任京津防御者是僧格林沁和胜保。这两人在当时是有名的大将。他们惨败了以后，时人只好承认西洋军队的优胜。第二，恭亲王及文祥发现西洋人不但愿意卖军器给我们，而且愿意把制造军器的秘密及训练军队的方法教给我们。这颇出于时人意料之外。他们认为这是我们自强的机会。第三，恭亲王及文祥发现西洋人并不是他们以先所想象那样，"狼子野心，不守信义"。英、法的军队虽然占了北京，并且实力充足，能为所欲为，但《北京条约》订了以后，英、法居然依据条约撤退军队，交还首都。时人认为这是了不得的事情，足证西洋人也守信义，所以对付外人并不是全无办法的。

从这三种教训，恭亲王及文祥定了一个新的大政方针。第一，他们决定以夷器和夷法来对付夷人。换句话说，他们觉得中国应该接受西洋文化之军事部分。他们于是买外国军器，请外国教官。他们说，这是中国的自强之道。第二，他们知道自强不是短期内所能成立的。

在自强没有达到预期的程度以前，中国应该谨守条约以免战争。恭亲
王及文祥都是有血性的人，下了很大的决心要推行他们的新政。在国
家危急的时候他们胆敢出来与外人周旋，并且专靠外交的运用，他们
居然收复了首都。时人认为这是他们的奇功。并且恭亲王是咸丰的亲
弟、同治的亲叔，他们的地位是全朝最亲贵的，有了他们的决心和资
望，他们在京内成了自强运动的中心。

　　同时在京外的曾国藩、左宗棠、胡林翼、李鸿章诸人也得着同样
的教训，最初使他们注意的是外人所用的轮船，在长江下游私运军火
粮食卖给太平军。据说胡林翼在安庆曾有过这样的经验：

福州船政局设有铁厂、马尾造船厂和船政学堂，是中国近代第一个新式造船厂，
也是清朝政府经营的最大的造船厂，为洋务运动中具有代表性的中国近代军事
工业。

　　驰至江滨，忽见二洋船，鼓轮西上，迅如奔马，疾如飘风，文忠（即胡）变色不语，勒马回营，中途呕血，几至坠马……阎丹初尚书向在文忠幕府，每与文忠论及洋务，文忠辄摇手闭目，神色不怡者久之，曰："此非吾辈所能知也。"

　　可见轮船给胡文忠印象之深，曾、左、李大致相同。曾在安庆找了几位明数理的旧学者和铁匠木匠去试造轮船，造成了以后不能行动。左在杭州做了同样的试验，得同样的结果，足证这般人对于西洋机械的注重。

　　在长江下游作战的时候，太平军和湘军淮军都竞买洋枪。李鸿章设大本营于上海，与外人往来最多，认识西洋文化亦比较深切，他的部下还有英国军官戈登统带的常胜军。他到了上海不满一年，就写信给曾国藩说：

> 鸿章尝往英、法提督兵船，见其大炮之精纯，子药之细巧，器械之鲜明，队伍之雄整，实非中国所能及。……惟深以中国军器远逊外洋为耻，日戒谕将士虚心忍辱，学得西人一二秘法，期有增益而能战之……若驻上海久而不能资取洋人长技，咎悔多矣。

同治三年（一八六四年）他又写给恭亲王和文祥说：

> 鸿章窃以为天下事穷则变，变则通。中国士夫沉浸于章句、小楷之积习，武夫悍卒又多粗蠢而不加细心，以致所用非所学，所学非所用。无事则嗤外国之利器为奇技淫巧，以为不必学；有事则惊外国之利器为变怪神奇，以为不能学。不知洋人视火器为身心性命之学者已数百年。一旦豁然贯通，参阴阳而配造化，实有指挥如意从心所欲之快。……前者英、法各国，以日本为外府，肆意诛求。日本君臣发愤为雄，选宗室及大臣子弟之聪秀者，往西国制器厂师习各艺，又购制器之器，在本国制习。现在已能驾驶轮船，造放炸炮。去年英人虚声恫愒，以兵临之。然英人所恃为攻战之利者，彼已分擅其长，用是凝然不动，而英人固无如之何也。夫今之日本，即明之倭寇也，距西国远，而距中国近。我有以自立，则将附丽于我，窥伺西人之短长；我无以自强，则将效尤于彼，分西人之利薮。日本以海外区区小国，尚能及时改

辙，知所取法，然则我中国深维穷极而通之故，夫亦可以皇然变计矣。……杜挚有言曰：利不百，不变法。功不十，不易器。苏子瞻曰：言之于无事之时，足以有为，而恒苦于不信；言之于有事之时，足以见信，而已苦于无及。鸿章以为中国欲自强，则莫如学习外国利器。欲学习外国利器，则莫如觅制器之器，师其法而不必尽用其人。欲觅制器之器与制器之人，则或专设一科取士，士终身悬以为富贵功名之鹄，则业可成，艺可精，而才亦可集。

这封信是中国十九世纪最大的政治家，最具历史价值的一篇文章，我们应该再三诵读。第一，李鸿章认定我国到了十九世纪唯有学西洋的科学机械然后能生存。第二，李鸿章在同治三年已经看清中国与日本，孰强孰弱，要看哪一国变得快。日本明治维新运动的世界的历史的意义，他一下就看清了，并且大声疾呼地要当时的人猛醒与努力，这一点尤足以表现李鸿章的伟大。第三，李鸿章认定改革要从培养人才下手，所以他要改革前清的科举制度。不但此也，他简直要改革士大夫的人生观。他要士大夫放弃章句小楷之积习，而把科学工程悬为终身富贵的鹄的。因为李鸿章认识时代之清楚，所以他成了同治、光绪年间自强运动的中心人物。

在我们这个社会里，做事极不容易。同治年间起始的自强运动，虽未达到目的，然而能有相当的成绩，已经费了九牛二虎之力。倘若当时没有恭亲王及文祥在京内主持，没有曾国藩、李鸿章、左宗棠在京外推动，那么，英法联军及太平天国以后的中国还要麻木不仁，好像鸦片战争以后的中国一样。所以我们要仔细研究这几位时代领袖人物究竟做了些什么事业。

第二节
步步向前进

自强的事业颇多，我先择其要者列表于下：

咸丰十一年　恭亲王及文祥聘请外国军官训练新军于天津。

同年　恭亲王和文祥设立同文馆于北京。是为中国新学的起始。

同年　恭亲王和文祥托总税司赫德购买炮舰，聘请英国海军人员来华创设新水师。

同治二年　李鸿章设外国语文学校于上海。

同治四年　曾国藩、李鸿章设江南机器制造局于上海，附设译书局。

同治五年　左宗棠设造船厂于福州，附设船政学校。

同治九年　李鸿章设机器制造局于天津。

同治十一年　曾国藩、李鸿章挑选学生赴美国留学。

同年　李鸿章设轮船招商局。

光绪元年　李鸿章筹办铁甲兵船。

　　光绪二年　李鸿章派下级军官赴德学陆军，船政学生赴英、法学习造船和驾船。

　　光绪六年　李鸿章设水师学堂于天津，设电报局，请修铁道。

　　光绪七年　李鸿章设开平矿务局。

　　光绪八年　李鸿章筑旅顺军港，创办上海机器制布厂。

　　光绪十一年　李鸿章设天津武备学堂。

　　光绪十三年　李鸿章开办黑龙江漠河金矿。

　　光绪十四年　李鸿章成立北洋海军。

洋务派官员以"师夷之长技以制夷"为基础，先后以"自强""求富"在全国展开之工业运动，为中国打开了近代化的大门，然而最终却难逃失败之命运。

　　以上全盘建设事业的动机是国防，故军事建设最多。但我们如仔细研究就知道国防的近代化牵连甚多。近代化的军队第一需要近代化的军器，所以有江南及天津两个机械制造厂的设立。那两个厂实际大部分是兵工厂。第二，新式军器必须有技术人才去驾驶，所以设立武备学堂，和派遣军官出洋留学。第三，近代化的军队必须有近代化的交通，所以有造船厂和电报局的设立，及铁路的建筑。第四，新式的国防比旧式的费用要高几倍，以中古的生产来负担近代的国防是绝对不可能的，所以李鸿章要办招商局来经营沿江沿海的运输，创立制布厂来挽回权利，开煤矿金矿来增加收入。自强运动的领袖们并不是事前预料到各种需要而定一个建设计划，他们起初只知道国防近代化的必要。但是他们在这条路上前进一步以后，就发现必须再进一步；再进一步以后，又必须更进一步，其实必须走到尽头然后能生效。近代化的国防不但需要近代化的交通、教育、经济，并且需要近代化的政治和国民，半新半旧是不中用的。换句话说，我国到了近代要图生存非全盘接受西洋文化不可。曾国藩诸人虽向近代化方面走了好几步，但是他们不彻底，仍不能救国救民族。

第三节
前进遇着阻碍

　　曾国藩及其他自强运动的领袖虽走的路线不错，然而他们不能救国救民族。此其故何在？在于他们的不彻底。他们为什么不彻底呢？一部分因为他们自己不要彻底，大部分因为时代不容许他们彻底。我们试先研究领袖们的短处。

　　恭亲王奕䜣、文祥、曾国藩、李鸿章、左宗棠这五个大领袖都出身于旧社会，受的是旧教育。他们没有一个人能读外国书，除李鸿章以外，没有一个人到过外国。就是李鸿章的出洋尚在甲午战败以后，他的建设事业已经过去了。这种人能毅然决然推行新事业就了不得，他们不能完全了解西洋文化是自然的，很可原谅的。他们对于西洋的机械是十分佩服的，十分努力要接受的。他们对于西洋的科学也相当尊重，并且知道科学是机械的基础。但是他们自己毫无科学机械的常识，此外更不必说了。他们觉得中国的政治制度及立国精神是至善至美，无须学西洋的。事实上他们的建设事业就遭了旧的制度和旧的精神的阻碍。我们可以拿李鸿章的事业作例子。

　　李鸿章于同治九年（一八七〇年）起始做直隶总督兼北洋大臣。

因为当时要人之中以他最能对付外人，又因为他比较勇于任事，而且他的淮军是全国最近代化、最得力的军队，所以从同治九年到光绪二十年的中日战争，李鸿章是那个时代的中心人物。国防的建设全在他手里。他特别注重海军，因为他看清楚了如果中国能战胜日本海军，无论日本陆军如何强，不能进攻朝鲜，更不能为害中国。那么，李鸿章办海军第一个困难是经费。经费所以困难就是因为中国当时的财政制度，如同一般的政治制度是中古式的。中央政府没有办海军的经费，只好靠各省协济。各省都成见很深，不愿合作。在中央求各省协助的时候各省务求其少；认定了以后，又不能按期十足拨款，总要延期打折扣。其次当时皇室用钱，漫无限制，而且公私不分。同治死了以后，没有继嗣，于是西太后选了一个小孩子做皇帝，年号光绪，而实权还不是在西太后手里？等到光绪快要成年亲政的时候，光绪和他的父亲醇亲王奕谖怕西太后不愿意把政权交出来，醇亲王定计重修颐和园，一则以表示光绪对西太后的孝敬，一则使西太后沉于游乐就不干政了。重修颐和园的经费很大，无法筹备，醇亲王乃请李鸿章设法。李氏不敢得罪醇亲王，更不敢得罪西太后，只好把建设海军的款子移作重修颐和园之用。所以在甲午之战以前的七年，中国海军没有添订过一只新船。在近代政治制度之下，这种事情是不能发生的。

在李鸿章所主持之机关中并没有新式的文官制度和审计制度。就是在极廉洁极严谨的领袖之下，没有良好的制度，贪污尚且无法杜绝，何况李氏本人就不廉洁呢？在海军办军需的人经手的款项既多，发财的机会就更大。到了甲午战争的时候，我们船上的炮虽比日本的大，但炮弹不够，并且子弹所装的不尽是火药。外商与官吏狼狈为奸，私人发了财，国事就败坏了。

"镇远"号铁甲舰是当时北洋水师主力舰，也是亚洲少见的铁甲巨舰，曾引起日本国民极大恐慌，从此日军便以北洋舰队为假想敌，展开十年军事扩张，最终成功击败北洋水师。

李鸿章自己的科学知识的幼稚，也是他的事业失败的缘故之一。北洋海军初成立的时候，他请了英国海军有经验的军官做总教官和副司令。光绪十年左右，中国海军纪律很严，操练很勤，技术的进步很快，那时中国的海军是很有希望的。后来李鸿章误听人言，辞退英国海军的军官而聘请德国陆军骑兵的军官来做海军的总教官，以后我国的海军的技术反而退步。并且李鸿章所用的海军总司令是个全不知海军的丁汝昌。丁氏原是淮军带马队的，他做海军的领袖当然只能误事，不能成事。甲午战争的时候，中国海军占世界海军的第八位，日本的海军占第十一位。我们的失败不是因为船不如人、炮不如人，为战略战术不如人。

北洋海军的情形如此，其他的自强事业莫不如此。总之，同治、光绪年间的自强运动所以不能救国，不是因为略线错了，是因为领袖人物还不够新，所以不能彻底。

但是倘若当时的领袖人物更新，更要进一步地接受西洋文化，社会能容许他们吗？社会一定要给他们更大的阻碍。他们所行的那种不彻底的改革已遭一般人的反对，若再进一步，反对一定更大。譬如铁路，光绪六年（一八八〇年）李鸿章、刘铭传奏请建筑，到了光绪二十年还只建筑天津附近的一小段。为什么呢？因为一般人相信修铁路就破坏风水。又譬如科学，同治五年（一八六六年）恭亲王在同文馆添设科学班，请外国科学家做教授，招收翰林院的人员做学生。他的理由是很充足的，他说买外国轮船枪炮不过一时权宜之计，治本的办法在于自己制造。但是要自己制造，非有科学的人才不可。所以他想请外国人来教中国青年学习科学。他又说：

> 夫天下之耻，莫耻于不若人……日本蕞尔国耳，尚知发愤为雄。独中国狃于因循积习，不思振作，耻孰甚焉？今不以不如人为耻，而独以学其人为耻，将安于不如，而终不学，遂可雪其耻乎？

他虽说得名正言顺，但还有人反对。当时北京有位名高望重的大学士倭仁就大声疾呼地反对说：

> 窃闻立国之道，尚礼义不尚权谋；根本之图，在人心不在技艺。今求之一艺之末，而又奉夷人为师，无论夷人诡谲，未必传

其精巧，即使教者诚教，学者诚学，所成就者不过术数之士。古今来未闻有恃术数而能起衰振弱者也。天下之大，不患无才。如以天文算学必须讲习，博采旁求，必有精其术者，何必夷人？何必师事夷人？

恭亲王愤慨极了。他回答说：

该大学士既以此举为窒碍，自必别有良图。如果实有妙策，可以制外国而不为外国所制，臣等自当追随大学士之后，竭其椿

天津教案中被烧毁的天主教堂，国门开放已有多时，各地虽多见洋人，然而当时的清朝百姓对西洋的了解与以前无异。

昧，悉心商办……如别无良策，仅以忠信为甲胄、礼义为干橹等
词，谓可折冲樽俎，足以制敌之命，臣等实未敢信。

倭仁不过是守旧的糊涂虫，但是当时的士大夫居然听了他的话，
不去投考同文馆的科学班。

同治、光绪年间的社会，如何反对新人新政，我们从郭嵩焘的命
运可以更加看得清楚。郭氏的教育及出身和当时一般士大夫一样，并
无特别，但是咸丰末年英法联军之役，他跟着僧格林沁在大沽口办交
涉。有了那次经验，他根本觉悟，知道中国非彻底改革不可。他的觉
悟还比恭亲王诸人的更深刻。据他的研究，我们在汉、唐极盛时代固
常与外族平等往来；闭关自守而又独自尊大的哲学，是南宋势力衰弱
时代的理学先生们提倡出来的，绝不足以为训。同治初年，江西南昌
的士大夫群起毁教堂，杀传教士。巡抚沈葆桢（林则徐的女婿）称赞
士大夫的正气，郭嵩焘则斥责沈氏顽固。郭氏做广东巡抚的时候，汕
头的人，像以前广州人，不许外国人进城。他不顾一切，强迫汕头人
遵守条约，许外国人进城。光绪元年云贵总督岑毓英因为反对英国人
进云南，秘密在云南、缅甸边境上把英国使馆的翻译官杀了。郭嵩焘
当即上奏弹劾岑毓英。第二年，政府派他出使英、法，中国有公使驻
外从他起。他在西欧的时候，他努力研究西洋的政治、经济、社会，
他觉得不但西洋的轮船枪炮值得我们学习，就是西洋的政治制度和一
般文化都值得学习。他发表了他的日记，送给朋友们看。他常写信给
李鸿章，报告日本派到西洋的留学生不限于机械一门，学政治、经济
的都有。他劝李鸿章扩大留学范围。他的这些超时代的议论，引起了
全国士大夫的谩骂。他们说郭嵩焘是个汉奸，"有二心于英国"。湖南

的大学者如王闿运之流撰了一副对子骂他：

> 出乎其类，拔乎其萃，不容于尧舜之世。
>
> 未能事人，焉能事鬼，何必去父母之邦。

王闿运的日记还说："湖南人至耻与为伍。"郭嵩焘出使两年就回国了。回国的时候，没有问题，他是全国最开明的一个人，他对西洋的认识远在李鸿章之上。但是时人反对他，他以后全无机会做事，只好隐居湖南从事著作。他所著的《养知书屋文集》至今尚有披阅的价值。

继郭嵩焘做驻英、法公使的是曾纪泽。他在外国五年多，略识英语。他的才能眼光与郭嵩焘等。因为他运用外交，从俄国收回伊犁，他是国际有名的外交家。他回国的时候抱定志向要推进全民族的近代化。却是他也遭时人的反对，找不着机会做事，不久就气死了。

同、光时代的士大夫阶级的守旧既然如此，民众是否比较开通？其实民众和士大夫阶级是同鼻孔出气的。我们近六十年来的新政都是自上而下，并非由下而上。一切新的事业都是由少数先知先觉者提倡，费尽苦心，慢慢地奋斗出来的。在甲午以前这少数先知先觉者都是在朝的人。甲午以后，革新的领袖权慢慢地转到在野的人的手里，却是这些在野的领袖都是知识分子，不是民众。严格说来，民众的迷信是我民族近代接受西洋文化大阻碍之一。

第四节
士大夫轻举妄动

在同治、光绪年间，民众的守旧虽在士大夫阶级之上，但是民众是被动的，领导权、统治权是在士大夫阶级手里。不幸，那个时代的士大夫阶级，除极少数外，完全不了解当时的世界大势。

同治共十三年，从一八六二年到一八七四年。在这个时期内，德意志统一了，意大利统一了，美国的中央政府也把南方的独立运动消灭，恢复而又加强美国的统一了。那个时期是民族主义在西洋大成功的时期。这些国家统一了以后，随着就是国内的大建设和经济的大发展。在同治以前，列强在国外行帝国主义的，仅英、俄、法三国。同治以后，加了美、德、意三国。竞争者多了，竞争就愈厉害。并且在同治以前，英国是世界上唯一的工业化国家，全世界都销英国的制造品。同治以后，德、美、法也逐渐工业化、资本化了。国际上除了政治势力的竞争以外，又有了新起的热烈的经济竞争。我国在光绪年间处境的困难远在道光、咸丰年间之上。

帝国主义是我们的大敌人。同治、光绪年间如此，现在还是如此。要救国的志士应该人人了解帝国主义的真实性质。帝国主义与资本主义是有关系的，关系可以说有三层。第一，资本主义的国家贪图在外国投资。国内的资本多了，利息就低。譬如英、美两国资本很多，资本家能得百分之四的利息就算很好了。但是如果英、美的资本家能把资本投在中国或印度或南美洲，年利很容易达到百分之七或更高些。所以英、美资本家竞向未开发的国家投资。但是接受外国来的资本不一定有害，英、美的资本家也不一定有政治野心。美国在十九世纪的下半期的建设大部分是利用英国资本举办的，结果英国的资本家固然得了好处，但是美国开辟了富源，其人民所得的好处更多。我们的平汉铁路原是借比利时资本建筑的。后来我们按期还本付息，那条铁路就变为我们的了。比利时资本家得了好处，我们得了更大的好处。所以孙中山先生虽反对帝国主义，他赞成中国利用外债来建设。但是有些资本家要利用政治的压力去得投资的机会，还有政治野心家要用资本来扩充政治势力。凡是国际投资有政治作用的，就是侵略的、帝国主义的；凡是国际投资无政治作用的，就是纯洁的，投资者与受资者两方均能受益。所以我们对于外国的资本应采的态度如同对水一样：有的时候、有的地方，在某种条件之下，我们应该掘井取水，或开河引水；在别的时候、地方和条件之下，我们则必须筑堤防水。

帝国主义与资本主义的第二层关系是商业的推销。资本主义的国家都利用机械制造。工厂规模愈大，出品愈多，得利就更厚。困难在市场。各国竞争市场原可以专凭商品之精与价格之廉，不必靠武力的侵略或政治的压力。但在十九世纪末年，国际贸易的自由一天少一天。各国不但提高本国的关税，并且提高属地的关税。这样一来，商业的发展随着政权的发展，争市场等于争属地。被压迫的国家，一旦丧失关税自主，就永无发展工业的可能。虽然，国际贸易大部分还是平等国家间之贸易，不是帝国与属地之间的贸易。英国与美、德、法、日诸国的贸易额，远大于英国与其属地的贸易额。英国的属地最多，尚且如此，别国更不必说了。

帝国主义与资本主义的第三层关系是原料的寻求。世界上没有一国完全不靠外来的原料。最富有原料的国家如英、美、俄尚且如此，别的国家所需的外来原料更多。日本及意大利是最穷的，棉、煤、铁、油四种根本的原料，日、意都缺乏。德国较好，但仍不出棉和石油。那么，一国的工厂虽多，倘若没有原料，就会完全没有办法。所以帝国主义者，因为要找工业的原料，就大事侵略。虽然，资本主义不一定要行帝国主义而后始能得到原料；同时，出卖原料者不一定就是受压迫者。譬如美国的出口货之中，石油和棉花是大宗，日本、德国、意大利从美国输入石油和棉花，不能也不必行帝国主义，因为美国不但不禁止石油和棉花的出口，且竭力推销。

总之，资本主义可变为帝国主义，也可以不变为帝国主义。未开发的国家容易受资本主义的国家的压迫和侵略，也可以利用外国的资本来开发自己的富源及利用国际的通商来提高人民的生活程度。资本主义如同水一样：水可以资灌溉，可以便利交通，也可以成灾，要看人怎样对付。

同时，我们不要把帝国主义看得过于简单，以为世界上没有资本主义就没有帝国主义了。七百年以前的蒙古人还在游牧时代，无资本也无工业，但是他们对汉帝的征伐，还在近代资本主义国家之上。三百年以前的满洲人也是如此。在西洋方面，中古的阿拉伯人以武力推行伊斯兰教，大行其宗教的帝国主义。十八世纪末年法国革命家以武力强迫外国接受他们的自由平等，大行其革命的帝国主义。据我们所知，历史上各种政休，君主也好，民主也好，各种社会经济制度，资本主义也好，封建主义也好，都有行帝国主义的可能。

同、光时代的士大夫完全不了解时代的危险及国际关系的运用。他们只知道破坏李鸿章诸人所提倡的自强运动，同时他们又好多事。倘若政府听他们的话，中国几无年无日不与外国打仗。

同光中兴主要的部分是慈禧太后的变革，有识之士对于洋务运动的努力，使得逐渐没弱的清王朝得以继续苟延残喘六十年。

长江流域有太平天国起义的时候，北方有捻军，陕、甘、新疆回民军，清廷令左宗棠带湘军去收复西北。俄国趁我回民起义的机会就占领了伊犁，这是俄国趁火打劫的惯技。在十九世纪，俄国占领我们的土地最多。咸丰末年，俄国趁太平天国起义及英法联军，强占我国黑龙江以北及乌苏里以东的地方，共八十万平方公里。现在俄国的阿穆尔省及滨海省包括海参崴在内，就是那次抢夺过去的。在同治末年，俄国占领新疆西部，清廷提出抗议的时候，俄国又假仁假义地说，他全无领土野心，他只代表我们保守伊犁，等到我们平定回民起义的时候，他一定把土地退还给我们。其实俄国预料中国绝不能平定回民起义，中国势力绝不能再伸到新疆。那么俄国不但可以并吞伊犁，还可以蚕食全新疆。中国一时没有办法，只好把伊犁作为中、俄间的悬案。

左宗棠军事的顺利不但出于俄国意料之外，还出于我们自己的意料之外。他次第把陕西、甘肃收复了。到了光绪元年，他准备进攻新疆，军费就成了大问题。从道光三十年洪秀全起兵到光绪元年，二十五年之间，中国无时不在内乱内战之中，实已兵疲力尽，何能再经营新疆呢？并且交通不便，新疆民族复杂，面积浩大，成败似乎毫无把握。于是发生大辩论，左宗棠颇好大喜功，他一意主进攻。他说祖宗所遗留的土地，子孙没有放弃的道理；他又说倘若新疆不保，陕甘就不能保，陕甘不保，山西就不能保，山西不保，河北就不能保。他的理由似乎充足，言论十分激昂。李鸿章的看法正与左的相反。李说自从乾隆年间中国占领新疆以后，中国没有得着丝毫的好处，徒费驻防的兵费。这是实在的情形。他又说中国之大祸不在西北，而在东边沿海的各省，因为沿海的省份是中国的精华，而且帝国主义者的压迫在东方的过于在西方的。自从日本维新以后，李鸿章更加焦急。他觉得日本是中国的真敌，因为日本一心一意谋我，他无所图，而且相隔既近，动兵比较容易。至于西洋各国彼此互相牵制，向外发展不限于远东，相隔又远，用兵不能随便。李鸿章因此主张不进攻新疆而集中全国人力物力于沿海的国防及腹地各省的开发。边省虽然要紧，但是腹地倘有损失，国家大势就去了。反过来说，倘若腹地强盛起来，边省及藩属自然地就保存了。左宗棠的言论比较动听，李的比较合理；左是高调，李是低调。士大夫阶级一贯的尚感情、唱高调，当然拥护左宗棠。于是借外债，移用各省的建设费，以供左宗棠进攻新疆之用。

左宗棠的运气真好。因为新疆发生了内讧，并没有遇着坚强的抵抗。光绪三十年底，他把全疆克复了。中国乃派崇厚为特使，到俄国去交涉伊犁的退还。崇厚所定的条约虽收复了伊犁城，但城西的土地几全割让予俄国，南疆及北疆之交通险要区亦割让。此外，崇厚还许了很重要的通商权利，如新疆加设俄国领事馆，经甘肃、陕西到汉口的通商路线，及吉林松花江的航行权。士大夫阶级主张杀崇厚，废约，并备战。这正是青年言论家如张之洞、张佩纶、陈宝琛初露头角的时候。清廷竟为所动，于是脚慌手忙，调兵遣将，等到实际备战的时候，政府就感觉困难了。第一，从伊犁到朝鲜东北角的图们江止，沿中、俄的交界线处处都要设防。哪里有这么多军队呢？首当其冲的左宗棠在新疆的部队，就太疲倦，不愿打仗。第二，俄国远东舰队故作声势，从海参崴开到日本洋面。中国因此又必须于沿海沿长江设防。清廷乃起用彭玉麟督长江水师来对付俄国的海军。彭玉麟想满载桐油木柴到日本洋面去施行火攻。两江总督刘坤一和他开玩笑，说时代非三国，统帅非孔明，火攻之计，恐怕不行呢！李鸿章看见书生误国，当然极为愤慨。可是抗战的情绪很高，他不敢公开讲和。他只好使用手段。他把英国有名的军官戈登将军请来做军事顾问。戈登是个老实人，好说实话。当太平天国的末年，他曾带所谓常胜军，立功不少。所以清廷及一般士大夫颇信任他。他的意见怎样呢？他说，中国如要对俄作战，必须做三件事：（一）迁都于西安；（二）长期抗战至少十年；（三）满人预备放弃政权，因为在长期战争之中，清朝政权一定不能维持。清廷听了戈登的意见以后，乃决心求和。我国近代史的一幕滑稽剧才因此没有开演。

幸而俄国在光绪三四年的时候，正与上耳其打仗，与英国的关系也很紧张，所以不愿多事。又幸而中国当时有青年外交家曾纪泽，以极冷静的头脑和极坚强的意志，去贯彻他的主张。原来崇厚所订的条约并没有奉政府的批准，尚未正式成立，曾纪泽运用外交得法，挽回了大部分的通商权利及土地，但偿价加倍，共九百万卢布。英国驻俄大使称赞曾纪泽说："凭外交从俄国取回她已占领的土地，曾侯要算第一人。"

中、俄关于伊犁的冲突告一段落的时候，中、法关于越南的冲突就起了。

中国原来自己是个帝国主义，我们的版图除本部以外，还包括缅甸、暹罗、越南、琉球、朝鲜、蒙古、西藏。这些地方可以分为两类。蒙古、西藏属于第一类，归理藩部管，中国派有大臣驻扎其地。第二类即朝鲜、越南等属国，实际中国与他们的关系很浅，他们不过按期朝贡，新王即位须受中国皇帝的册封。此外我们并不派代表常驻其国都，也不干涉他们的内政。在经济方面，我们也十分消极。我们不移民，也不鼓励通商，简直是得不偿失。但是我们的祖先何以费力去得这些属地呢？此中也有缘故，光绪七年（一八八一年）翰林院学士周德润先生说得清楚：

> 臣闻天子守在四夷，此诚虑远忧深之计。古来敌国外患，伏之甚微，而蓄之甚早。不守四夷而守边境，则已无及矣；不守边境而守腹地，则更无及矣。我朝幅员广辟，龙沙雁海，尽列藩封。以琉球守东南，以朝鲜守东北，以蒙古守西北，以越南守西

　　南：非所谓河山带砺，与国同休戚者哉？

　　换句话说，在历史上属国是我们的国防外线，是代我守门户的。在古代，这种言论有相当的道理；到了近代，局势就大不同了。英国在道光年间直攻了广东、福建、浙江、江苏，英法联军直打进了北京，所谓国防外线简直没有用处。倘使在这种时代我们还要保存外

法国占领越南后，法军强硬前进走进清朝军队阵地，清军被迫开火，造成"北黎冲突"。之后法国当局将矛头从使中国放弃对越南的宗主权，转向对中国的直接侵略。

线，我们也应该变更方案。我们应该协助这些弱小国家独立，因为独立的朝鲜、琉球、越南、缅甸绝不能侵略我们。所怕的不是他们独立，是怕他们做帝国主义者的傀儡。无论如何，外人既直攻我们的腹地，我们无暇去顾外线了。协助这些弱小国家去独立是革命的外交，正如苏联革命的初年，外受列强的压迫，内有反革命的抗战，列宁于是毅然决然放弃帝俄的属国。

　　法国进攻越南的时候，士大夫阶级大半主张以武力援助越南。张佩纶、陈宝琛、张之洞诸人特别激昂。李鸿章则反对，他的理由又是要集中力量火速筹备腹地的国防事业。清廷一方面怕清议的批评，一方面又怕援助越南引起中法战争，所以举棋不定。起初是暗中接济越南军费和军器，后来果然引起中法战争。那个时候官吏不分文武，文人尤好谈兵。北京乃派主战派的激烈分子张佩纶去守福州船厂，陈宝琛去帮办两江的防务。用不着说，纸上谈兵的先生们是不济事的。法国海军进攻船厂的时候，张佩纶逃得顶快了。陈宝琛在两江不但无补实际，连议论也不发了。打了不久就讲和，和议刚成又打，再后还是接受法国的条件。越南没有保存，我们的国防力量反大受了损失。左宗棠苦心创办的福州船厂就在此时被法国毁了。

第五节
中日初次决战

  李鸿章在日本明治维新的初年就看清楚了日本是中国的劲敌。他并且知道中国的胜负要看哪一国的新军备进步得快。他特别注重海军，因为日本必须先在海上得胜，然后能进攻大陆。所以他反对左宗棠以武力收复新疆，反对为伊犁问题与俄国开战，反对为越南问题与法国打仗。他要把这些战费都省下来作为扩充海军之用。他的眼光远在一般人之上。

  李鸿章既注重中、日关系，不能不特别注意朝鲜。在国防上朝鲜的地位极其重要，因为朝鲜做敌人陆军侵略我东北的根据地，也可以做敌人海军侵略我山东、河北的根据地。反过来看，朝鲜在日本的国防上的地位也很要紧。朝鲜在我们手里，日本尚感不安，一旦被俄国或英国所占，那时日本所感的威胁就更大了。所以朝鲜也是日本必争之地。

  在光绪初年，朝鲜的国王李熙年幼，他的父亲大院君李是应摄政。大院君是个十分守旧的人，他屡次杀传教士，他坚决不与外人通商。在明治维新以前，日、朝关系，在日本方面由幕府主持，由对马岛之诸侯执行。维新以后，大权归日皇，所以日、朝的交涉也改由日本中央政府主持。大院君厌恶日本的维新，因而拒绝与新的日本往来。日本国内的旧诸侯武士们提倡"征韩"。这种征韩运动，除了朝鲜不与日本往来外，还有三个动机：（一）日本不向海外发展不能图强；（二）日本不先下手，西洋各国，尤其是俄国，恐怕要下手；（三）征韩能为一般不得志的武士谋出路。光绪元年（即日本明治八年）发生朝鲜炮击日本船的案子，所谓江华岛事件。主张征韩者更有所借口。

当时日本的政治领袖如岩仓、大久保、伊藤、井上诸人原反对征韩。他们以为维新事业未发展到相当程度以前，不应轻举妄动地贪图向外发展。但是在江华岛事件发生以后，他们觉得无法压制舆论，不能不有所主动。于是他们一面派黑田青隆及井上率舰队到朝鲜去交涉通商友好条约，一面派森有礼来北京试探中国的态度，并避免中国的阻抗。

森有礼与我们的外交当局大起辩论。我们始终坚持朝鲜是我们的属国：如日本侵略朝鲜，那就是对中国不友谊，中国不能坐视。森有礼则说中国在朝鲜的宗主权是有名无实的，因为中国在朝鲜不负任何责任，就没有权利。

黑田与井上在朝鲜的交涉成功。他们所订的条约承认朝鲜是独立自主的国家。这就是否认中国的宗主权，中国应该抗议，而且设法纠正。但是日本和朝鲜虽都把条文送给中国，北京没有向日本提出抗议，也没有责备朝鲜不守本分。中国实为传统观念所误。照中国传统观念，只要朝鲜承认中国为宗主，那就够了。第三国的承认与否是无关宏旨的。在光绪初年中国在朝鲜的威信甚高，所以政府很放心，就不注意日朝条约了。

　　朝鲜与日本订约的问题过了以后，中日就发生琉球的冲突。琉球自明朝洪武十五年（一三七二年）起隶属于中国。历五百余年，琉球按期进贡，未曾中断，但在明万历三十年（一六〇二年）琉球又向日本萨摩诸侯称藩，成了两属，好像一个女子许嫁两个男人。幸而这两个男人曾未遇面，所以这种奇怪现象竟安静无事地存在了二百七十多年。自日本维新，力行废藩以后，琉球在日本看来，既然是萨摩的藩属，也在应废之列。日本初则阻止琉球入贡中国，终则改琉球为日本一县。中国当然反对，也有人主张强硬对付日本，但日本实在时候选得好，因为这正是中、俄争伊犁的时候。中国无法，只好把琉球作为一个悬案。

　　可是琉球问题暴露了日本的野心。士大夫平素看不起日本的到这时也知道应该戒备了。日本既能灭琉球，就能灭朝鲜。琉球或可不争，朝鲜则势在必争，所以他们专意筹划如何保存朝鲜。光绪五六年的时候，中国可以说初次有个朝鲜政策。李鸿章认定日本对朝鲜有领土野心，西洋各国对朝鲜则只图通商和传教。在这种形势之下，英、美、法各国在朝鲜的权利愈多，他们就愈要反对日本的侵略。光绪五年李鸿章写给朝鲜要人李裕元的信说得很清楚：

　　　　为今之计，似宜用以毒攻毒、以敌制敌之策，乘机次第亦与泰西各国立约，借以牵制日本。彼日本恃其诈力，以鲸吞蚕食为谋，废灭琉球一事，显露端倪。贵国固不可无以备之。然日本之所畏服者，泰西也。以朝鲜之力制日本，或虞其不足，以统与泰西通商制日本，则绰乎有余。

经过三年的劝勉与运动，朝鲜才接受这种新政。光绪八年春，由中国介绍，朝鲜与英、美、德、法订通商条约。

朝鲜不幸忽于此时发生内乱。国王的父亲大院君李昰应一面反对新政，一面忌王后闵氏家族当权。他于光绪八年六月忽然鼓动兵变，围攻日本使馆，诛戮闵族要人。李鸿章的谋士薛福成建议中国火速派兵进朝鲜，平定内乱，一则以表示中国的宗主权，一则以防日本。中国派吴长庆率所部淮军直入朝鲜京城。吴长庆的部下有两位青年，张謇和袁世凯。他们胆子很大，朝鲜的兵也没有抵抗的能力。于是他们把大院君首先执送天津，然后派兵占领汉城险要，几点钟的工夫，就把李昰应的军队打散了。吴长庆这时实际做朝鲜的主人翁了。后朝鲜许给日本赔款并许日本使馆保留卫队。这样，中、日两国都有军队在朝鲜京都，形成对峙之势。

八年夏初之季，中国在汉城的胜利，使得许多人轻敌。张謇主张索性灭朝鲜。张佩纶和邓承修主张李鸿章在烟台设大本营，调集海陆军队，预备向日本宣战。张佩纶说：

> 日本自改法以来，民恶其上，始则欲复封建，继则欲改民政。萨、长二党，争权相倾；国债山积，以纸为币；每兴劳役，物价翔贵，众怨沸腾。虽兵制步伍泰西，略得形似，然外无战将，内无谋臣。问其师船，则以扶桑一舰为冠，固已铁蚀木蠹，不耐风涛，余皆小炮、小舟而已……去中国定远铁船、超勇扬威快船远甚；问其兵数，则陆军四五万人，水军三四千人，犹且官多缺员，兵多缺额，近始杂募游惰，用充行伍，未经战阵，大半恇怯，又（去）中国湘淮各军远甚。

邓承修也是这样说：

> 扶桑片土，不过内地两行省耳……总核内府，现银不满
> 五百万两……窘迫如此，何以为国？水师不满八千，船舰半皆朽
> 败，陆军内分六镇，统计水陆不盈四万，而又举非精锐。然彼之
> 敢于悍然不顾者，非不知中国之大也，非不知中国之富且强也，
> 所恃者中国之畏事耳，中国之重发难端耳。

这两位自命为"日本通"者，未免看事太易。李鸿章看得比较清
楚。他说：

> 彼自变法以来，一意媚事西人，无非欲窃其余绪，以为自雄
> 之术。今年遣参议伊藤博文赴欧洲考究民政，复遣有栖川亲王赴
> 俄，又分遣使聘意大利，驻奥匈帝国，冠盖联翩，相望于道，其
> 注意在树交植党。西人亦乐其倾心亲附，每遇中、日交涉事件，
> 往往意存袒护。该国洋债既多，设有危急，西人为自保财利起
> 见，或且隐助而护持之……
>
> 夫未有谋人之具，而先露谋人之形者，兵家所忌。……日本
> 步趋西法，虽仅得形似，而所有船炮略足与我相敌。若必跨海数
> 千里，与角胜负，制其死命，臣未敢谓确有把握。第东征之事不
> 必有，东征之志不可无。中国添练水师，实不容一日稍缓……
>
> 昔年户部指拨南北洋海防经费，每岁共四百万两。设令各省
> 关措解无缺，七八年来，水师早已练成，铁舰尚可多购。无如指
> 拨之财，非尽有著之款……统计各省关所解南北洋防费，约仅及

原拨四分之一……可否请旨敕下户部总理衙门，将南北洋每年所收防费，核明实数，并闽省截留台防经费，由南洋划抵外，再拨的实之岁款，务足原拨四百万两之数。如此则五年之后，南北洋水师两枝，当可有成。

这次大辩论终了之后，越南问题又起来了。张佩纶、邓承修诸人忽然忘记了日本，大事运动与法国开战。中、法战事一起，日本的机会就到了。这时朝鲜的党政军正成对垒之阵。一面有开化党，其领袖即洪英植、金玉均、朴泳孝诸人，其后盾即日本公使竹添进一郎；这一派是亲日的，想借日本之势力以图独立的。对面有事上党，领袖即金允植、闵泳翊、尹泰骏诸人，后盾是袁世凯；这一派是联华的，想托庇于我们的保护之下，以免日本及其他各国的压迫。汉城的军队有中国的驻防军和袁世凯代练的朝鲜军在一面，对面有日本使馆的卫队及日本军官所练的朝鲜军。在中法战争未起以前，开化党不能抬头；既起以后，竹添就大活动起来，说中国自顾不暇，哪能顾朝鲜？于是洪英植诸人乃决计大举。

光绪十年十月十七夜，洪英植设宴请外交团及朝鲜要人。各国代表都到，唯独竹添称病不至。后忽报火警，在座的人就慌乱了。闵泳翊出门，被预埋伏兵士所杀。洪英植跑进王宫，宣称中国兵变，强迫国王移居，并召竹添带日兵进宫保卫。竹添这时不但无病，且亲率队伍入宫。国王到了开化党的手里以后，下诏召事上党领袖。他们一进宫就被杀了。于是宣布独立，派开化党的人组阁。

十月十九日，袁世凯带他所练的朝鲜兵及中国驻防汉城的军队进宫。中、日两方就在朝鲜王宫里开战了。竹添见不能抵抗，于是撤退。王宫及国王又都到袁世凯手里。洪英植、朴泳孝被乱兵所杀，金玉均随着竹添逃到仁川，后投日本。政权全归事上党及袁世凯，开化党完全打散了。袁世凯这时候尚不满三十，忽当大事，因电报不通无法请示，只好便宜行事。他敢大胆地负起责任，制止对方的阴谋，难怪李鸿章从此看重他，派他做驻朝鲜的总代表。

竹添是个浪人外交家。他如果没有违反日本政府的意旨，至少他超过了他政府所定的范围。事变以后，日本政府以和平交涉对朝鲜，亦以和平交涉对中国。光绪十一年（一八八五年）春，伊藤与李鸿章订《天津协定》，双方皆撤退驻朝鲜的军队，但朝鲜以后如有内乱，中、日皆得调兵进朝鲜。

光绪十一年正是英、俄两国因为阿富汗的问题，几至开战。他们的冲突波及远东。英国为预防俄国海军从海参崴南下，忽然占领朝鲜南边之巨磨岛，俄国遂谋占领朝鲜东北的永兴湾。朝鲜人见日本不可靠，有与俄国暗通、求俄国保护者。在这种形势之下，英国感觉危险，日本更怕英、俄在朝鲜得势。于是日本、英国都怂恿中国在朝鲜行积极政策。英国觉得朝鲜在中国手里于英国全无损害，倘到俄国手里，则不利于英国甚大。日本亦觉得朝鲜在中国手里，他将来还有法子夺取；一旦到了俄国手里，简直是日本的致命之伤。所以这种形势极有利于我们，李鸿章与袁世凯遂大行其积极政策。

从光绪十一年到二十年，中国对朝鲜的政策完全是李鸿章和袁世凯的政策。他们第一紧紧地把握朝鲜的财政，朝鲜想借外债，他们竭力阻止。朝鲜财政绝无办法的时候，他们令招商局出面借款给朝鲜。朝鲜的海关，是由中国海关派员代为管理，简直可说是中国海关的支部。朝鲜的电报局是中国电报局的技术人员用中国的材料代为设立、代为管理的。朝鲜派公使到外国去，须先得中国的同意，到了外国以后，朝鲜的公使必须遵守三种条件：

一、韩使初至各国，应先赴中国使馆具报，请由中国钦差挈同赴外部，以后即不拘定。

二、遇有朝会公宴酬酢交际，韩使应随中国钦差之后。

三、交涉大事关系紧要者，韩使应先密商中国钦差核示。

这种政策虽提高了中国在朝鲜的地位，但与光绪五年李鸿章最初所定的朝鲜政策绝对相反。最初李要朝鲜多与西洋各国往来，想借西洋的通商和传教的权利来抵制日本的领土野心。此时李、袁所行的政策是中国独占朝鲜。到了光绪十八九年，日本感觉中国在朝鲜的权利膨胀过甚，又想与中国对抗。中国既独占朝鲜的权利，到了危急的时候，当然只有中国独当其冲。

甲午战争直接的起因又是朝鲜的内乱。光绪二十年（即甲午西历一八九四年），朝鲜南部有所谓东学党，聚众数千作乱，中、日两国同时出兵，中国助平内乱，日本借口保卫侨民及使馆。但东学党造乱的地方距汉城尚远，该地并无日本侨民，且日本派兵甚多，远超保侨所需之数。李鸿章知道日本另有野心，所以竭力先平东学党起义，使日本无所借口。但是内乱平定之后，日本仍不撤兵。日本声言朝鲜内乱之根在内政之不修明，要求中、日两国共同强迫朝鲜改革内政。李不答应，因为这就是中、日共管朝鲜。

这时日本舆论十分激烈，一意主战。中国舆论也激烈，要求李鸿章火速出兵，先发制人。士大夫觉得朝鲜绝不可失，因为失朝鲜就无法保东北。他们以为日本国力甚小："倭不度德量力，敢与上国抗衡，实以螳臂挡车，以中国临之，直如摧枯拉朽。"李鸿章则觉得一调大兵，则双方势成骑虎，终致欲罢不能；但他对于外交又不让步。他这种军事消极、外交积极的办法，是很奇怪的，他有他的理由。俄国公使喀西尼答应了他，俄国必劝日本撤兵，如日本不听，俄国必用压服的方法。李觉得既有俄国的援助，不必对日本让步。殊不知喀西尼虽愿意给我援助，俄国政府不愿意。原来和战的大问题，不是一个公使所能负责决定的。等到李鸿章发现喀西尼的话不能兑现，中、日外交路线已经断了，战事已经起始了。

中、日两国同于七月初一宣战。八月十八（阳历九月十七日）两国海军在朝鲜西北鸭绿江口相遇。那一次的海军战争是我民族在这次全面抗战以前最要紧的一个战争。如胜了，朝鲜可保，东北不致发生问题，而在远东中国要居上、日本居下了。所以甲午八月十八的海军之战是个划时代的战争，值得我们研究。那时我国的海军力比日本海军大。我们的占世界海军第八位，日本占第十一位。我们的两个主力舰"定远"和"镇远"，各七千吨；日本顶大的战舰不过四千吨。但日本的海军也有优点，日本的船比我们快，船上的炮比我们多，而且放得快。我们的船太参差不齐，日本的配合比较合用。所以从物质上说来，两国海军实相差不远。那一次我们失败的缘故很多。第一，战略不如人。我方原定舰队排"人"字阵势，由"定远""镇远"两铁甲船居先，称战斗之主力。海军提督丁汝昌以"定远"为坐舰，舰长是刘步蟾。丁本是骑兵的军官，不懂海军。他为人忠厚，颇有气节，李鸿章靠他不过做精神上的领导而已。刘步蟾是英国海军学校毕业的学生，学科的成绩确是上等的，而且颇识莎士比亚的戏剧，颇有所谓儒将的风度。丁自认不如刘，所以实际是刘做总指挥。等到两军相望的时候，刘忽下令把"人"字阵完全倒置，定远、镇远两铁甲船居后，两翼的弱小船只反居先。刘实胆怯，倒置的缘故想图自全。这样一来阵线乱了，小船的人员都心慌了。而且日本得乘机先攻我们的弱点了。

其次，我们的战术也不及人。当时在"定远"船上的总炮手英人泰乐尔看见刘步蟾变更阵势，知道形势不好。他先吩咐炮手不要太远

THE BATTLE OF THE YALU.

"定远"号和"镇远"号是清廷向德国订购的战舰，也是北洋水师的主力战舰。在中日甲午战争的威海卫海战中，"定远"号自沉，"镇远"号被日本海军虏获。

就放炮，不要乱放炮，因为船上炮弹不多，必命中而后放。吩咐好了以后，他上望台，站在丁提督旁边，准备帮丁提督指挥。但丁不懂英文，泰乐尔不懂中文，两人只好比手势交谈。不久炮手即开火，而第一炮就误中自己的望台，丁受重伤，全战不再指挥，泰乐尔亦受轻伤。日本炮弹的准确远在我们的之上，结果，我海军损失过重，不敢再在海上与日人交锋。日人把握海权，陆军输送得行动自由，我方必须绕道山海关。其实海军失败以后，大势就去了。陆军之败更甚于海军。

次年三月，李鸿章与伊藤订《马关条约》。中国承允朝鲜独立，割台湾及辽东半岛，赔款二万万两。近代的战争固不是儿戏。不战而求和当然要吃亏，这一次要吃亏的是朝鲜的共管。但战败以后而求和，吃亏之大远过于不战而和。同治、光绪年间的政治领袖如曾、左、李及恭亲王、文祥诸人原想一面避战，一面竭力以图自强。不幸，时人不许他们，对自强事业则多方掣肘，对邦交则好轻举妄动，结果就是误国。

第四章

瓜分及民族之复兴

第一节
李鸿章引狼入室

　　甲午战争未起以前及既起以后，李鸿章用各种外交方法，想得西洋各国的援助，但都失败了。国际的关系，不比私人间的关系，是不讲理、不论情的。国家都是自私自利的，利害相同就结合为友、为联盟，利害冲突就成为对敌。各国的外交家都是精于打算盘的。西洋各国原想在远东大大地发展，但在甲午以前，没有积极推动，一则因为他们忙于瓜分非洲；二则因为他们互相牵制，各不相下；三则因为在远东尚有中国与日本两个独立国家，具有相当的抵抗能力。在中日战争进行的时候，李鸿章虽千方百计地请求他们的援助，他们总是抱隔岸观火的态度，严守中立。他们觉得中国愈败，愈需要他们的援助，而且愈愿意出代价。同时他们又觉得日本虽打胜仗，战争总要削减日本的力量。在西洋人的眼光里，中日战争无论谁败，实是两败俱伤的，他们反可坐收渔人之利。所以他们不援助我们于未败之前。

　　等到《马关条约》一签字，俄、德、法三国就联合起来，强迫日本退还辽东半岛，包括旅顺、大连在内。主动是俄国，德、法不过附和。当时俄国财政部长威特正赶修西伯利亚铁路，他发现东边的一段，如绕黑龙江的北岸，路线太长，工程太困难，如横过我们的东三省，路线可缩短，工程也容易得多。同时海参崴太偏北，冬季结冰，不便航行。如果俄国能得大连、旅顺，俄国在远东就能有完善的军港和商港。完成西伯利亚铁路及得一个不冻冰的海口，这是威特想要乘机而达到的目的。法国当时联俄以对德，俄要法帮忙，法不敢拒绝，何况法国也有野心家想乘机向远东发展呢。德国的算盘打得更精。他想附和俄国，一则可以使俄国知道德国是俄国的朋友，俄国不必联络法国；二则俄国如向远东发展，在欧洲不会多事，德国正好顺风推舟；三则德国也可以向我们索取援助的代价。这是三国干涉《马关条约》实在的动机。

俄、德、法三国的做法是十分冠冕堂皇的。《马关条约》发表以后，他们就向我们表示同情，说条约太无理，他们愿助中国挽回失地的一部分。在我们那时痛恨日本的情绪之下，这种友谊的表示是求之不得的。我们希望三国能把台湾及辽东都替我们收回来。同时三国给予所谓友谊的劝告，说日本之占领辽东半岛不利于远东和平。战后之日本固不敢不依从三国的劝告，于是退还辽东，但加赔款三千万两。中国觉得辽东半岛不止值三千万两，所以我们觉得应感激三国的援助。

《马关条约》原定赔款二万万两，现在又加三千万两，中国当然不能负担。威特一口答应帮我从法、俄银行借一万万两，年息四厘。数目之大，利率之低，诚使我们受宠若惊。俄国真可算是我们的好朋友！

光绪二十二年，一八九六年，俄皇尼古拉二世行加冕典礼。帝俄政府向我表示，当中、俄两国特别要好的时候，中国应该派头等大员去做代表，才算是给朋友面子。中国乃派李鸿章为庆贺加冕大使，这位东方的俾斯麦于是到欧洲去了。威特深知中国的心理，所以他与李鸿章交涉的时候，首言日本之可恶可怕，这是李鸿章愿意听的话，也是全国人士愿意听的话。这种心理的进攻既然顺利，威特乃进一步陈言俄国对我之援助如何是心有余而力不足。他说当中日战争之际，俄国本想参战，但因交通不便，俄军未到而中日战争就完了。以后中国如要俄国给予有力的援助，中国必须使俄国修条铁路横贯东三省。李鸿章并未驳辩威特的理论，但主张在中国境内之铁路段，应由中国自修，威特告以中国人力财力不足，倘自修，则十年尚不能成，将缓不济急。威特最后说，如中国坚拒俄国的好意，俄国就不再助中国了。这一句话把李鸿章吓服了，于是他与威特签订密约，俄许援助中国抵抗日本，中许俄国建筑中东铁路。

光绪二十二年的《中俄密约》是李鸿章终身的大错。甲午战争以后，日本并无于短期内再进攻中国的企图。是时日本政府反转过来想联络中国。因为西洋倘在中国势力太大，是于日本不利的。威特的本意不是要援助中国，是要利用中东铁路来侵略中国的。以后瓜分之祸，及日俄战争、"二十一条""九一八"这些国难都是那个密约引出来的。

李鸿章离开俄国以后，路过德、法、比、英、美诸国。他在柏林的时候，德国政府试探向他要代索辽东的报酬，他没有答应。德国公使以后又在北京试探，北京也没有答应。光绪二十三年秋，山东曹州杀了两个传教士，德国乘机一面派兵占领青岛，一面要想租借胶州湾及青岛及在山东修铁路和开矿的权。中国于二十四年春答应了。山东就算是德国的利益范围。

一幅描绘列强瓜分中国情形的漫画；坐在比萨（指中国领土，比萨上的
"CHINE"为法语的"中国"）旁的国家由左至右分别为维多利亚女王代表英、德
皇威廉二世代表德、沙皇尼古拉二世代表俄、武士代表日本，于俄、日后方的为
法国，于德国后方为无力阻止国土被瓜分的清朝政府。

　　俄国看见德国占了便宜，于是调兵船占旅顺、大连。俄国说为维持华北的势力均衡，并为助我的方便，他不能不有旅顺、大连，并且还要修南满铁路。中国也只好答应。我们费三千万赎回来的辽东半岛，这时俄国又夺去了。俄国还说，他是中国唯一的朋友！俄国的外交最阴险：他以助我之名，行侵我之实。以后他在东北既有了中东铁路、南满铁路及大连、旅顺，东三省就成了俄国的势力范围。

　　于是英国要求租借威海卫和九龙及长江流域的优越权利。法国要求租广州湾及广东、广西、云南的优越权利。日本要求福建的优越权利。意大利要求租浙江的三门湾。除意大利的要求以外，中国都答应了。这就是所谓瓜分。唯独美国没有提出要求，但他运用外交，使各国不完全割据各国所划定的范围，使各国承认各国在中国境内都有平等的通商权利。这就是历史上有名的门户开放主义。

　　这种瓜分运动就是甲午的败仗引起来的。在近代的世界，败仗是千万不能打的。

第二节
康有为辅助光绪变法

假使我们是甲午到戊戌那个时代的人，眼看见我国的国家被小小的日本打败了，打败了以后又要割地赔款，我们还不激昂慷慨想要救国吗？又假使我们就是那个时代的人，新知识新技术都没有，所能做的仅八股文章，所读过的书，仅中国的经史，我们救国方案还不是离不开我们的经典，免不了做些空泛而动听的文章？假使正在这个时候，我们中间出了一个人提出一个伟大的方案，既合乎古训，又适宜时局，其文章是我们所佩服的，其论调正合乎我们的胃口，那我们还不拥护他吗？康有为就是这时代中的这样的人。

康有为是广东南海县人，生在咸丰五年（一八五五年），比孙中山先生大十一岁。他家好几代都是读书人。他的家教和他的先生朱九江给他的教训，除预备他能应考试、取科名外，特别注重中国政治制度的沿革及一般所谓经世致用之学。他不懂任何外国文字，在戊戌以前，也没有到外国去过。但他到过香港、上海，看见西洋人地方行政的整齐，受了很大的刺激。他觉得这种优美的行政必有文化和思想的背景和源泉。可惜那个时候国内还没有讨论西洋政治、经济的书籍。

康有为所能得的仅江南制造局及教会所译的初级天文、地理、格致、兵法、医药及耶稣教经典一类的书籍。但他是个绝顶聪明的人，"能举一反三，因小以知大，自是于其学力中别开一境界"。

我们已经说过，同光时代李鸿章所领导的自强运动限于物质方面，是很不彻底的。后来梁启超批评他说：

> 李鸿章坐知有洋务，而不知有国务……其于西国所以富强之原，茫乎未有闻焉，以为吾中国之政教文物风俗，无一不优于他国，所不及者，惟枪耳，炮耳，船耳，铁路耳，机器耳。吾但学此，而洋务之能事毕矣……知有兵事而不知有民政，知有外交而不知有内治，知有朝廷而不知有国民。日责人昧于大局，而己于大局，先自不明……殊不知今日世界之竞争，不在国家，而在国民；殊不知泰西诸国所以能化畛域除故习布新宪致富强者，其机恒发自下而非发自上。

这种批评是很对的。可是李鸿章的物质改革已遭时人的反对，倘再进一步的改革政治态度，时人一定不容许他。甲午以后，康有为觉得时机到了。李鸿章所不敢提倡的政治改革，康有为要提倡。这就是所谓变法运动。

我国自秦汉以来，两千多年来变法者层出不穷，其中有两人影响较为深远，一个是王莽，一个是王安石。两个都失败了，王莽尤其成为千古的罪人，所以没有人敢谈变法。士大夫阶级都以为法制是祖宗的法制，先圣先贤的法制，历代相传，是绝不可变更的。康有为知道非先打破这个思想的难关，变法就无从下手。所以在甲午以前，他写了一篇《孔子改制考》。他说孔子根本是个改革家，孔子作《春秋》的目的就是要改革法制。《春秋》的真义在《公羊传》里可以看出来。《公羊传》讲"通三统"，那就是说夏、商、周三代的法制并无沿袭，各代都因时制宜，造出各代的法制。《公羊传》又讲"张三世"，那就是说，以专制政体对乱世，立宪政体对升平之世，共和政体对太平之世。康有为这本书的作用无非是抓住孔子做他思想的傀儡，以便镇压反对变法的士大夫。

康有为在甲午年中了举人，乙未年成了进士。他是那个国难时期的新贵。他就趁机会组织学会，发行报纸来宣传，一时附和的人很不少。大多数并不了解他的学说，也不知道他的改革具体方案，只有极少数可以说是他的忠实同志。但是他的运动盛极一时，好像全国舆论是拥护他的。

孔子是旧中国的思想中心，抓住了孔子，思想之战就成功了。皇帝是旧中国的政治中心。所以康有为的实际政治工作是从抓住皇帝下手。他在严重的国难时期之中，一再上书给光绪皇帝，大讲救国之道。光绪也受了时局的刺激，很想努力救国。他先研究康有为的著作，后召见康有为。光绪很赏识他，因为种种的困难，只教他在总理衙门行走。戊戌春季的瓜分，更刺激了变法派和光绪帝。于是他又派康有为的四位同志杨锐、刘光第、林旭、谭嗣同

康有为像

在军机处办事。从戊戌四月二十三日到八月初，康有为辅助光绪行了百日的维新。

在这百天之内，康有为及其同志推行了不少的新政。其中最要紧的有二件事。第一，以后政府的考试不用八股文，都用政治、经济的策论。换句话说，以后读书人要做官不能靠虚文，必须靠实学。第二，调整行政机构。康有为裁汰了许多无用的衙门和官职，如詹事府、通政司、光禄寺、鸿胪寺、太仆寺、大理寺，以及总督同城的巡抚、不治河的河督、不运粮的粮道、不管盐的盐道。同时他添了一个农工商总局，好像我们现在的经济部，想要推行经济建设。这两件大新政，在我们今日看起来，都是应该早办的，但在戊戌年间，虽然国难那样严重，反对的人居大多数。为什么呢？一句话，打破了他们的饭碗。人人都知道废八股，提倡实学，但数百翰林、数千进士、数万举人、数十万秀才、数百万童生，全国的读书人都觉得前功尽弃。他们费了多少的心血，想从之乎者也里面升官发财。一旦废八股，他们绝望了。难怪他们要骂康有为洋奴、汉奸。至于被裁的官员，更不要说，无不切齿痛恨。

康有为既然抓住皇帝来行新政，反对新政的人就包围西太后，求"太后保全，收回成命"。这时光绪虽做皇帝，实权仍在西太后手里。他们两人之间久不和睦，西太后此时想索性废光绪皇帝。新派的人于是求在天津练兵的袁世凯给他们武力的援助。袁世凯嫌他们孟浪，不肯合作，而且泄露他们的机密。西太后先发制人，把光绪囚禁起来，说皇帝有病，不能理事，复由太后临朝训政。康有为逃了，别人也有逃的，也有被西太后处死的。他们的新政完全打消了。

第三节
顽固势力总动员

在戊戌年的变法运动之中，外国人颇偏袒光绪帝及维新派，反对西太后及顽固党。因此一个内政的问题就发生国际关系了。后康有为、梁启超逃难海外，又得着外国人的保护。他们在逃难之中发起保皇会，鼓动外国人和华侨拥护光绪。这样，西太后和顽固党就恨起洋人来了。西太后要废光绪，立端王载漪的儿子溥儁做皇帝。刚毅、崇绮、徐桐、启秀诸顽固分子想在新王之下操权，于是怂恿废立，但各国驻京公使表示不满意，他们的仇外的心理更进了一层。

顽固党仅靠废立问题还不能号召天下，他们领导的运动所以能扩大，这是因为他们也是爱国分子。自鸦片战争到庚子年，这六十年中所受的压迫，所堆积的愤慨，让他们觉得中国应该火速抗战，不然国家就要亡了。我们不要以为顽固分子不爱国，从鸦片战争起，他们是一贯地反对屈服，坚强地主张抗战。在戊戌年，西太后复政以后，她硬不割让三门湾给意大利。她令浙江守土的官吏准备抗战。后意大利居然放弃了他的要求，顽固党更加觉得强硬对付洋人是对的。

外国人在中国不但通商占地，还传教。这一层尤其招顽固分子的愤恨。他们觉得孔孟的遗教是圣教，洋人的宗教是异端、是邪教。中国最无知的愚民，都知道孝敬父母、尊顺君师，洋人是无父无君的。几千年来，都是外夷学中国，没有中国学外夷的道理。这种看法在当时是很普遍的。譬如大学士徐桐是大理学家倭仁的门弟子，自己也是个有名的理学家，在当时的人物中，算是一个正派君子。他和他的同志是要保御中国文化而与外人战。他们觉得铲草要除根，排斥异端非尽驱逐洋人不可。

但是中国与日本战尚且打败了，怎能一时与全世界开战呢？顽固分子以为可以靠民众。利用民众或"民心"或"民气"去对外，是林则徐、徐广缙、叶名琛一直到西太后、载漪、刚毅、徐桐传统的法宝。凡是主张剿夷的莫不觉得四万万同胞是有胜无败的。甲午以后，山东正有民间的义和团出现。顽固分子觉得这个义和团正是他们所需要的武力。

义和团（又名义和拳）最初是大刀会，其本质与中国流行民间的各种帮会并无区别。这时的大刀会专以洋人，尤其是传教士为对象，民众对洋人也有多年的积愤。外国传教士免不了偏袒教徒，而教徒有的时候免不了仗洋人的势力欺侮平民。民间许多带宗教性质的庙会敬神，信基督教的人不愿意合作，这也引起教徒与非教徒的冲突。民间尚有种种谣言，说教士来中国的目的不外挖取中国人的心眼以炼药丹，又一说教士窃取婴孩脑髓、室女红丸。民间生活是很痛苦的，于是把一切罪恶都归到洋人身上。洋人，附洋人的中国人，以及与洋人有关的事业如教堂、铁路、电线等，皆在被打倒之列。义和团的人自信有鬼神保佑，洋人的枪炮打不死他们。山东巡抚李秉衡及毓贤前后鼓励他们，因此他们就以扶清灭洋的口号在山东扰乱起来。

　　己亥年（光绪二十五年，一八九九年）袁世凯做山东巡抚，他就不客气，把义和团当作乱民，派兵痛剿。团民在山东站不住，于己亥冬庚子春逃入河北。河北省当局反表示欢迎，所以义和团就在河北得势了。毓贤向载漪、刚毅等大替义和团宣传，说他们如何勇敢、可靠。载漪和刚毅介绍义和团给西太后，于是义和团在北京得势了。西太后及想实行废立的亲贵、顽固的士大夫及顽固爱国志士都与义和团打成一片，精诚团结去灭洋，以为灭了洋人他们各派的公私目的都能达到。庚子年义和团运动是我国顽固势力的总动员。

　　经过四次的御前会议，西太后乃于五月二十五日向各国同时宣

义和团运动并无严密的组织或统一的领袖，而是一场自发的群众运动，其在天津租界的活动成为八国联军侵华战争的导火索。

战。到七月二十日，董福祥的军队连同几万团民，拿着他们的引魂幡、混天大旗、雷火扇、阴阳瓶、九连环、如意钩、火牌、飞剑及其他法宝，仅杀了一个德国公使，连东交民巷的公使馆都攻不破。同时八国联军由大沽口进攻，占天津，慢慢地逼近北平。于是西太后同光绪帝逃到西安，李鸿章又出来收拾时局。

义和团运动的结束是《辛丑条约》，除惩办祸首及道歉外，《辛丑条约》有三个严重的条款。第一，赔款四万万五千万两，分三十九年还清，在未还清以前，按每年四厘加利，总计实九万万八千余万两。俄国的部分最多（那时中、俄尚是联盟国），占百分之二十九；德国次之，占百分之二十；法国占百分之十六弱；英国占百分之十一强；日本与美国各占百分之七强。第二，各国得自北京到山海关沿铁路线驻兵。近来日本增兵平津，就借口《辛丑条约》。第三，划定并扩大北京的使馆区，且由各国留兵北京以保御使馆。

这种条款够严重了，但我们所受的损失最大的还不是《辛丑条约》的各款，此外还有东三省的问题。庚子年，俄国趁义和团运动派兵占领全东北三省。《辛丑条约》订了以后，俄国不肯退出，反向我要求各种特殊权利。假使中国接受了俄国的要求，东北三省在那个时候就要名存实亡了。张之洞、袁世凯竭力反对接受俄国的条款，日本、英国、美国从旁赞助他们。李鸿章主张接受俄国的要求，但是幸而他在辛丑的冬天死了，不然东北三省就要在他手里送给俄国了。日本、英国看见形势不好，于壬寅（光绪二十八年）年初，缔结同盟条约来对付俄国。美国虽未加入，但表示好感。中国当时的舆论亦赞助同盟。京师大学堂（以后的北京大学）的教授上书政府，建议中国加入同盟，变为中、日、英三国的集团来对付俄国。俄国看见国际情形不利于他，乃与中国订约，分三期撤退俄国在东三省的军队。条约虽签字了，俄国以后又中途变计。日本乃出来与俄国交涉。光绪三十年（一九〇四年）两国交涉失败，就在我们的国土上打起仗来了。

那一次的日俄战争，倘若是俄国全胜了，不但我们的东三省，连朝鲜都要变为俄国的势力范围；倘若日本彻底的打胜了俄国，那朝鲜和东北就要变成日本的范围，中国左右是得不了便宜的。幸而事实上日本只局部地打胜了，结果两国讲和的条约仍承认中国在东北的主权，不过划北满为俄国铁路及其他经济事业的范围，南满包括大连、旅顺在内，为日本的范围。这样，日、俄形成对峙之势，中国得收些渔人之利。

第四节
孙总理提民族复兴方案

　　在未述孙中山先生的事业以前，我们试回溯我国近代史的过程。我们说过，我们到了十九世纪遇着空前未有的变局。在十九世纪以前，与我民族竞争的都是文化不及我，基本势力不及我的外族。到了十九世纪，与我抗衡的是几个以科学、机械及民族主义立国的列强。我们在道光间虽受了重大的打击，我们仍旧不觉悟，不承认国家及民族的危险，因此不图改革，枉费了民族二十年的光阴。直到受了英法联军及太平天国的痛苦，然后有同治初年由奕䜣、文祥、曾国藩、李鸿章、左宗棠领导的自强运动。这个运动就是我国近代史上第一个应付大变局的救国救民族的方案。简单地说，这个方案是要学习运用及制造西洋的军器来对付西洋人。这是一个不彻底的方案，后来又是不彻底的实行。为什么不彻底呢？一则因为提案者对于西洋文化的认识根本有限，二则因为同治、光绪年间的政治制度及时代精神不容许自强运动的领袖们前进。同时代的日本采取了同一路线，但是日本的方案比我们的更彻底。日本不但接受了西洋的科学和机械，而且接受了西洋的民族精神及政治制度之一部分。甲午之战是高度西洋化、近代化之日本战胜了低度西洋化、近代化之中国。

甲午以后，康有为所领导的变法运动是我国近代史上救国救民第二个方案。这个方案的主旨是要变更政治制度，其最后目的是要改君主立宪，以期民族精神及维新事业得在立宪政体之下充分发挥和推进。变法运动无疑的是比自强运动更加西洋化、近代化。康有为虽托孔子之名及皇帝的威严去变法，他依旧失败，因为西太后甘心做顽固势力的中心。清朝皇室及士大夫阶级和民间的顽固势力本极雄厚，加上西太后的支助，遂成了一种不可抑遏的反潮。严格说来，义和团运动可说是我国近代史上第三个救国救民的方案，不过这个方案是反对西洋化、近代化的，与第一、第二两个方案是背道而驰的。义和团的惨败是极自然的。惨败代价之大足证我民族要图生存绝不可以开倒车。

等到自强、变法、反动都失败了，国人然后注意孙中山先生所提出的救国救民的方案。这个方案的伟大与中山先生的少年环境是极有关系的。

中山先生是广东香山县人，生于清同治五年（西历一八六六年），他的家庭是我国乡下贫苦农夫的家庭。他小的时候，就在田庄上帮助父亲耕种。十三岁，他随长兄德彰先生到檀香山。他在那里进了教会学校。十六岁的时候，他回到广州入博济医学校。次年，他转入香港英国人所设立的医学专科。他在这里读书共十年，于光绪十八年毕业，成医学博士。中法战争的时候，他正十九岁，所受刺激很大。他在学校所结纳的朋友，如郑士良、陈少白、陆皓东等多与秘密反对清政府的会党有关。所以在这个时候，他已有了革命的思想。

中山先生的青年生活有几点值得特别注意。第一，他与外人接触最早，十三岁就出国了。他所入的学校全是外国人所设立的学校。他孙中山先生在香港西医书院读书时经常与照片中数人议论中国时政，大谈反清逐满及太平天国遗事，倡言革命，鼓吹共和。其所言无忌，闻者动容，孙、陈、尤、杨四人故被清政府称为"四大寇"。左起为杨鹤龄、孙中山、陈少白与尤列，站立者为关景良。

对西洋情形及近代文化的认识远在李鸿章、康有为诸人之上。这是我民族一种大幸事，因为我们既然只能从近代化找出路，我们的领袖人物应该对近代文化有正确深刻的认识。第二，中山先生的教育是科学的教育，而且是长期的。科学的思想方法是近代文化的至宝。但是这种方法不是一两个月的训练班或速成学校所能培养的。我们倘不了解这一点，我们就不能了解为什么中山先生所拟的救国方案能超越别人所提的方案。中山先生的一切方案是具体的、精密的、有步骤的、方方面面都顾到的，因为他的思想是受过长期科学训练的。

　　光绪十年的中法之战给了中山先生很大的刺激。光绪二十年的中日之战所给的刺激更大。此后他完全放弃行医，专门从事政治。次年，他想袭取广州，以为革命的根据地。不幸事泄失败，他逃到国外。在檀香山的时候，他组织了兴中会。当时风气未开，清廷监视很严，所以兴中会的宣言不提革命，只说政府腐败、国家危急，爱国志士应该联合起来以图国家的富强。宣言虽是这样的和平，海外侨胞加入兴中会的还是很少。中山先生从檀香山到美国、英国，一面鼓吹革命，一面考察英、美的政治。在英国的时候，使馆职员诱他入馆，秘密地把他拘禁起来，想运送回国。幸而得着他的学校教师的援助终得出险，后又赴法。这是中山先生初次在海外逃难的时期，也是他的革命的三民主义初熟的时期。

　　庚子义和团运动的时候，郑士良及史坚如两同志奉中山先生的命令想在广东起事，不幸都失败了。但是庚子年的大悲剧摇动了许多人对清政府的信念。留学生到日本去的也大大地加增。从此中山先生的宣传容易得多，信徒加增也很快。日本朋友也有赞助的。到了甲辰年（光绪三十年，西历一九〇四年），他在日本组织同盟会，并创办《民报》，这是我民族初次公开的革命团体。《同盟会宣言》及《民报发刊词》是中山先生初次公开地、正式地以革命领袖的资格，向全世界发表他的救国救民族的方案。甲辰以后，中山先生尚有二十年的革命工作，对他所拟的方案尚有不少的补充，但他终身所信奉的主义及方略的大纲已在《同盟会宣言》和《民报发刊词》里面立定基础了。

　　《民报发刊词》说明了三民主义的历史必然性。欧洲罗马帝国灭亡以后，各民族割据其地，慢慢地各养成其各别地语言、文字、风俗、法制。到了近代，各民族遂成了民族国家。但在各国之内王室专制，平民没有参政之权，以致民众受压迫的痛苦。十八世纪末年、十九世纪初年，欧人乃举行民权的革命。在十九世纪，西洋人虽已实行民族主义和民权主义，但社会仍不安。这是因为欧美在十九世纪科学发达，工业进步，社会贫富不均。中国应在工业初起的时候，防患未然，利用科学和工业为全民谋幸福，这就是民生主义。中山先生很激昂地说：

> 夫欧美社会之祸，伏之数十年，及今而后发见之，又不能使之遽去。吾国治民生主义者，发达最先，睹其祸害于未萌。诚可举政治革命、社会革命，毕其功于一役，还视欧美，彼且瞠乎后也。

这是中山先生的爱国热忱和科学训练所创作的救国方案，其思想的伟大是古今无比的。

但是民族主义和民权主义在西洋尚且未实现，以落伍的中国，外受强邻的压迫，内部又满布封建的思想，何能同时推行三民主义呢？这岂不是偏于理想吗？有许多人直到现在还这样批评中山先生。三十三年以前，当同盟会初组织的时候，就是加盟者大部分也阳奉阴违，口信心不信，反对同盟会的人更加不必说了。他们并不否认三民主义的伟大，他们所犹豫的是三民主义实行的困难。其实中山先生充分的顾到了这层困难，他的革命方略就是他实行三民主义的步骤。同盟会的宣言的下半说明革命应分军法、约法、宪法三时期，就是以后所谓军政、训政、宪政三阶段。一般浅识的人承认军政、宪政之自然，但不了解训政阶段是必要的、万不能免的。中山先生说过：

由军政时期，一蹴而至宪政时期，绝不予革命政府以训练人民之时期，又绝不予人民以养成自治能力之时间，于是第一流弊，在旧污未由荡涤，新治未由进行；第二流弊，在粉饰旧污，以为新治；第三流弊，由发扬旧污，压抑新治。更端言之，即第一民治不能实现；第二为假民治之名行专制之实；第三则并民治之名而去之也。此所谓事有必至，理有固然者。

《民报》是中国同盟会的机关报，孙中山在《民报发刊词》中首次提出三民主义思想。

当时在日本与同盟会的《民报》抗争者是君主立宪派的梁启超所主持的《新民丛报》。梁启超是康有为的门徒，爱国而博学。他反对打倒清政府，反对共和政体，他要维持清室而行君主立宪，所以他在《新民丛报》里再三发表文章攻击中山先生的民族主义和民权主义。他说中国人民程度不够，不能行共和制，如行共和必引起多年的内乱和军阀的割据。他常引中国历史为证：中国每换一次朝代必有长期的内乱。梁启超说，在闭关自守时代，长期的内乱尚不一定要亡国；现在列强虎视，一不小心，我们就可召亡国之祸。民国以来的事实似乎证明了梁启超的学说是对的。其实民国以来的困难都是由于国人不明了，因而不接受训政。

第五节
民族扫除复兴的障碍

庚子义和团运动以后，全体人民感觉清政府是我民族复兴的一种障碍，这种观察是很有根据的。甲午以前，因为西太后要重修颐和园，我国海军有八年之久，不能添造新的军舰。甲午以后，一则因为西太后与光绪帝争权，二则因为清政府的亲贵以为维新就是汉人得势、满人失权，西太后和亲贵就煽动全国的一切反动势力来打倒新政。我们固不能说，满人都是守旧的，汉人都是维新的，因为汉人之中，思想腐旧的，也大有人在。事实上，满人居领袖地位，他们一言一动的影响大，而他们中间守旧的成分实在居大多数；并且他们反对维新，就是借以排汉。所以庚子以后，清政府虽逐渐推行新政，汉人始终不信服他们，不认他们是有诚意的。

庚子年的冬天，西太后尚在西安的时候，她就下诏变法。以后在辛丑到甲辰那四年内，她裁汰了好几个无用的衙门，废科举，设学校，练新兵，派学生出洋，许满汉通婚。戊戌年康有为要辅助光绪帝行的新政，这时西太后都行了，而且超过了。日本胜了俄国以后，时人都觉得君主立宪战胜了君主专制。于是在乙巳年（一九〇五年）的夏天，西太后派载泽等五大臣出洋考察各国宪法，表示要预备立宪。丙午、丁未、戊中二年成了官制及法制的大调整时期。

丙午（一九〇六年）九月，厘定中央官制。清中央主要的机关有内阁、军机处、六部、九卿。所谓九卿，多半是无用的衙门。六部采用委员制，每部有满汉尚书各一，满汉侍郎各二，共六人主政，责任不专，遇事推诿；并且自道咸以后，各省督抚权大，六部成了审核机关，本身几全不举办事务。军机处是前清中央政府最得力的机关，原是内阁分出来的一个委员会，实际辅佐皇帝处理大政的。自军机处在

中国历史上第一个现代内阁，在辛亥革命浪潮中迅速倒台，被袁世凯内阁取代。而"皇族内阁"的组成，使部分立宪派和社会舆论倍感失望，认为清政府无意立宪，部分人倒向革命阵营。与其说是因奕劻内阁皇族亲贵太多，不如说是因清朝皇族亲贵为满族而非汉族，满汉矛盾才是问题的焦点。

雍正年间成立以后，内阁变成一种装饰品。丙午年的改革，保存了军机处，此外设立十一部，每部以一个尚书为最高长官。这种改革虽不圆满，比旧制实在是好多了。但十一名尚书发表以后，汉人只占五人，比以前六部满汉各一的比例还差了。所以这种改革，不但未和缓汉人的不平，反加增了革命运动的力量。

丁未年（一九〇七年），清政府决定设资政院于北京，作为中央的民意机关，设谘议局于各省，作为地方的民意机关。戊申年，清政府颁布宪法大纲，并规定九年为预备立宪时期。如果真要立宪，九年的预备实在还不够，但是因为当时国人对清政府全不信任，故反对九年的预备，说清政府不过借预备之名以搁置立宪。

清政府在这几年之内，不但借改革以收汉人的政权，并且铁良和良弼想尽了法子把袁世凯的北洋兵权也夺了。等到戊申的秋天，宣统继位，其父载沣做摄政王的时候，第一条命令是罢免袁世凯。此时汉人之中尚忠于清廷而又有政治手腕者，袁世凯要算是第一，载沣还要得罪他，这不是清朝自取灭亡吗？

同盟会和其他革命志士看清了满人的把戏，积极地图以武力推倒清政府的政权。丙午年，同盟会的会员蔡绍南、刘道一联合湖南和江西交界的秘密会党在浏阳和萍乡起事。他们的宣言明说他们的目的是要打倒清政府，建立民国，平均地权。这是同盟会成立以后第一次的革命，也是三民主义初次充当革命的目标。不幸失败了。同时还有许多革命党员秘密的在武昌及南京的新军之中运动革命，清廷简直是防不胜防。

这时日本政府应清政府的请求，强迫孙中山先生离开日本。中山先生乃领导胡汉民、汪精卫等到安南，在河内成立革命中心。他们在丁未年好几次在潮州、惠州、钦州、廉州及镇南关各处起事，戊申年又在河口起事，均归失败。同时江浙人所组织的光复会也积极活动，丁未年五月光复会首领徐锡麟杀安徽巡抚恩铭，此事牵连了他的同志秋瑾，两人终皆遇害。戊申年十月，熊成基带安徽新军一部分突破安庆。他虽失败了，他的行动表示长江一带的新军已受了革命思想的影响。

丁未、戊申两年既受了这许多的挫折，同盟会的多数领袖主张革命策略应该变更。胡汉民当时说过："此后非特暗杀之事不可行，即零星散碎不足制彼虏死命之革命军，亦断不可起。"汪精卫反对此说，他相信革命志士固应有恒德，"担负重任，积劳怨于一躬，百折不挠，以行其志"，但是有些应该有烈德，"猛向前进，一往不返，流血以溉同种"。他和黄复生秘密地进北京，谋刺摄政王载沣。后事不成，被捕下狱。这是庚戌宣统二年的事情。

汪精卫独行其烈德的时候，中山先生和胡汉民、黄兴、赵声正在南洋向华侨募捐，想大规模地、有计划地向清政府进攻。这是汪精卫所谓恒德。他们于庚戌年十一月在槟榔屿订计划，先占广州，然后北伐，"以黄兴统一军出湖南趋湖北，赵声统一军出江西趋南京"。订了计划以后，他们分途归国。次年，辛亥宣统三年，三月二十九日的黄花岗七十二烈士之役是他们的计划的实现。军事上虽失败了，心理上则大成功，因为革命精神从此深入国民的脑际。

正在这个时候，清廷宣布铁路国有的计划，给了革命党人一个很好的宣传的机会。那时待修的铁路，以粤汉、川汉两路为最急迫，困难在资本的缺乏。四川、湖北、湖南诸省的人民乃组织民营铁路公司，想集民股筑路。其实民间的资本不够，公司的领袖人物也有借公济私的，所以成绩不好，进行很慢。邮传大臣盛宣怀乃奏请借外债修路，把粤汉、川汉两路都收归国有。借外债来建设，本来是一种开明的政策，铁路国有也是不可非议的。不过盛宣怀的官声不好，清政府丧失人心，就是行好政策，人民都不信任。何况民营公司的股东又要损失大利源呢？因以上各种缘故，铁路国有的问题就引起多数人的反对，革命党又从中煽动，竟成了大革命的导火线。

同盟会的革命策略，本注重广东，但自黄花岗失败以后，陈其美、宋教仁、谭人凤等就想利用长江流域为革命策源地。他们在上海设立同盟会中部总会。谭人凤特别注重长江中游之两湖。那时湖北新军中的蒋翊武组织文学社于武昌，借以推动革命。在湖南活动的焦达丰及在湖北活动的孙武和居正，另外组织共进会。这两个团体，虽有同盟会的会员参加，并不是同盟会的支部，而且最初彼此颇有摩擦。经谭人凤调和以后共进会和文学社始合作。

同盟会的首领原来想在长江一带应该有好几年的预备工作，然后可以起事。但四川、湖北、湖南争路的风潮扩大以后，他们就决定在辛亥年（宣统三年，一九一一年）秋天起事。发难的日期原定旧历八月十五日，后因预备不足，改迟十天。却在八月十八日，革命党的机关被巡捕破获，党人名册也被搜去。于是仓促之间定八月十九即阳历十月十日起事。

辛亥武昌起义的领袖是新军的下级军官熊秉坤。他率队直入武昌，进攻总督衙门。总督瑞澂当即不抵抗出逃，新军统制张彪也跟他逃，于是武昌文武官吏均弃城逃走，武昌便为革命军所据。革命分子临时强迫官阶较高、声望较好的黎元洪做革命军的都督。

武昌起义以后，一个月之内，湖南、陕西、江西、山西、云南、中华民国军政府鄂军都督府既是中华民国第一个省级军政府，同时代行中央军政府的职责，在此后近二个多月中实际上扮演了中华民国军政府的角色。

安徽、江苏、贵州、浙江、广西、福建、广东、山东十三省相继宣布独立。并且没有一个地方发生激烈的战争。清政府的灭亡，不是革命军以军力打倒的，是清朝自己瓦解的。各独立省选派代表，制定《临时约法》，并公举孙中山先生为中华民国的临时总统。我们这个老古的帝国，忽然变为民国了。

清政府到了山穷水尽的时候，请袁世凯出来挽回大局。这种临时抱佛脚的办法是不会生效的。袁世凯替清室谋得的不过是退位以后的优待条件，为自己却得了中华民国第一任正式总统的地位。

辛亥革命打倒了清政府，这是革命唯一的成绩。清政府打倒了以后，我们固然扫除了一种民族复兴的障碍，但是等到我们要建设新国家的时候，我们又与民族内在的各种障碍面对面了。

第六节
军阀割据十五年

　　民国元年的民国有民国必须具备的条件吗？当然没有。在上了轨道的国家，政党的争权绝不使用武力，所以不致引起内战。军队是国家的，不是私人的。军队总服从政府，不问主政者是属于哪一党派。却是民国初年，在我们这里，军权就是政权。辛亥的秋天，清政府请袁世凯出来主持大政，正因为当时全国最精的北洋军队是忠于袁世凯的。中山先生在民国元年所以把总统的位置让给袁世凯，也与这个缘故有关。我们以先说过在太平天国以前，我国并没有私有的军队，有之从湘军起。湘军的组织和精神传给了淮军，淮军又传给北洋军，以致流毒于民国。不过湘军和淮军都随着他们的领袖尽忠于清朝，所以没有引起内乱。到了民国，没有皇帝了，北洋军就转而尽忠于袁世凯。

　　为什么民国初年的军队不尽忠于民国，不拥护民国的宪法呢？我们老百姓的国民程度是很低的。他们当兵原来不是要保御国家，是要解决个人生计问题的。如不加以训练，他们不知道大忠，那就是忠于国家和忠于主义，只知道小忠，忠于给他们衣食的官长，和忠于他们同乡或同族的领袖。野心家知道我国人民乡族观念之深，从而利用之以达到他们的割据企图。

工商界及学界的人何以不起来反对军阀呢？他们在专制政体下做了几千年的顺民，不知道什么是民权，忽然要他们起来做国家的主人翁，好像一个不会游水的人，要在海洋的大波涛之中去游泳，势非淹死不可。知识阶级的人好像应该能做新国民的模范，其实也不尽然。第一，他们的知识都偏于文字方面。古书愈读得多，思想就愈腐旧、愈糊涂。留学生分散到各国各校各学派，回国以后，他们把万国的学说都带回来了，五花八门，彼此争辩，于是军阀的割据之上又加了思想的分裂。第二，中国的读书人，素以做官为唯一的出路。民国以来，他们中间有不少的人唯恐天下不乱，因为小朝廷愈多，他们做官的机会就愈多。所以知识阶级不但不能制止军阀，有的时候反助桀为虐。

那么，我们在民国初年绝对没有方法引国家上轨道吗？有的，就是孙中山先生的建国方略和三民主义。中山先生早已知道清政府不是中国复兴唯一的障碍。其他如国民程度之低劣，国民经济之困难，军队之缺乏主义认识，这些他都顾虑到了。所以他把建国的程序分为军政、训政、宪政三个时期，但是时人不信他，因为他们不了解他的思想。他们以为清政府是我们唯一的障碍，清政府扫除了，中国就可以从几千年的专制一跃而达到宪政。这样，他们正替军阀开了方便之门。这就是古人所谓"欲速则不达"。在民国初年，不但一般人不了解中山先生的思想，即同盟会的会员，了解的也很少。中山先生并没有健全的革命党作他的后盾，至于革命军更谈不到。当时军队的政治认识仅限于排满一点，此外都是些封建思想和习惯，只够做反动者的工具。中山先生既然没有健全的革命党和健全的革命军帮他推动他的救国救民族的方案，他就毅然决然让位与袁世凯，一方面希望袁世凯能不为大恶，同时他自己以在野的资格，努力造党和建设。

假使我民族不是遇着帝国主义压迫的空前大难关，以一个曹操、司马懿之流的袁世凯当国主，树立一个新朝代，那我们也可马虎下去了。但是我们在二十世纪所需要的，是一个认识新时代而又能领导我们向近代化那条路走的伟大领袖。袁世凯绝不是个这样的人，他不过是我国旧环境产生的一个超等的大政客。在他的任内，他借了一批大外债，用暗杀的手段除了他的大政敌宋教仁，扩充了北洋军队的势力，与日本订了民国四年的条约，最后听了一群小人的话，幻想称帝。等到他于民国五年六月六日死的时候，他没有做一件于国有益、于己有光的事情。

袁死了以后，靠利禄结合的北洋军队当然四分五裂了。大小军阀，遍地皆是。他们混打了十年。他们都是些小袁世凯。到了民国十五年的夏季，中国的政治地图分割到什么样子呢？第一，东北四省和河北、山东属于北洋军阀奉系的巨头张作霖。他在北京自称大元帅，算是中华民国的元首。第二，长江下游的江、浙、皖、闽、赣五省是北洋军阀直系孙传芳

袁世凯戎装像

的势力范围。孙氏原来是吴佩孚的部下，不过到了民国十五年，孙氏已羽翼丰满，不再居吴佩孚之下了。第三，湖北同河南仍属于直系巨头、曾拥戴曹锟为总统的吴佩孚。第四，山西仍属于北洋之附庸而保持独立而专事地方建设之阎锡山。第五，西北算是吴佩孚的旧部下而倾向革命之冯玉祥的势力范围。第六，西南的四川、云南、贵州，属于一群内不能统一、外不能左右大局的军阀。第七，广东、广西、湖南三省是革命军的策源地。从元年到十五年，我们这个国家的演化达到了这种田地。

第七节
贯彻总理的遗教

　　民国十五年七月九日，国民革命军总司令蒋中正誓师北伐，并下总动员令。这是中华民国历史上的大分水界。前此我们虽有革命志士，但没有健全的、有纪律的、笃信主义的政党；前此我们虽有军队参加革命，但没有革命军。此后就大不同了。我们如要了解民国十五年北伐誓师为什么是个划时代的史实，我们必须补述孙中山先生末年的奋斗。

　　我们已经说过，中山先生在辛亥革命以前宣布了他的革命方略，分革命的过程为军政、训政、宪政三个阶段。用不着说，军政是一个信服三民主义的革命军对封建势力的扫荡和肃清；训政是一个信服三民主义的革命党猛进的缔造宪政所必需的物质及精神条件。民国初年，这样的革命军和革命党都不存在，军阀得乘机而起，陷民国于长期的内乱，人民所受的痛苦，反过于在清政府专制之下所受的。中山先生于是更信他的革命方略是对的。民国三年，他制定革命党党章的时候，他把一党专政及服从党魁的精神大大地加强。民国七年，俄国革命，虽遇着国内国外反动势力的夹攻，终成功了。中山先生考察俄国革命党的组织，发现其根本纲领竟与他多年所提倡的大同小异。原来俄国也是个政治经济落后的国家，俄国的问题也是火速地近代化。在十九世纪，俄国没有赶上时代的潮流，因此在上次的欧洲大战，俄国以二十倍德国的领土、两倍德国的人口，尚不能对付德国二分之一的武力。俄国的革命方略，在这种状况之下当然可供我们参考。难怪中山先生虽知道中山主义与列宁主义有大不同之点，早就承认列宁是他的同志。

在苏联革命的初年，为抵抗帝国主义起见，列宁亦乐与我们携手。民国十二年正月二十六日，中山先生与列宁的代表越飞共同发表宣言，声明两国在各行其主义的条件之下，共同合作。十二年夏，中山先生派蒋介石同志赴俄，考察红军和共产党的组织。是年冬，苏联派遣鲍罗廷来华做顾问。十三年初，中山先生召开全国代表大会于广州，彻底地改组国民党，并决定联俄联共。同时蒋介石同志从俄回国，中山先生就请他创办黄埔军官学校。中山先生对黄埔军校是抱无穷希望的。在开学的那一天，中山先生说过：

> 今天要开这个学校，是有什么希望呢？就是要从今天起，把革命的事业重新来创造，要用这个学校内的学生做根本，成立革命军。诸位学生，就是将来革命军的骨干。

十四年是革命策源地的两广的大调整时期。陈炯明勾结杨希闵、刘震寰以图消灭新起的革命势力。于是有两次的东征，然后广东得以肃清。同时革命政府协助了李宗仁、黄绍竑肃清广西。

不幸在这年的春天，三月十二日，中山先生在北平逝世了。

从十五年七月九日起的北伐，到二十六年七月七日的全面抗日战争，是读者们所熟知的，我们可以不必细说。但是有两方面我们不能不注意。

第一，抗战以来，国人不分党派区域均团结一致抗战。

第二，近年全国向近代化这条大路上迈进。铁路的加修，全国公路网的完成，航空线的设立，无线电网的布置，义务教育的提倡，科学及工程教育的奖进，及国防的近代化，都是近几年的大成绩。抗战以前全世界无不承认我民族已踏上了复兴之路。日本的军阀看清了这一点，所以决计向我们大举进攻。

目前的困难是一切民族在建国的过程中所不能避免的。只要我们能谨守中山先生的遗教，我们必能找到光明的出路。

专论 中/国/近/代/史

中国与近代世界的大变局

> 　　历代备边，多在西北；其强弱之势，客主之形，皆适相垺；
> 且犹有中外界限。今则东南海疆万余里，各国通商传教，来往自
> 如，麕集京师及各省腹地；阳托和好之名，阴怀吞噬之计；一国
> 生事，诸国构煽：实为数千年来未有之变局。轮船电报之速，瞬
> 息千里；军器机事之精，工力百倍；炮弹所到，无坚不摧；水陆
> 关隘，不足限制：又为数千年来未有之强敌……

　　这是同治十三年李鸿章对中国的国际地位之观察。时人多以为他言过其实，今人觉得他的看法还不透彻。关于这一点，我们在下文里当再讨论。我们现在不过要指出，李鸿章的结论是不能否认的或修改的。中国近代所处的局势确是"数千年来未有之变局"，中国近代所遇之敌人确是"数千年来未有之强敌"。

　　这个大变局的由来及其演化，中国对此变局的应付及其屡次的修改，这是本文所要讨论的。

一　中西方关系发生变化

葡萄牙人在十五世纪末年发现了绕非洲经好望角的欧亚直接航路。这事在世界历史上开了一个新纪元，也就是上文所谓大变局的起始。在这事以前，中西固早已发生了关系，但以前的关系与以后的关系根本不相同。原来欧亚两洲虽境土相连，且在乌拉尔山以南、里海以北，两洲之间并无自然的分界，但在十六世纪以前，中国与欧洲之间，除蒙古帝国短时期外，总有异族异教之人居中隔离。在这种环境之下，中西的关系不但要看双方的需要及意志如何，还要靠中欧之间的区域有适合的情形。在这个条件不能圆满的时候，中西的关系就完全断了。即在这个条件能圆满的时候，中西的关系大部分是间接的，货物的交换及彼此的认识都是由第三者转递与介绍。严格说来，历上古与中古，中西各自成一个世界、一个文化系统。自欧亚直接航路发现以后，第三者的阻碍成为不可能，其介绍亦成为不必要。自十六世纪到现在，世界史的最重要方面之一是东西的合化，或者我们应该说，是全世界的欧化。

为什么欧亚的航路到十五世纪末年始发现呢？这问题不是一言两句所能解答的。就地理说，这个大发现之迟到很自然。中西的发展是背道而驰的。欧洲发展起始于东南而趋向西北。欧洲最早的文化及政治中心是希腊，其次是罗马，最后才是西欧，愈到后来愈离中国远了。等到大西洋沿岸的国家有了相当的成熟，欧洲的历史始入海洋时期。中国的发展方向正与欧洲相反，中国的发展是由北而南的。我国的史家虽大书特书汉唐在西域的伟业，其实这不是我民族的正统。我国政治势力、文化及人民渡长江而逐渐占领江南以及闽、粤，这一路的发展才算得我民族事业的正统。等到闽、粤成熟了，然后我们更进而向南洋发展。明永乐及宣德年间的海外盛事不是偶然的、无历史背景的。那时南洋，甚至印度洋，似乎是我们的势力范围。郑和的时代就是葡萄牙航海家亨利王子的时代。无怪乎中国人与葡萄牙人初次的见面礼是在印度洋沿岸举行的。我们可以说，十六世纪以后的中西关系是数千年来双方历史的积势所蓄养而成的，那么自然会愈演愈密切而愈重要了。

在欧洲历史未入海洋时期以前，西方没有一个国家把提倡海外发展当作政府的大事业。西人来中国者多半为个人的好奇心、利禄心或宗教热所驱使。他们的事业是私人的事业，他们没有国家或民族作他们的后盾。就是欧洲中古最著名的东方旅行家——马可·波罗——并未得着任何欧洲政府的援助。他的事业，在当时，与欧洲任何国家或民族的国计民生都没有关系。到葡萄牙人发现好望角的时候，欧洲的局势就大不同了。至少在西欧，葡萄牙、西班牙、法兰西、英吉利已成立了民族国家。在十六世纪末年，荷兰亦经革命而独立。这些国家的国王和权贵无不以提倡海外发展为政府及民族的大事业。那班在海外掠财夺土的半海盗、半官商居然成了民族的英雄。文学家又从而赞扬之。在十六、十七世纪的欧人眼光里，国家的富强以及灵魂的得救，都靠海外事业的成败。个人冒险而到海外去奋斗的，不但可以发大财，且得为国王的忠臣、民族的志士和上帝的忠实信徒。这种人的运动是具有雄厚魄力的。他们在历史上发起了、推动了一个不能抑遏的潮流。

李鸿章所谓"数千年来未有之变局"就是这样开始的。

二　欧洲人的蚕食

　　葡萄牙大航海家迪亚士于一四八六年，明成化二十二年，发现了好望角。十二年以后，明弘治十一年，达·伽马率领小舰队直抵葡人百年努力的目的地印度。在印度西边的各海口，达·伽马采买了印度土产如珍珠、胡椒、细布，及香料群岛所产的香料，满载而归。这一次的贸易获利六十倍。弘治十五年，达·伽马又率领第二次远征队到印度。他带到东方的资本约值二百四十万法郎；归国后，带回去的东方货物变价到一千二百万。但欧亚贸易，在此以前，是由阿拉伯人及意大利人垄断。他们自然不甘心坐视别人攘夺他们的利源。而葡人尝了滋味以后亦自不乐歇手。正德五年（一五一〇年）的大战决定了最后的胜利属于新兴的葡萄牙。

　　彼时葡属印度总督阿尔布克尔克具有绝大的野心。他囊括印度洋及南洋各地，创立一个伟大的海洋帝国。正德五年，他占据印度西岸的大市镇果阿，且设总督府于此。次年，他的舰队又灭了南洋咽喉的满剌加（马六甲）。此举开了中西冲突之端。原来满剌加自明成祖于永乐元年（一四〇三年）派遣尹庆出使其地宣示威德以后，历年谨修职贡；加上郑和在南洋的活动，尤对中国顺服。葡人灭满剌加就是并吞中国的藩属。中国如何应付这种侵略？《明史·满剌加传》于无意中形容实在极了：

　　　　后佛郎机强举兵侵夺其地。王苏端妈末出奔……遣使告难。时世宗嗣位，敕责佛郎机，令还其故土。谕暹罗诸国王以救灾恤邻之义，迄无应者，满剌加竟为所灭。

　　换句话说，明世宗仅发了几篇纸上文章以塞宗主的责任。难怪葡人要继续前进占摩鹿加。《明史》说："地有香山，雨后香堕，沿流满地。居民拾取不竭。其酋委积充栋，以待商舶之售。东洋不产丁香，独此地有之，可以辟邪，故华人多市易。"此段文字虽带浪漫风味，然离事实确亦不远。摩鹿加亦名"香料群岛"，所产物品为数百年欧亚贸易的大宗，也就是葡人及荷兰人在亚洲最注重的。葡萄牙在摩鹿加的侵略，中国更置之不理了。

　　西班牙的海外发展与葡萄牙同时，最初目的也是要到印度。因为哥伦布不知美洲的存在，误信了从欧洲向西直航为达印度的捷径。后来西班牙人在十六世纪初年发现了墨西哥及秘鲁的金银，才定美洲为他们海外发展的范围。所以麦哲伦虽于一五二一年（正德十六年）发现了菲律宾群岛，等到一五六三年（嘉靖四十二年），西班牙人始复来经营此地；再等七年，始占吕宋。中国与吕宋的关系比与满刺加或摩鹿加更密切。《明史》说："先是，闽人以其地近且饶富，商贩者至数万人，往往久居不返，至长子孙。"西班牙人对于中国人实在是去留两难：留之则恐华人势力太大，致不能制；去之则岛上经济受损失。且中国人也去不尽，因为"华商嗜利，趋死不顾，久之复成聚"。西班牙人采取了一个折中办法：华人太多的时候驱逐些或屠杀些，平时则收重的人丁税。万历二十一年（一五九三年），驱逐过一次。三十一年屠杀过一次，中外记载皆说死难者约二万五千人。崇祯十二年（一六三九年），又屠杀过一次，彼时华侨共三万人，死者占三分之二。万历三十二年，中国尚移檄吕宋："数以擅杀罪，令送死者妻子归。"到崇祯年间，连一篇纸上文章都无暇发了。这样的，我民族又丧失了在菲律宾的发展范围。

荷兰在爪哇也是这样对付华侨的。

这三国及后来的英国的侵略也是南洋的大变局。在欧洲人未到南洋之前，华侨是那些地方的社会及经济的高层，甚至有执当地政柄者。倘这种趋势能继续推演，则群岛未尝不可成为海外的新闽、粤。可惜西人势力到达南洋的时候，我国无以应付，侨胞遂永远寄人篱下了。

有明一代，一方面闽、粤的人民自动地冒万险到南洋各地去谋生，一方面政府至少在永乐及宣德年间，似乎又极端重视中国在南洋的势力。海外发展的条件岂不是齐备了？何以在十六世纪又这样的拱手让人呢？西人的船坚炮利及十六世纪的明廷之无远略当然是要紧的缘故。比这种缘故还根本的是当时中国的特殊国情。明代政府及人民的海外事业各有其动机，且彼此不相关的。历有明一代，广州市舶司提举（即海关监督）的肥缺全是太监的专利。政府所派的代表到南洋去的，如郑和、尹庆，又都是太监。他们的使命虽说得冠冕堂皇，什么为国家扬威宣德，其实他们的目的岂不是为太监们去招徕？近人谈唯物史观者，好以地主阶级或资产阶级的私利解释中国的历史。如要勉强用阶级斗争来解释历史，我以为在中国应特别注重官吏阶级。这个阶级有其特殊的立场与主观：虽出身是从地主或资产阶级，官吏只为官吏而施治，并不代表任何人。唯其如此，明朝政府始能一面派使出洋扬威宣德，一面禁止人民出洋及坐视外人压迫在外的侨民。实际在政府方面，明朝海外事业的动机就是太监们的私利。这个动机哪能促进民族运动呢？拿这种动机来与西人的动机比较，岂不是有霄壤之别吗？

三　葡萄牙设法通商

从满剌加，葡萄牙人更进而到中国东南的洋面，初次在正德十一年，西历一五一六年。此一举中国又如何应付呢？当时中国并不守闭关主义。在葡人未来之先，中国沿海的通商已有相当的发展。暹罗（泰国）、占城、苏禄、渤泥（文莱）、爪哇、真腊（柬埔寨）、锡兰山（斯里兰卡）、苏门答腊、榜格兰等国常有船只往来中国。但同时我们没有所谓国际贸易或通商条约，因为中国的政治观念，尤其自南宋以后，总以天朝自居，"一统无外，万邦来庭"，否认有所谓"国际"者存在。所谓通商，就是进贡，市舶是随贡舶来的。我的朋友张君德昌直称明正德以前通商为贡舶贸易时期。凡来通商的无不尊中国为上国，而以藩属自居。在藩属方面，他们进贡以表示他们的恭顺；在上国方面，我们许其贸易，并不因为我们利其货品或税收，"不过因而羁縻之而已"。这是双方条件的交换。因此，倘番邦偶不恭顺，我们就"停市"。这是当时中国国际关系的理论。在此理论之上，我们设了各种法规，其中最要紧的是贡有定期、舶有定数。但是久而久之，这个理论及法规都成具文，其结果是贡舶其名、通商其实，甚至外人不到贡期或全不进贡的也来做买卖了。此中原因复杂，容待下文讨论。

葡人初次来广州的是从满剌加坐中国商船来的，贸易未发生困难。第二次，正德十二年，西人的记载说，华人初见其船只之大及葡人容貌的奇异，要拒绝通商；后见其行为和平，巡海水师又得重贿，就许了葡人在上川岛停船贸易。从第三次起，正德十三年，中、葡发生许多冲突。由冲突到妥协经过四十年，最后的妥协方案就是中国应付近代世界的大变局之第二步。

冲突的发生，第一由于葡人行为的凶暴。"剽劫行旅""掠买良民""恃强凌轹诸国"等形容词屡见于当时的奏章。并且这些形容词不是虚诬的，西人的记载可作参证。其实在十六世纪，欧人到海外去的可以做商客，也可以做海盗；当时的道德观念并未明定这两种人的善恶，不独葡萄牙人如此。至于给事中王希文所说的"烹食婴儿""犬羊之势莫当，虎狼之心叵测"，及庞尚鹏所说的"喜则人而怒则兽，其素性然也"，虽不免历代言官的夸大，亦可表示当时一部分人的印象。葡人这种凶暴，不但危害了中葡关系，且影响了全盘中西关系，因为时人当然把葡人当作西人的代表看待，而他们的行动容易使中国人以看待历代夷狄的眼光来看他们。初次的印象是不容易消抹的。

葡萄牙人大概从满剌加的华侨及广州沿海的商人探知了中国的贡舶贸易制度，所以他们初次到中国的时候，亦借口进贡。但是进贡须朝廷许可，得列藩封以后始可执行。葡萄牙之灭满剌加是他得进贡的资格的大障碍。正德十五年年底，御史丘道隆曾说过：

> 满剌加乃敕封之国，而佛郎机敢并之，且啖我以利，邀求封贡，决不可许。宜却其使臣，明示顺逆，令还满剌加疆土，方许朝贡。倘执迷不悛，必檄告诸蕃，声罪致讨。

葡萄牙的使者虽到了南京及北京，因满剌加的缘故及使团人员的失礼，于世宗嗣位之初（一五二一年），惨败而归。其舌人火者亚三伏法，正使托梅·皮莱资死于广东监牢。

但是正德、嘉靖年间的中国人的心理也不是这样简单。经过几次的交战，尤其是嘉靖二年（一五二三年）新会西草湾、二十六年漳州及二十八年诏安等役，我们知道了葡人火炮的利害。"御史何鳌言佛郎机最凶狡，兵械较诸蕃独精。前岁驾大舶突入广东会城，炮声殷地。"西草湾之役，中国得了几尊火炮。海道副使汪铉送至北京，说其大者能击五六里。《明史》加了一句："火炮之有佛郎机自此始。"于是"佛郎机"又成了利炮的别名了。我们虽与葡人打了好几次的仗，且是得胜了的，他们仍继续前来。《明史》说："吏其土者（在广东做官的人）皆畏惧，莫敢诘。"

除威胁外，葡人尚可以利诱。利有好几种：有通商自然之利，法内之利，亦有法外之利。嘉靖八年左右：

> 巡抚林富言互市有四利。祖宗朝诸蕃朝贡外，原有抽分之法，稍取有余足供御用，利一。两粤比年用兵，库藏耗竭，借以充兵饷，备不虞，利二。粤西素仰给粤东，小有征发即措办不前，若蕃船流通，则上下交济，利三。小民懋迁为生，持一钱之货，即得展转贸易，衣食其中，利四。

林富所奏的是国计民生，法内之利；此外尚有官吏从互市所得的陋规。此种法外之利之大有非吾人所能想象者。因此地方官吏，在林富以前（及以后），"甚有利其宝货，佯禁而阴许之者"。

林富论民生的一节也不透彻。据西人的记载，中国沿海的居民无不乐与外人交易，只要交易是和平的，朝廷尽管要闭关，士大夫尽管倡攘夷，平民能做买卖必定要做。久而久之，统治阶级亦无可如何，即清高者不过骂一句"奸商"或"汉奸"以了之。现代如此，十六世纪早已如此。在中外商业的开辟之过程中，中外的商人有许多时候是利害相同，因而互助的。正人君子往往把这种互助当作狼狈为奸看，其实君子反自然，商民顺自然。我国士大夫对"商"没有正确观念，所以我民族在应付近代世界的大变局之中有时不免自作孽了。

我们的传统观念既把正路堵塞了，中外的商人就不得不走邪路。天启年间，荷兰人想在广州通商遭拒绝以后，用了一个新方法。《明史·和兰传》有这一段：

> 海澄人李锦及奸商潘秀、郭震久居大泥，与和兰人习。语及中国事，锦曰："若欲通贡市，无若漳州者。漳南有彭湖屿，去海远，诚夺而守之，贡市不难成也。"其酋麻韦郎曰："守臣不许，奈何？"曰："税使高寀嗜金银甚，若厚贿之，彼特疏上闻，天子必报可。守臣敢抗旨哉？"酋曰："善。"

潘秀及郭震诸人于是负命回福建去运动。高寀不但甘愿，且努力促成其事。他派了"心腹周之范诣酋，说以三万金馈寀，即许贡市。酋喜与之，盟已就矣"。但别的官吏或因分赃不均，或因不敢违旨开禁，不承认这个私约，事就作罢。

此种记载，倘无旁证，似难可信。幸而英国东印度公司亦有同类记录。这时英商企图在华通商，苦无门可入。东印度公司日本的经理柯克司于是联络长崎华商商会的会长替他运动。一六二一年（天启元年）一月，柯克司报告公司说："中国老皇帝已传位于其子，新皇帝已许我国每年派两只船去通商。地点定在福州。现在所缺的只是当地督抚的许可。"几个月后，他又写信给公司说："中国商会会长负责交涉通商权利者已返平户。他说特许状已得到了。他又说他费了一万二千两的运动费。如公司的经理现在不理他，他必致破产。"这个商会的会长似乎是个买空卖空的投机者，因为这种活动没有先疏通北京而后再来对付地方官吏的。

我们近代对付西洋的方法不外采用西洋枪炮及雇用西洋的军人。西人近代对付我们不外学我们疏通衙门的秘诀，且雇用汉人替他们跑衙门。双方均在那里仿效对方的长处。

现在我们应能了解十六世纪中西互市问题的上层理论及法规和下层的事实。究竟促成互市的动机大于禁止互市的动机。因这种基本的趋势，当时虽有许多人反对，皇帝终发明诏许葡人在广东通商。

最初明令特许的通商地点是浪白滘。葡人最初在此岛旁就船为市，后来移居岛上。嘉靖十四年（一五三五年），都指挥黄庆"纳贿，请于上官，移之濠镜"，由葡人"岁输课二万金"。"濠镜"就是澳门的别名。葡萄牙与澳门的关系是这样发生的。黄庆为什么要替葡人出力，他"纳贿"的钱从哪里来，中籍无明文的记载；西籍则说葡人善于运用金钱与中国官吏周旋。嘉靖十四年，中国还只许葡人在澳门停船：

> 三十二年，蕃舶托言舟触风涛，愿借濠镜地暴诸水渍贡物，海道副使汪柏许之。初仅茇舍。商人牟奸利者渐运瓴甓榱栋为屋。佛郎机遂得混入。高栋飞甍，栉比相望。久之遂专为所据。

当时的官吏既然一面畏惧"佛郎机"，一面又利其互市，还是让葡人在澳门居住为最方便。况且官吏很能自圆其说：如果在岛上，则"巨海茫茫，奸宄安诘，制御安施"；一旦移居澳门，则"彼日食所需，咸仰于我，一怀异志，我即制其死命"。原来澳门面积甚小，与内地的交通，仅靠莲花茎一路。倘有冲突，中国只需抽退工人，断其接济，就"制其死命"了。这是我国官吏在十六世纪从经验得来的一个极省事而又极灵效的"驭夷"秘诀。葡人移居澳门等于把生命财产搬进一个葫芦里而让中国看守葫芦口。为守口严密起见，万历二年（一五七四年），中国筑了一道闸墙横断莲花茎，墙中留门，启闭由中国驻防军队主持。中国在澳门又立税关，置县丞，葡人年纳地租五百两。此外中葡并没有别的关系。葡人好几次派代表到北京，中国看同琉球、暹罗的贡使，葡人并未抗议。这样，中国保存了"天朝"的尊严，而地方人民和官吏以及葡萄牙人都做了他们的好买卖。这个妥协方案既顾到了上层的理论和法规，又适合于下层的事实及欲望。这是我们应付近代世界的大变局之第二步。《明史》说："……终明之世，此番固未尝为变也。"

四　国外殖民势力更替

终明之世，葡人所以未为大患，不仅因为中国有了"驭夷"的秘诀，此外有别的缘故在。葡人在澳门虽受中国种种限制，但中国货物除由华商运到南洋及日本，再由荷商或英商运到欧洲外，余概须经过葡人之手始能到欧洲。这种中国与欧洲贸易的垄断每年给葡人百余万两的净利。果阿总督给葡人商船来澳门的特许状值价多到七十余万两。所以葡人自得澳门后，不但不思进取，反竭力地联络中国来避免第三者的分润。且葡萄牙的帝国政策最注重的是香料群岛及印度，并不是中国。其国内的经济政策不好，在海外所得的财富不过经葡人之手，终流到英、荷、法诸国。一五八〇年（万历八年），其本国又为西班牙所兼并。因此荷兰及英国与西班牙为敌者，亦与葡萄牙为敌。葡属殖民地一部分就被英、荷瓜分了。葡萄牙海上称雄仅在十六世纪，到了十六世纪末年，他已自顾不暇，更谈不到进取。

西班牙也是十六世纪的大海权国，但是天主教教皇在分派海外区域的时候，把中国划归葡萄牙去发展。所以中国与西班牙没有要紧的关系。

荷兰与英国的海外事业的起始同在十六世纪末年。最初两国合作以抗西班牙。两国在亚洲都设有专利的东印度公司。这两个公司初到中国来通商的时候，葡萄牙人竭力怂恿广东官吏反对，因此英、荷两国初来通商所遇着的困难反比葡萄牙更多。荷兰东印度公司在广州及澳门失败以后，就于天启二年（一六二二年）向东北去占澎湖，以图与福建通商。"守臣惧祸，说以毁城远徙即许互市。番人从之。天启三年，果毁其城移舟去。巡抚商周祚以遵谕远徙上闻。……已而互市不成，番人怨，复筑城澎湖。"后任福建巡抚南居益与荷人屡战，并严断接济，荷人遂弃澎湖而专意经营台湾。

彼时国人在那里垦荒的已经不少。嘉靖末年，海盗林道乾曾据其地。天启初年海盗颜思齐和郑芝龙也在此地住过。崇祯中年，芝龙降于福建巡抚沈犹龙，并受了明朝官职。适福建大旱，芝龙就提倡移民于台湾。"鸿荒甫避，土膏愤盈，一岁三熟，厥田惟上上。漳泉之人赴之如归市。"荷兰人不过在安平、鸡笼（基隆）、淡水建立货栈和堡垒。"荷兰专治市航，不敛田赋，与流民耦俱无猜。"明亡，芝龙降于清朝，其子成功不从，据厦门一带的地方与清对抗。顺治十七年（一六六〇年）成功进攻南京失败以后，遂率领部队去占台湾，也可以说去收复祖业。荷兰人死抗，但在爪哇的总公司接济不上，台湾遂于顺治十八年完全变为中国人的土地。从此荷兰人与郑氏为仇而偏袒清政府，想趁机得与中国通商。康熙二年（一六六三年），施琅夺取厦门的时候，荷兰东印度公司曾派船来协助。康熙帝还赏了"荷兰王"缎匹银两。从此公司得在厦门通商。

荷兰东印度公司除以武力协助清政府消灭明朝余党，借以得通商权利外，又屡次派使进京以资联络。中国当然以"请贡"待之。顺治十二年"请贡"的时候，世祖曾以"特降敕谕赐其国王"，其中有一段极有趣的话：

> 至所请朝贡出入，贸易有无，虽灌输货贝，利益商民，但念道里悠长，风波险阻，舟车跋涉，阅历星霜，劳勚可悯。若朝贡频数，猥烦多人，朕皆不忍。著八年一次来朝，员役不过百人，止令二十人到京。所携货物，在馆交易，不得于广东海上私自货卖。尔其体朕怀保之仁，恪恭藩服，慎乃常赋，祗承宠命。

荷兰人尽管恭顺，他们与中国的贸易仍不能脱贡舶色彩。在十七世纪的前半，荷兰虽曾称雄海上，但其所注重地点是南洋群岛和印度。所以荷兰反明助清的行动虽饶有历史兴趣，中西全盘的关系并没有受荷兰的影响。

英国东印度公司在十七世纪前半对中国的态度更加消极。荷兰在澳门失败了，英人就觉得无试验的必要。驻日的经理虽曾联络长崎华商商会的会长，但以后怕上当，遂未前进。所需中国货物，英人在南洋或日本从华商购置以了事。

东印度公司对中国的消极颇引起英人的批评。一六三五年，国王查理一世借同少数资本家另外组织一个团体，来专营中、英之间的贸易。次年，这团体派了威得尔上尉率领四大船二小船来华；一六三七年（崇祯十年）六月驶抵澳门。葡人既不愿英人来分其利，心中又怕威得尔以武力对付，只好虚与委蛇。威得尔急了，就直向虎门驶进。中国官吏的反对，他全置之不理。双方于是备战。八月十二日武山炮台（虎门炮台之一）开始射击，威氏竭力反攻。交战仅半小时，台上兵丁尽逃了。英兵于是上岸占了炮台，悬上英国的国旗，并把台上的炮位搬到船上。所谓虎门的天险，在十七世纪已不能限制西人。九月十日中国放了许多火箭喷筒以图焚毁英国船只，这种火攻之法也没有发生效力。威氏说："谢谢上帝，我们没有一人受伤。"以后他大肆报复：烧了好几只水师船，毁了一个村庄，并从村里"拿走了三十头猪"。经过这些硬仗之后，官吏和葡人都知道总须想个收场的办法。终究威氏做了点买卖，但他也担保不再来中国。

不久英国发生革命。革命以后，东印度公司于一六四六年（康熙三年）派船一只来华。那时适经大乱之后，澳门景象十分萧条。葡人口口声声地诉苦，说"鞑靼"人如何蛮横，船一进口便不许出。这船白白纳了两千两的船钞，原货皆装回去。与中国直接通商既然这样困难，公司改在台湾设法。一六七〇年，公司居然与"国姓爷"郑经订了通商的协定：公司得在台湾及厦门通商，但须输进若干火药及炮位。五年以后，公司在厦门设立总栈，在台湾设分栈。除供给军火外，尚派人教练郑氏的炮兵。虽然，买卖仍旧不能发达，因为郑氏在大陆上所辖土地有限，并且年年缩小。到了康熙二十年（一六八一年）郑氏失厦门，大陆上就无寸土了。二十二年，郑克塽薙发投降，台湾也入了清朝的版图。东印度公司驻华经理之失望可想而知。最奇怪的，英人并未因协助郑氏而以后吃亏，正如荷兰人之未因协助清政府而占特殊便宜。

其实在十七世纪，英、荷海权膨胀的时候，中国与西欧的关系并无新发展。在明末清初的时候，英、荷两国虽同为通商对中国的内战有所偏袒，但并没有影响以后的关系。在这百年之内，近代世界大变局，在东南方面，进了一个凝滞时期。

近年因为纪念徐文定公，国人对于明末清初的传教事业特别注意。当然，在十七世纪，外国传教士能在中国居官受爵，著书立说，中国高层的士大夫竟有信奉天主教者，这都是饶有兴趣的事实。但是在朝廷方面（无论是明是清）外国传教士的地位是一种技术专家的地位。朝廷所以用他们，不过因为他们能改良历法及制造佛郎机炮及红衣炮。士大夫与传教士接近者究竟不多，信教者更少。且这少数信教者岂不是因为那时的天主教加了浓厚的儒教的色彩？我们从乾、嘉、道、咸时代的学术著作里能找出多少西洋科学方法及科学知识的痕迹呢？十七世纪的传教事业虽然带了不少英雄的风味，究未在我国引起一种精神运动，我国的文化依然保留了旧观。倘若没有近百年的发展，这事业在我国历史上不过如景教一样而已。

五　康熙帝的外交

十七世纪的大变动，不在传教或沿海的通商，而在全亚洲北部之更换主人翁。

俄国人于一五七九年（万历七年）越乌拉尔山而进侵西伯利亚。此后勇往直前，直到太平洋滨为止。一六三八年（崇祯十一年），其先锋队遂在鄂霍次克海滨建设鄂霍次克城。六十年内，全亚洲北部入了俄国的版图，其面积有一千多万平方公里，比欧洲俄罗斯远大一倍。

中、俄在黑龙江流域的战争和交涉，我已撰有专文讨论此事。这里我仅须指出其有关于中国国际地位者。

第一，俄国未占西伯利亚以前，中西的接触仅在东南沿海一带；占领以后，中西的接触加添了北疆的长线。从欧亚关系史看，我们可以说，自十七世纪起，欧人分两路侵略亚洲。一路自海洋而来，由南而北，其侵略者是西洋海权国；一路自陆地而来，由北而南，其侵略者是俄罗斯。两路的侵略，合起来，形成剪刀式的割裂。全亚洲，连中国在内，都在这把剪刀口内。这是亚洲近代的基本形势，诚数千年来未有的变局。

第二，当时的人虽不知道这个变局的重要，但在应付上，他们的成功是中国近代外交上空前绝后的。根据康熙二十八年（一八六九年）的《尼布楚条约》，不但黑龙江、吉林及辽宁三省完全是中国的领土，即现今俄属阿穆尔省及滨海省也是我国的领土。《尼布楚条约》的东北是大东北，因其总面积几到二百一十万平方公里，比现今的东北大一倍有余，也可称为全东北，因其东其南都到海，都有海口，其北有外兴安岭的自然界线——在交通上及国防上，那时的东北是完全的。

我们在十七世纪能得这种成绩，一面是因为机会好，一面是因康熙皇帝处置得当。彼时西伯利亚的交通极不方便，俄国在远东的国力极其薄弱，俄人对远东的地理知识亦极缺乏。俄国最大的希望是与中国通商，因此，我们的外交困难并不甚大。同时康熙皇帝在军备上不遗余力，在外交上则不为过甚。尼布楚的交涉方式最值得我们注意。事前，代表团得着皇帝批准的确切训令，所以交涉的目的是固定的。在交涉的时候，我方代表全未以上国的使者自居，中、俄双方概以平等相待。《尼布楚条约》是中西最早的条约，也是中西仅有的平等条约。彼时三藩之乱已经平定，清朝的江山已经稳固，何以康熙帝独于此时放弃"一统无外，万邦来庭"的态度呢？若说满人在那时尚未完全接受汉人的传统，所以能平等待外人，那么在顺治年间，满人的汉化程度更低，应该更能以平等待人。顺治年间给荷兰人的"敕谕"，我们在上文里已经引过，其态度的高傲也就够了。并且顺治十三年，俄国特使贝科夫到北京的时候，因"行其国礼，立而授表，不跪拜，于是部议来使不谙朝礼，不宜令朝见，却其贡物，遣之还"。十七年，俄国使者又因"表文矜夸不逊，不令陛见"。在顺治年间，俄国已有意与中国和平交涉，无奈这些体制问题把交涉的路堵塞了。康熙的态度诚难解释，但此态度是外交顺利的一个成因，这是毫无问题的。

《尼布楚条约》的第六条也表示康熙时代朝廷态度的特别。这一条说：两国之间既已成立本和好友谊条约，一切人民均可完全自由地从一国到对方国，惟必须携带护照，证明他们是得允许而来的。他们并可完全自由交易。

平等对待及自由贸易可解释尼布楚外交成绩的大部分。中国外交史上的大成绩是由平等对待及自由贸易中得到的，不是从独自尊大、闭关自守的传统中得来的。这件事值得吾人的深思。

六　外交策略不进反退

康熙二十二年（一六八三年），三藩之乱平定了，台湾也收复了，从此清朝统一了中国。于是清圣祖不但下决心来解决黑龙江一带的中俄问题，又在沿海通商制度上，辟了一个新局面。以先在军事时期，清廷曾禁人民下海，甚至强迫沿海居民迁居内地，以免他们接济"叛逆"。康熙二十三年，圣祖下明诏开海禁。这个谕旨虽仅许了国人下海，并没有明文的许外人进口，但是事实上无论哪国人要到广州、厦门、福州、宁波来通商者，中国一视同仁。所以在十七世纪末年及十八世纪来中国通商的，如奥国（双鹰国）、普鲁士（单鹰国）、丹麦（黄旗国）、美国（花旗国）、比利时、法兰西均没有遇着葡萄牙在十六世纪及英、荷在十七世纪初年所遇着的困难。

同时清廷正式设海关监督，规定粤海关由内务府派，闽海关由福州将军兼，浙海关及江海关皆由各该省巡抚兼。按法律，中国的旧海关制度完备极了、公道极了。圣祖的训谕说，"各省关钞之设，原期通商利民以资国用""国家设关权税，必征输无弊，出入有经，庶百物流通，民生饶裕"。世宗的旨趣相同："国家之设关税，所以通商而非累商，所以便民而非病民也。"高宗也说过："朕思商民皆为赤子，轻徭薄赋，俾人人实沾惠泽，乃朕爱养黎庶之本怀。"户部颁有税则，其平均率不到百分之五，比《南京条约》以后的协定税则还要低廉。防弊的法令也极森严：

> 一，各关征税科则，责令该管官详列本榜，竖立关口街市，并责令地方官将税则刊刷小本，每本作价二分，听行户颁发遵照。倘该管官将应刊本榜不行设立，或书写小字悬于僻处，掩以他纸，希图高下其手者，该督抚查参治罪。地方官将应刊税则不行详校，致有舛漏，或更扶同徇隐者，并予严参。

> 二，各关应征货税，均令当堂设柜听本商亲自填簿，输银投柜验明放行。其有不令商亲填者，将该管官严加议处。

很明显的，中国自十七世纪末年起，已有了法定的、公开的海关税则。

实际上，中国海关收税的情形不但离高尚道德甚远，且与法律绝不相符。直到鸦片战争，外商不知中国的税则的模样。历康、雍、乾、嘉四朝，外人索看海关税则多次，每次概被衙门拒绝。关税分两种：船钞与货税。照户部的章程，船钞应丈量船的大小而定：大船约纳一千二百两，中船约九百六十两，小船约五百四十两。实际除船钞外，还须"官礼"。在十七世纪末年，官礼的多少，每次须讲价。到康熙末年，十八世纪初年，官礼渐成固定：不问船的大小，概须送一千九百五十两，比正钞还多。货税也有正税及"陋规"。陋规最初也是由收税者及纳税者临时去商议，到康熙末年，大约已达货价百分之六，比正税亦大。雍正初年，杨文乾以巡抚兼海关监督的时候，官礼报部归公，于是官吏在货税上加了百分之十的陋规，名曰"缴送"。正税及各种陋规总起来约当百分之二十，这是中国实行的税则。

这种税则虽重，但在十八世纪尚未发生困难。彼时进口货少，出口货多。中国的税收百分之八十来自出口货。这种货物，因中外市价的悬殊，能纳重税。英国东印度公司在广州出银二十两买茶一担，纳出口税不过三两八钱（其中正税仅二钱），到伦敦即能批发到四十两以上。且同时英国茶叶的进口税比中国的出口税还重。

通商的地点的选择，在法律上虽自由，实际无自由。浙、闽、粤三省的官吏虽都欢迎外商，但各处都有特殊权利的华商垄断市场，即所谓"皇商""总督商""将军商""巡抚商"等等。这班人是商人想借用政治势力以图操纵市场呢，还是官吏利用走狗来剥夺商利呢，还是官商狼狈为奸呢？在厦门，康熙四十三年（一七〇四年），"皇商"组织公行，行外之人概不许与外人交易。从此厦门的市价全由公行操纵，外商苦极了。宁波（实际交易在珠山）不但有特殊权利的商人，有时官吏简直自定价格，强迫外人交易。在十七世纪末及十八世纪初年，外商只能从各口的彼此竞争中占点便宜。最初他们侧重厦门，后来侧重宁波，最后侧重广州。康熙五十年以后，中外通商实际只有广州一口，因为广州市面较大，官吏的贪索亦比较有分寸。

广州尝了专利的滋味以后，绝对不肯放手。所以乾隆二十年，英商复想到厦门及宁波的时候，广州的官吏及商人联合起来，在北京运动。他们达到了目的：从乾隆二十一年（一七五六年）起，广州成了法定的唯一的通商地点。

从十八世纪中年起，外人的通商不但限于广州且限于广州的十三行。十三行的专利实由于环境的凑泊：第一，与外商交易者总是资本比较大的华商；此中有一种自然的专利。第二，外人嫌中国海关衙门纳税的手续过于麻烦，所以常把纳税的事务委托中国商人去办。官吏于是指定少数更殷实的商家担保外人不漏税走私。这个责任甚大，保商没有团结不足以当之，倘团结而没有专利亦是得不偿失。得了专利以后，官吏又觉得保商应负更大的责任，于是保商不但要担保外人不漏税走私，且要担保外人安分守己。换言之，管理外人的责任也到了十三行身上去了。在十八世纪的下半期，广州外商及外船的水手逐渐增多而杂。中国官吏所定的禁令也就多而且严了。

这些禁令的烦琐简直是现在的人所不能想象或理解的："番妇"不得来广州；"夷船"开去以后，"夷商"不得在广州逗留，他们必须回到澳门或随船回国；"夷商"出外游散只能到河南花地，每月只许三次，每次不得过十人，并须有"通事"随行；"外夷"不得坐轿；"外夷"不许学习中文，购买中国书籍；"外夷"移文到衙门，必须由十三行转，必须用"禀"，只许用"夷"字，不许用汉字；"外夷"只许租用十三行；仆役有限数，且须由十三行代雇。每年开市之初（秋末），官吏把这些禁令宣布一次，并训令十三行好好地开导那班"不知礼义廉耻"的外夷。禁令的实在用意不外三种：（一）防止外人开盘据之渐。（二）防止外人通悉中国政情以俾官吏的奸弊无从告发。（三）防止外人熟悉中国的商情，以便行商得上下物价。行商执行这种禁令的方法不外劝勉疏通；倘不行，则宣布停止贸易；再不行，则撤退外人的仆役，断绝接济。因这种利器用了多次，每次都见了效，官吏以为"驭夷"易如反掌。

我们在十八世纪末年，应付近代世界的大变局，又放弃了十七世纪末年康熙皇帝的比较开明态度而回到明末的模样。

七　马戛尔尼来华

在十八世纪与中国通商的最重要的对手是英国东印度公司。公司的政策由股东决定，股东的目的在红利。东印度公司在中国的买卖既大赚钱，其他一切也就将就过去了。又幸而在十八世纪，中国很像一个强大的帝国，而印度适于是时瓦解。英国的注视是在印度与法国的对抗，所以英国只想用外交的方法来修改中国的通商制度。

是时在广州的外商觉得他们所受的限制和压迫多半出自地方官吏，非皇帝所知道，更非皇帝所许可。倘若在地方交涉，通商的制度是不能更改的；倘若由政府派公使到北京去交涉，或有一线的希望。一七八八年（乾隆五十三年），英国外交部遂采纳这个办法。不幸英国这次所派来的公使在中途死了，使团也就折回去了。次年，两广总督福康安授意东印度公司的经理们，希望公司派代表到北京去贺高宗的八旬万寿。经理们一则恐怕此中有奸谋，代表或将被扣留为质，二则怕见皇帝的时候，必须行三跪九叩礼，遂未接受福康安的意思。后来公司的董事以为经理们失了一个绝好的机会，于是决计假补行祝寿为名再派公使来华。

在筹备这使团的时候，英国人费尽心力，要使团在可能范围内迎合中国人的心理，同时做西洋文明——尤其是英吉利文明的活广告，使中国人知道英国也是礼义之邦，且是世界大帝国之一。外交部给马戛尔尼的训令不过讲交涉大纲，其细则由马氏临行斟酌。大使所行的礼仪应表示中、英的平等，不卑不亢，但不可拘泥形式。交涉的目的在扩充通商的机会和联络邦交。第一，英国想在中国沿海得一小区域如澳门一样，俾英商可以屯货住家，主权可以仍归中国，但警察权及对英侨的法权应归英国；在租借区域内，英国可不设军备。第二，如中国不愿租地，就加开通商口岸及减少广州的限制。第三，英国可以遵守中国的鸦片禁令。第四，希望英国可派公使驻北京，或间来北京；如中国愿派公使到伦敦，英政府十分欢迎。这是十八世纪末年英国对华外交的方法及目的。

马戛尔尼的使节，在中国方面，自始就作另一回事看待。东印度公司的董事长百灵在乾隆五十七年的夏季，先发一信给两广总督，报告英廷派使的意思。这封信由十三行的通事译成中文，送呈署督郭世勋，郭氏随奏折送到北京。这信原文第一句是：

The Honorable the President and Chairman of the Honorable the Court of Directors under whose orders and authority the Commerce of Great Britain is carried on with the Chinese Nation at Canton to the High and Mighty Lord the Tsontock or Viceroy of the Provinces of Quantong and Kuangxi Greeting.

译文变为：

英吉利总头目官管理贸易事百灵，谨禀请天朝大人钧安，敬禀者。

原文第二句是：

These are with our hearty Commendations to acquaint you that our most Gracious Sovereign His Most Excellent Majesty George the Third King of Great Britain, France and Ireland etc., etc. Whose fame extends to all parts of the world having heard that it had been expected his subjects settled at Canton in the Chinese Empire should have sent a Deputation to the Court of Pekin in order to congratulate The Emperor on his entering into the Eightieth year of his age, and that such Deputation had not been immediately dispatched His Majesty expressed great displeasure thereat.

译文变为：

> 我国王兼管三处地方。向有夷商来广贸易，素沐皇仁。今闻天朝大皇帝八旬万寿，未能遣使进京叩祝，我国王心中惶恐不安。

英人费尽了心力要表现平等者的相敬，通事反把琉球、安南的口气加在这信上。当时的通事不能也不敢实译，而当时的官吏之所以禁止外人学习中文及用中文移书往来，一部分就占这个纸上的便宜。这种外交是幼稚而又滑稽。

清高宗度量颇大，虚荣心亦大。马戛尔尼快要到天津的时候，高宗吩咐直隶总督梁肯堂及长芦盐政徵瑞如何招待：

> ……应付外夷事宜，必须丰俭适中，以符体制。外省习气，非失之太过，即失之不及。此次英吉利贡使到后，一切款待固不

可踵事增华，但该贡使航海往来，初次观光上国，非缅甸、安南等处频年入贡者可比。

高宗对招待虽愿从优，对礼节则极重视。他教徵瑞预为布置：

> ……当于无意闲谈时，婉词告知，以各处藩封到天朝进贡观光者，不特陪臣俱行三跪九叩首之礼，即国王亲自来朝者亦同此礼。今尔国王遣尔等前来祝嘏，自应遵天朝法度。虽尔国俗俱用布扎缚，不能拜跪，但尔等叩见时，何妨暂时松解，俟行礼后，再行扎缚，亦属甚便。若尔等拘泥国俗，不行此礼，转失尔国王遣尔航海远来祝禧纳贽之诚，且贻各藩部使臣讥笑，恐在朝引礼大臣亦不容也。

马戛尔尼深知中国人重视礼节，也知三跪九叩首必成问题，所以对徵瑞的婉劝和要求早有准备。马氏并不拒绝行三跪九叩首的礼，但他有一个条件：中国须派与他同等级的大臣在英国国王的像前作三跪九叩的答礼。他说他所争的不是他自己的身份，他对中国皇帝愿行最敬的礼节；他所争的是中、英的平等，是英国国王的尊严，是要表示英国不是中国的藩属。他把他的办法和苦衷函达当时的首揆和珅。中国拒绝了他的条件，他就决定以见英王最敬的礼来见中国皇帝。

马戛尔尼于乾隆五十八年八月十日及八月十三日在热河行宫两次见了高宗，两次都未跪拜。高宗虽敷衍了，赏了他及他的随员不少的东西，心中实在不满意，要官吏暗中设法讽令英人早回国。他所提出的要求，高宗以一道敕谕拒绝一切。

　　马氏的外交失败是由于中西的邦交观念之不相容。我们抱定"天朝统驭万国"的观念，不承认有所谓"国际"者存在；西方在近代则步步地推演出来国际生活及其所需的惯例和公法。马氏的失败证明中国绝不愿意自动地或和平地放弃这种传统观念。因此中国外交史有一大特别：除康熙亲政初年外，中外曾无平等邦交的日子。在鸦片战争以前，中国居上，外国居下；鸦片战争以后则反是。

　　由现代的中国人看来，马氏出使中国毫无直接的成绩可言，这已经够奇了，但连间接的影响也没有，这更奇怪了。马氏在中国境内逗留几及半年。在这时期内，中国官吏与他往来的也不少。有意反对他的如徵瑞、前任粤海关监督穆腾额、前任两广总督福康安，我们不必说。据马氏的日记，对他感情甚好的大吏也不少。直隶总督梁肯堂与他一会于天津，再会于热河。军机大臣松筠陪他游万树园，以后又陪送他到杭州。松筠曾办过中、俄的交涉，马氏亦曾出使俄国，所以他们甚相得。浙江巡抚升任两广总督的长龄陪他由杭州经江西到广东。就是当时主持朝政的和珅与他见面也好几次。这些人（其他官阶较卑的如天津道及天津镇不论）马氏均说对他个人有相当的好感，尤其是松筠和长龄。何以这些人没有因为认识马氏而对外人的态度稍有变更呢？马氏所坐的兵船（比中国的水师船大五倍）及所送高宗的炮位和模型军舰当时也有许多中国人看见过，何以他们对西洋军备无丝毫的惊醒呢？英国这次所送的浑天仪实为十八世纪西洋科学及工艺的最精品，何以国人（满汉均在内）没有发生一点觉悟呢？马氏文化使命的失败足证中国绝不会自动地接受西洋的科学和工艺。

　　马戞尔尼在中国的那一年正是法国革命国会对英国宣战的一年。从一七九三年到一八一五年（嘉庆二十年），大英帝国的精力都集中于对法的作战，远东通商制度的改良只好暂时搁置。同时中国这方也是变故多端。嘉庆元年，湖北白莲教起事，蔓延到四川、河南、陕西、甘肃，至八年始告平定。闽、粤海盗蜂起，聚众到八九万人，船三百多只。西人被海盗架去而以重价赎回者有好几次。官吏如何虚报胜仗，如何"招抚"，在广州的外人知道很清楚。内乱多，军费就多，十三行的捐款也就多了。外人觉得通商的困难日见增多。等到拿破仑战争一终止，英国政府遂决计再派使来华，以求通商情形的改良。

嘉庆二十一年，阿美士德的使节简直是个大惨败。因跪拜问题，仁宗竟下逐客之令。由北京返广州的时候，沿途的官吏多以白眼相待。西洋人从此知道，要变更中国的通商制度，和与中国建立平等的邦交，和平交涉这条路走不通。

八　英国输入鸦片

到了道光年间，中西都有大变动，使旧的中西关系不能继续存在。

第一，英在十八世纪的下半叶有所谓工业革命。在手工业时期，英国出品运至外国者不多，适宜于中国市场者更少。到了拿破仑战争以后，在海外辟市场成了英国新工业的急迫需要。

第二，自由贸易的学说随着工业革命起来了。以往各种贸易的限制和阻碍，英人视为家常便饭者，到了十九世纪，英人看为野蛮黑暗，非打倒不可，中国的通商制度亦在内。

第三，经过十八及十九世纪初年的战争，大英帝国毫无问题的是世界的最强的帝国。英人往年在广州所能忍受者现在觉得万不能忍了。并且这个帝国以印度为中心，要侵略亚洲别部，英国有印度为大本营、出发地。为维持及发展在印度的利益，英国觉得有进一步地经营亚洲别部的必要。

第四，在十九世纪以前，欧人到海外去传教者全是天主教徒。在十九世纪初年，耶稣教徒也发现他们有传布福音给全世界的神授使命。在广州的传教士，对于中国各种禁令的愤慨尚在商人之上。

我们试看道光元年（一八二一年）至二十年，外人在澳门所发表的刊物，及他们写给政府的请愿书或给亲戚朋友的信，我们发现一个共同的要求：解放！他们，不分商人及传教士，都觉得解放的日子应该到了，已经到了。

在东印度公司的末年，驻华经理中之后辈就主张与中国算总账。以往公司的经理只求大事化小事，小事化无事；现在这般商人尚唯恐天下无事。在道光十二三年的时候，外商已自动地，不顾中国的禁令，到福建、江苏、山东，甚至奉天及朝鲜去卖鸦片和新的机制纺织品；传教士也跟着他们去传教、去施医药。实际上，沿海官吏就无可奈何。林则徐在江苏巡抚任内，遇着一个这样的犯禁的船，也无法对付。

道光十三年，东印度公司在中国的通商专利取消了。这种专利也是贸易不自由时代的产物，它的取消就是时潮的表现。取消以后，新来的商人多而且杂，他们对于中国的旧制度无经验也无了解，只觉得这种制度甚是无理。同时，公司取消以后，保护商业的责任由英国政府负责。以前买卖是公司做的，要办交涉和打仗，费用也是公司出的；以后买卖是商人做的，交涉及打仗都是政府的事情了。所以大决裂的机会就多多了。并且责任既由英国政府直接负担，英国必须派代表常川驻华。这个代表要执行他的职权必须得中国的承认——承认他是外国政府的代表。那时，中国只知道有贡使，不知道有公使、领事。这种承认等于承认中、英的平等。我们知道，在乾隆末年及嘉庆末年，中国绝无放弃传统观念的倾向。在道光年间，中国还是旧中国。事实上，在东印度公司取消以后，中、英必须发生平等的近代的邦交，而中国的体制决不容许这种邦交发生。道光十四年，中、英因此就以炮火相见。那次英国代表不久因病去世，这问题就成为一个大悬案。

换句话说，在道光年间，我们的通商制度及邦交观念是十九世纪的世界所不能容许的。

同时，英国人的鸦片买卖也是我们觉得不应该容许的。

这个鸦片买卖的发展有其商业的自然性。历十七及十八世纪，中国的国际贸易总是有很大的出超，因之白银源源地从欧洲、南北美及印度输进来。西商所苦的是找不着可以销售的进口货。在嘉庆年间，他们始发现鸦片推销之易，但是这种买卖的大发展尚在道光年间。在道光元年，鸦片进口的尚不满六千箱，每箱百斤；到了道光十五年，已过了三万箱；道光十九年（一八三九年，林文忠到广州去禁烟的那一年）过四万箱。中国在道光六年初次有入超，从此白银起始出口，西商的困难也从此解决了。倘若英国的工业革命提早百年，倘若英国的工业品在十八世纪就能大量地输入中国，那么英商无须鸦片来均衡他们与中国的买卖；那么，中、英可以不致有鸦片战争，只有通商战争；那么，我民族可以不受鸦片之毒至如此之深，但我们的农民家庭附属手工业的崩溃又要提早百年。换言之，无论如何，我们是不能逃避外来的压迫的，除非我们的现代化也提早百年。

　　鸦片买卖的发展，除了有其商业的自然性外，还有一个很重要的政治理由，那就是印度财政的需要。英国自十八世纪中年战胜法国以后，就成了印度的主人翁，就着手整理印度的行政。整理的方法不外多用英国人为官吏。其结果有两个：一个是行政效率的提高，一个是行政费及军费的提高。印度因此发生财政问题。鼓励鸦片之输入中国是英属印度解除财政困难方法之一，即所谓开源者也。其用心之苦——如中国吸鸦片者的嗜好的探讨，价钱的适合，装包箱之图便宜等——不亚于任何现代的公司推销任何其他货品。

　　宣宗可说是个清教徒。他不但要禁烟，且禁唱戏。他的俭朴是有名的，连朝服尚不愿换新，只肯补缀。无疑地，宣宗的禁烟是出于至诚的，下了决心的。可是当时官吏的腐败不是一个皇帝（虽有生杀之权）所能挽回的，所以愈禁烟而烟之输入愈多。我们若参看美国近年禁酒的经验，道光年间禁烟之失败似很自然了。

　　宣宗及少数的同志为什么要禁烟呢？他们一则觉得鸦片伤害身体，二则因烟瘾妨害平民职业，三则因烟瘾减降军队的战斗力。我们若以道光年间的谕旨及奏章为凭，他们禁烟最大的理由还是因为鸦片进口，白银就出口。那时国家没有统计（鸦片按法不能进口，故更不能有进口的统计），他们又怎能知道鸦片进口及白银出口的数目呢？他们的知识一部分得自传闻，因为鸦片买卖已成了公开的秘密，一部分得自推测。他们知道在嘉庆年间，每两银子可换制钱一千文，在道光中年，可换至一千六百文。他们的结论是：银价的提高是因为银子流出外洋。这个结论不尽可靠，因为在道光年间，中国各省铸钱太多，且钱质也太坏。他们所得的传闻往往亦言过其实。正因为他们的运动没有科学的基础，他们的热忱反而加高。

当时在广州有少数留心时务的士大夫共同探讨鸦片问题。顺德人何太青曾主张这个办法：

> 杭绵昂烟出者不可数计。必先罢例禁，听民间得自种罂粟。内产既盛，食者转利值廉，销流自广。夷至者无所得利，招亦不来；来则竟弛关禁，而厚征其税，责商必与易货，严银买罪名。不出二十年，将不禁自绝，实中国利病枢机。

监课书院教官吴兰修很赞成这个主张，自己作了一篇《弭害论》以资宣传，并请了学海堂同事们出来提倡。这些人都是粤东道台许乃济的朋友，他也相信这个主张是唯一可能的办法。在道光十六年他做太常寺少卿的时候，他就奏请禁白银出口，不禁鸦片进口但加税，且许人民种烟，希望拿国货来抵制外货。许乃济及他的同志都知道这个办法是下策，但是他们认清禁烟虽是上策，可惜是不能行的上策。御史们如许球、朱嶟、袁玉麟都反对开禁，以为事系天下风化，万不可为，且如能禁白银出口，就能禁鸦片进口。许乃济的办法就打消了。

十八年，黄爵滋奏请治吸烟者以死罪。这是烟禁加严的大呼声，宣宗令各省将军督抚讨论。大多数的人都以为死罪太重；因为太重，地方官吏反不执行了；他们以为贩卖者的罪实大于吸食者。唯独湖广总督林则徐完全赞成。宣宗于是决定吸食与贩卖同时都禁，并派林则徐为钦差大臣，到鸦片贸易大本营的广东去禁烟。

九 鸦片战争前后

林文忠于道光十九年（一八三九年）春天到广州。

广东的中外烟商对于朝廷及官吏的禁烟实是司空见惯毫不在乎。他们以为文忠一定是和别的官吏一样，初到任时，排个架子，大讲禁烟；架子愈排得大，不过表示要钱愈多。他们想拿对付别的官吏的法子来对付文忠。不幸文忠是中国官场的怪物，那就是说，他居然办事认真，说到哪里，就做到哪里。他下令要烟商完全把鸦片交出来。烟商不听令，他就撤退十三行的仆役，断绝接济，派兵封围十三行。这个办法不是文忠独创的，广东几百年来"驭夷"的方法就是这样。他为什么不派兵船到海上去拿烟船呢？因为他知道中国兵船的力量不够。他为什么不分好坏把外商封锁起来呢？一则因为好坏难分，二则因为三百多个外商之中，只有几个人从来没有做过鸦片买卖。他为什么把英国商业监督义律也封锁起来呢？因为中国与英国没有邦交，不承认有所谓商业监督存在。林文忠全用传统的方法，因为他不知道有别的方法。他是中国纯粹旧文化的产物。他的特别是他忠实地要行孔孟程朱之学，不单口讲而已。

义律知道了没有法子可以对付这个林钦差，于是以英国政府的名义令英商把所有的鸦片交给他，由他发收据。英商喜出望外，因为以后他们可以向政府追索财产或其赔偿。这一举是林文忠的大幸，也是他的大不幸。有此一举，他得了两万多箱的鸦片烟，简直一网打尽。他的报告到了北京的时候，宣宗批谕说："朕心深为感动，卿之忠君爱国，皎然于域中化外矣。"同时因为义律玩了这套把戏，他交出的鸦片已不是英商的私产，而是英国政府的公产。因此这问题更加严重。

　　鸦片收了毁了，朝廷升他为两江总督了，普通官吏大可就此收场，林文忠则不然，他要办到底。他令外商具　甘结，以后不再做鸦片买卖；如做而被发觉，货则入官，人则处死。不具甘结者，他要他们回国不再来。义律率领英商既不具甘结，也不回国。他的实在理由是要等英国政府的训令然后再作处置。林文忠则以为义律与烟商狼狈为奸，从中取利。所以他就下令禁止沿海人民接济淡水、食物，因此在这年秋季，中英就兵火相见了。

　　在义律方面，他这年秋季及次年春季所有的武力仅两只小兵船，其余都是商船临时应战。他与林文忠两次的冲突，他不叫战争，只称报复。文忠的军事报告不免言过其实：这不是水师提督关天培蒙蔽他，就是他有意欺君。不幸关天培颇负时誉，林文忠的官声素好，所以时人就信他们是百战百胜的。文忠于军备的努力亦言过其实。他买了一只外国的旧商船，改作水师练船。他又买了些外国小炮。在虎门口，他安了一根大铁链子，以防英船的驶进。他令沿海居民办团练，他是相信可以利用"民气"以御外侮的。他自信很有把握，最可惜地，时人也相信他有把握。二十年的夏季，英国水路军队到了中国洋面的时候，他们不攻广州，反攻珠山。文忠及时人的解释是英人怕他的军备！

　　英国的目的有两个：一个是要得鸦片赔款，一个是要大修改通商制度。英国以为打仗应在北边，交涉更应近北京，不然，不能收速效。所以占了珠山以后，英国交涉员就率领舰队到天津去。在天津负责交涉者是琦善。他对英国武备加以研究以后，就认定中国绝不能与英国战，于是不能不和。适英国政府致中国宰相书为琦善开了讲和之路。该书要求条款甚多，没有一条是当时中国所能接受的。但要求的理由就是林文忠禁烟方法的横暴。琦善把这个交涉当作一场官司办：英人既说林钦差欺负了他们，那么查办林则徐岂不可以了事？以中国皇帝的命令去查办中国的疆吏不但无损国体，反足以表示中国的宽大。义律以琦善的态度开明，交涉不能失败，就答应率舰队回广州再议。林则徐攘出大祸，致定海县失守；琦善凭三寸之舌把英军说退了。宣宗就罢免林则徐，派琦善去查办。

琦善到了广州，义律又旧话重提，琦善仍主和。英国政府给代表的训令要他们要求中国割一岛；如中国不愿割地，则加开通商口岸。这点选择是中国外交唯一的机会。琦善看到了这个机会，主张不割地，只加开通商口岸。清廷不许割地，也不加开通商口岸；义律则一心要香港。于是主和者的琦善也与英人决裂了。军事失败以后，就订《穿鼻条约》，割香港予英国。清廷得信以后，就把琦善革职拿问。宣宗从此一意主战。

既然主战，宣宗就应该复用林则徐。文忠自告奋勇，愿到浙江去收复失地，在浙江督师的裕靖节亦竭力保他能胜任，于是宣宗令文忠到浙江去戴罪立功。不料二十一年夏季，英国新军将到浙江的时候，宣宗临时又把文忠遣戍伊犁。是以这位自信能"剿夷"，时人也信他能"剿夷"的林则徐终于没有机会可以一现他的本领。

因此，我们的鸦片战争虽败了、大败了，时人绝无丝毫的觉悟。他们不认输。他们以为致败之理由，不在中国军备之不及外人，是在奸臣误国，使林文忠不得行其志。好像两个球队比赛，甲队的导师临时不许其健将某人出场，以后败了，其咎当然在导师，不在球队。在道光年间，中西文化如要比赛的话，无疑地，中国队员的自然队长是林则徐。则徐未得出场，国人当然有以自慰。因此中有这个大波折，国人又酣睡了二十年。

十　"抗夷"的难题

负责办理战事善后者是伊里布及耆英。伊里布秉承琦善的衣钵，而耆英又秉承伊里布的衣钵。他们是抚夷派。他们抚夷的方法见于他们所订的中英《南京条约》和《虎门条约》、中美《望厦条约》及中法《黄埔条约》。

我们战争的目的没有达到，因为英国虽不反对禁烟，但反对中国再用林则徐用过的方法。这样一来，禁等于不禁，因为以中国的国力及国情，用文忠的方法尚有一线之望，不用则全无禁烟的希望。

英国战争的目的完全达到了。通商制度大加修改了。我们现在把南京、虎门、望厦及黄埔诸条约当作最早的不平等条约看，因为这些条约里有领事裁判权、协定关税及片面的最惠国待遇。虽然，我们不可就结论这些不平等条款是帝国主义压迫我们的工具。道光时代的人的看法完全与我们两样。他们不反对领事裁判权，因为他们想以夷官按夷法来治夷人是极方便省事的。他们不反对协定关税，因为他们想把税则一五一十地订在条约里可以免许多的争执，并且耆英所接受的协定税则比中国以往国定的税则还要高。他们不反对片面的最惠国待遇，因为他们想不到中国人要到外国去；其实当时的法令禁止人民出洋。至于租界制度，并不是根据任何条约起始的。最早的租界是上海英人居留地，由上海道与英国领事订的。原来外人初到上海的时候，他们在城内租借民房。后来中国地方官吏感觉华洋杂居管理不易，外人亦感觉城内卫生不好、交通不便，为外人划出一特别区域为其居留地是出于双方乐意的。时人并不反对。他们，不论抚夷派或剿夷派，不知道亦无从知道这些条款之主权的及经济的损失。剿夷派所痛恨的是赔款和五口通商：他们认赔款是输金以养夷，使夷力坐大；他们以为有了五口，那就防不胜防了。其实这五口，上海除外，都是康熙年间曾经有过通商的地点。

最奇怪的，英人认《南京条约》是中、英平等的承认及保障，因为条约中规定中、英官吏可以平等往来。这一条是剿夷派所不甘心的。

《南京条约》以后，中国以两广总督（最初是广州将军）兼钦差大臣负责处理夷务，而以两江总督副之。我们可以说，在道咸年间粤督是中国的外交总长，江督是次长。此外北京并没有专办外交的衙门。

第一任总长是伊里布，不满一年他就死了。继任的是耆英。鸦片战争以后的通商制度几全成于耆英之手。他抚夷的技术很值得我们的注意：

> ……其所以抚绥羁縻之法，亦不得不移步换形。固在格之以诚，尤须驭之以术。有可使由不可使知者；有示以不疑，方可消其反侧者；有加以款接，方可生其欣感者；有付之包荒，不必深与计较，方能与事有济者。……夷人会食，名曰大餐……奴才偶至夷楼夷船，渠等亦环列侍坐，争进饮食，不得不与共杯勺，以结其心。且夷俗重女，每有尊客，必以妇女出见。……奴才于赴夷楼议事之际，该番妇忽出拜见。奴才踧踖不安，而彼乃深为荣幸。此实西洋各国风俗，不能律以中国之礼。倘骤加诃斥，无从破其愚蒙，适以启其猜嫌。……

耆英所谓"驭之以术"，就是肯与外人交际。这没有什么了不得。但清议骂他"媚外"，因为清议要死守"人臣无私交"的古训。换句话说，鸦片战争以后，时论仍不许中国有外交。

耆英最感困难的是广东民情与夷情之调剂。鸦片战争以后，广东人特别仇恨外人，而外人的气焰自然亦比战前亦高，于是发生许多私斗暗杀事件。耆英不惜以严刑处置暗杀者，御史们骂他"抑民奉夷"。在这种空气之下，发生广州入城问题。广州人坚执不许外人入城，好像城内是神圣之地，不容外夷沾染。英人把这种态度看作侮辱，坚要入城，以不许入城为违约。耆英左右为难，对人民则竭力开导，对英人则劝其不着急。到了道光二十七年，英人太不能忍了，于是以武力要挟。耆英不得已与之订约，许两年后进城。《清史稿》说："耆英知终必有衅，二十八年请入觐，留京供职。"这个解释颇近情，因为耆英离开广州以后，官运尚好，"管理礼部兵部，兼都统，寻拜文渊阁大学士"。这样，耆英的脱离外交，似乎不是宣宗不信任他了，是因为他自己畏难而退。

十一　"剿夷"外交的代价

虽然，这个解释也有困难。宣宗训令他的继任者说：

> 惟疆寄重在安民：民心不失，则外侮可弭。嗣后遇有民夷交涉事件，不可瞻徇迁就，有失民心。……总期以诚实结民情，以羁縻办夷务，方为不负委任。

　　这就是批评耆英的政策。并且继任者是徐广缙。广缙也是佩服林文忠者之一。他继任之初，就请教文忠驭夷之法，文忠答以"民心可用"。其实耆英的下台及徐广缙的上台不是寻常官吏的调动，是抚夷派的下野和剿夷派的登朝执政。徐广缙秉承林文忠的衣钵，而叶名琛以后又秉承徐广缙的衣钵。可惜徐广缙是个小林则徐，而叶名琛又是个小徐广缙。英法联军祸根就种于此。

　　徐广缙继任一年以后，耆英两年后入城的条约到期，英人根据此约要求进城。广缙与名琛于是联络地方绅士大办团练，"共团勇至十万余人，无事则各安工作，有事则立出捍卫，明处则不见荷戈持戟之人，暗中实皆折冲御侮之士"。广州官民同心以武力抵抗。英人终觉因入城问题而作战，未免小题大做，于是声明保留权利，以待他日。广缙遂以英人怕百姓，放弃入城之举报告北京。宣宗高兴极了，赏了广缙子爵，名琛男爵，并赐广州人民御书"众志成城"四字。剿夷派外交的起始总算是顺利。

　　文宗即位（道光三十年正月）以后，剿夷派的势力更大。大学士潘世恩及给事中曹履泰等均谓应该起用林则徐，"庶几宋朝中国复相司马之意"。文宗亦有此意。三十年十月，他手笔下诏宣布抚夷派的罪状。咸丰朝的对外态度于此毕露了。

　　这时适有太平天国的革命，清朝的江山几乎不保，但京内外的驭夷政策并不因此稍改。在广东叶名琛自以为很有把握，文宗亦十分信任他。咸丰四年（一八五四年）英、法、美三国共同要求中国修改通商条约。三国代表到两江及天津去交涉的，地方官吏均答以修约之事只有叶名琛能主持，但是他们到广东去的时候，名琛总是托故不见，最后又回答他们他只知守约，不知改约。是时英、法正联军助土耳其抵抗俄国，而急于修约的英国亦以为不如等中国内乱之胜负决定后再议，于是搁置修约问题。名琛不知道这个内幕，反自居功，以为他得着驭夷的秘诀了。

其实外人，尤其是英国人，这时已十分不满意旧约。他们以为商业不发达是由于通商地点太少，且偏于东南沿海，长江及华北均无口岸；他们又觉得中国内地的通过税太繁，致货物不能流通。外国代表对叶名琛的办事方法也十分愤慨，以为邦交制度非根本改革不可。外人气焰之高，很像鸦片战争以前的样子。

叶名琛反于此时给外人以启衅的口实。咸丰六年，广西西林县杀了一个马赖神父。法国代表要求处置，名琛一事推诿。这时拿破仑三世欲得教皇的欢心以维持他的帝位，有了马赖神父的悬案，他就师出有名了。同时叶名琛因捕海盗事，与英人起了冲突。于是英法联军，首攻广州。名琛不和不战，终为英人所房。八年，联军由大沽口进据天津。清廷恐京师受扰，于是派桂良及花沙纳到天津去修约。

天津交涉最严重的问题：第一是北京驻使——士大夫简直以此事为荒谬绝伦，万不可许；第二是长江开通商口岸及内地游行——这样遍地都有外夷，简直防不胜防了。至于减低关税及改内地各种通过税为二五子口税，时人倒觉得值不得争。桂良及花沙纳（天津人说，那年桂花不香）以为不签字，则外人必直逼京师；签字则外军可退，中国可徐图挽回。《天津条约》实在可说是城下之盟了。

签字以后，北京就教桂良到上海去"挽回"已失权利。清廷知道若否认条约必致引起战祸，于是有所谓"内定办法"：中国以后完全不收关税，外人放弃北京驻使、长江通商及内地游行。时人以为外夷既唯利是图，以利诱之，他们必就范。桂良到了江南，地方官吏大反对这个内定办法：不收关税则军饷无来源。万一外人接收了这个便宜而同时又不放弃新得的权利，那又怎样？桂良费了九牛二虎之力，疏通英国，结果允不派使驻京。他觉得此外不能再有所得，只好批准《天津条约》。

次年，各国派使到北京去交换批准证书。北京也为他们预备了公馆，以便接待。但各国疑心甚大，所以派兵船护送公使北上。清廷于八年派了僧格林沁在大沽设防，以免外人再进据天津。中国原意堵塞海河交通，留北塘一路出入，则外人不能武装进京。外人见了大沽口不能通行，遂以为中国有心废约。他们把中国军备看得太轻了。一战的结果，外人大失败。于是英、法要复大沽之仇。

咸丰十年，我们的外交一误于北京不给桂良全权证书——时人以为唯独皇帝可以有全权，再误于捕拿外国交涉员，终致联军入京，毁圆明园，而《天津条约》以外又有所谓《北京条约》了。

剿夷派外交的代价不能不算大。

十二　俄罗斯侵吞国土

上文已经说过，俄国占了西伯利亚以后，中国的国际地位加了一路的侵略。但《尼布楚条约》终究实行一百六十余年。到了十九世纪中年，欧人自水路来者的侵略复行积极的时候，自旱路来者的侵略也积极了。剪刀在那里活动了。

俄人最初假道黑龙江出师，以防英、法的侵略；次则实行占据江北。等到布置好了，然后与黑龙江将军奕山开始交涉。咸丰八年，签订《瑷珲条约》，将黑龙江以北的土地划归俄国。九年，中国想否认该约。等到英法联军进了北京以后，中国不但无力取消《瑷珲条约》，反又订《北京条约》，把乌苏里以东的土地送给俄国，我们的大东北缩小了一半，而且俄国得了海参崴，可以角逐于北太平洋。

俄国没有费丝毫之力就得了八十万平方公里的土地，其对华外交的灵敏可说远在英国之上。而且俄国自始至终以中国的"朋友"自居！

十三　自强运动的兴起与失败

咸丰十年的大挫折终久唤醒了一部分的中国人。在八年、九年，文宗的亲弟恭亲王奕䜣是顽固派之最顽固者。首先提议捕杀外国交涉员的就是他。文宗逃往热河的时候，派他留守北京。咸丰十年的经验给了他及他的助手文祥两个教训。他们从此知道外国的枪炮实非我们的所能敌。同时他们发现外国人也讲信义：与外人订了约以后，他们果然遵约退出北京。于是奕䜣与文祥决心自强，并且知道中国还可利用外国专门人才以图自强。

适此时曾国藩、李鸿章、左宗棠诸疆吏因与太平天国战，免不了与外人发生关系。他们也得了同样的教训。这五人的努力造成了同治中兴的局面。

他们是中国的第一流政治家，知道中国所处的局势是数千年来未有的变局，而且图以积极的方法应付之。他们的大政方针分两层：以外交治标，以自强治本。这个治本之策是步步发展的：最初不过练洋枪队；继则买制器之器，以图自己造枪造船；终而设学校，派留学生，以图自己能制这些制器的器具。等到光绪年间，他们进而安电线，开煤矿，修铁路，办海军，设招商局，立纱厂。我们现在以为他们的事业不够，可是我们如知道他们的困难，我们也不批评他们了。时人多怪他们以夷化夏，多方反对。加以事权不一，掣肘者多。政府没有整个的计划，事业的成败要靠主办者个人的势力。

至于治标方面，奕䜣及文祥创立一个总理各国事务衙门来负外交的专责。总署拿定主意谨守条约以避战祸。但是十九世纪的后四十年，外来的压迫节节加紧。这时工业化的国家也多了，各国都须在海外找市场，不像以往只有英国。同时，西洋人把达尔文的学说应用于民族之间：优胜劣败既然是天理，强者有助天淘汰弱者之责。所谓近代的帝国主义的狂澜充满了全世界。加之这时在已有的两路侵略——剪刀式的夹攻——之上，又来一个从东面临头砍杀的日本。治标没有治好，治本也不足济事。甲午之战是自强运动的失败。

十四　尾言

自强失败以后，就是瓜分，瓜分引起民族革命。这是甲午以后，我们对世界大变局的应付。不幸土产的革命只产生了军阀。军阀大部分也是爱国志士，因为他们都有民族意识。同时他们所造成的局面逼着人人做卖国贼。要在内政上占优胜没有人不需外援的，要得外援必出相当的代价。大概说来，在朝者出代价较低，因为所需的援助较少；在野者只要有卖国的资格，那就是说，只要外人肯接收他们所开的支票，他们比较不惜把支票开得大点。

我们玩了多年土产的革命，没有玩出好花样来，我们就试一下一种最新式的舶来品。不过反把我们的国际问题加严重了。倘若成功，日本人及英国人都以为亚洲就是俄国人的天下了。日本感觉只有他能奠定远东局势。这不但是大和民族的生死问题，且是世界文化所关。世人，尤其是英国人，竟有信之者。

我不是说革命全无成绩。无疑地，经过这三十余年的革命，我们的民族意识大有进步。无疑地，这民族意识是我们应付世界大变局的必需利器。现在的问题是：这民族意识能否结晶，能否具体化？我们是否从此团结一致来御外侮？我们是否因为受了民族主义的洗礼而就能人人以国事为己任？这些条件会决定我们最后对这个大变局的应付的成败。

（录自《清华学报》第九卷第四期）

百年的外交

　　道光十九年（一八三九年）的年初，林则徐在广州开始严禁鸦片，因而引起我国近代的第一次对外作战。从那时起到现在，政府办了整个一百年的外交，士大夫关于外交也发了一百年的议论。百年的时间，就是在民族历史上，也不能算短。我们应该切实检讨以往的得失，作为来日的指南。

　　我们这个国家是士大夫阶级执政的国家。自宋以来，士大夫是极端注重气节的。最近这百年并不是例外。无论我们是研究这百年初期的外交家如林则徐、琦善、耆英、桂良、花沙纳，或是中期的外交家如奕䜣、文祥、曾国藩、李鸿章、郭嵩焘、曾纪泽、薛福成，或是最近期的袁世凯、段祺瑞、张作霖及当代的人物，我们不能发现一个人不竭尽心力，挣扎又挣扎，而后肯对外人有所退让。百年来负外交责任者，若论他们的世界知识，诚有可批评的；若论他们的爱国心，不但无可疑问，且可引为民族的及士大夫阶级的光荣。

　　初期的外交家最受时人的非议和后世的不谅解者莫过于琦善。因为他于道光二十年春与英人订了《穿鼻条约》，时人说他是汉奸。其实琦善不但是爱国者，而且是当时见解比较明白的一个人。自从故宫博物院发表《筹办夷务始末》一书以后，学者才知道琦善受冤屈之深。他与英国代表义律所订的《穿鼻条约》比道光二十二年的《南京条约》，在赔款及通商权利上，有利于我多了。英国政府认义律上了琦善的当而加以革职的处分。琦善体察中、英的形势，决定《穿鼻条约》是当时我国外交所能得的最优的条约，故无论时人怎样骂他，造他的谣言，无论朝廷怎样指责他，他不顾一切依照他的良心做下去。至于顾全一己的名誉而牺牲国家的利益，老于世故的琦善未尝不知道。却是到了民族紧急的关头，他毅然决然不做这种滑头的事情，这才算得真正爱国。林则徐是鸦片战争的英雄，琦善是鸦片战争的政治家。做英雄不易，做政治家尤难。

近期的外交家中受人攻击最多的莫过于袁世凯。此人的内政和人品如何，将来的历史家自有定论，不在本文的讨论范围之内。至于他的外交，我们可以说从他协助李鸿章办理朝鲜案件起，到他末年主持"二十一条"的交涉为止，他没有做过为国谋而不忠的事情。以先我们最不满意他的是"民四"的对日交涉。但自王芸生先生发表《六十年来中国与日本》大著以后，学者始知袁世凯那次与日本的奋斗可谓做到鞠躬尽瘁了。我们如仔细研究他应付日本"二十一条"的亲笔批示，并记得日本当时因欧战关系在远东所处的优越地位，我们不能不感激他的用心之苦并佩服他的外交天才。日本人知道袁世凯是他们的劲敌。

我国数千年与异族的奋斗逐渐养成了士大夫的爱国心肠。这是根深蒂固，无须我们过虑的。如果仅靠激昂慷慨的爱国心就能救国，那我们的知识阶级早把国家救好了，绝不至有今日的严重国难。不过士大夫的传统思想多不合于近百年的大变局。到了十九世纪，他们仍不承认闭关自守、独自尊大的时代已成过去而绝对无法挽回。同时他们对于西洋的知识缺乏使他们不能了解如大胆地向国际生活中去找出路，我国能得着新的光荣。所以他们愈信念我国的古老文化，他们就愈反动，以致阻塞民族的出路。他们不是卖国，他们是误国。

从道光十九年到咸丰十年，我们初则有中英鸦片战争，后又有英法联军之役。在那二十年之内，士大夫是一贯主张抗战的。他们为什么要抗战呢？为拒绝签订不平等条约吗？不是的。他们不反对治外法权，因为他们觉得让夷官按照夷法去管理夷人是最省事的办法。他们不反对协定关税，因为他们以为海关收入无补于大国的财政，不值得我们去与夷商计较区区税则。咸丰末年，他们有人提议我们完全不收海关税。他们也不反对租界，因为他们想为夷人特辟居住区可以免得华洋杂处。在道光年间，他们所反对的是五口通商和香港割让。在咸丰年间，他们所反对的是长江通商和北京驻外国公使。我们今日如再读他们的议论，我们一方面仍能为他们的激昂所动，却同时我们又不能不痛哭他们见解的糊涂。可惜在我们这个社会里，糊涂的见解，用激昂的文辞发表出来，有误国的能力。

到了同治、光绪年间，我们始有少数政治家对十九世纪的新局势有相当的认识。其中见解最透彻、魄力最大、主政最久的是李鸿章。他的救国方案可分治本、治标两部分。治本的方案是努力西化。他觉得我们抵抗西方的侵略要靠我们的西化，同时维持我们在东方的传统领袖地位也要靠我们的西化。同治初年，日本维新尚在酝酿之中的时候，李鸿章就大声疾呼地警告国人不可轻视日本。他认定中、日两国将来国力的比较必决定于两国西化速度的比较。这种论断是最具有政治家眼光的。至于治标的方法，他主张在西化工作未成熟以前，努力维持和平，结纳友邦。

李鸿章无疑是同治、光绪年间在朝的最重要的政治家。但是他也是当时的士大夫最好弹劾的。到了那个时代，大多数的士大夫仍不承认中国有西化的必要。李鸿章的建设事业，如海军、电信、煤矿、铁路、纺纱厂、招商局、机器厂、兵工厂等，在士大夫的眼光里，皆非根本之图。他们以为我国固有的驭夷方法可以依旧适用。他们且以为道、咸年代的失败在人而不在法。所以李鸿章终身绝少同志和帮手，他的事业的推进全靠专制君主威力的支持。

士大夫一面反对李鸿章的治本方案，同时却又主张采用强硬的、积极的外交政策。恰好这时候有几位青年文人，目空一世，而文章与学问又实在不差。他们——张之洞、张佩纶、陈宝琛、邓承修等——在同末光初，每因细故就主战。为台湾生番问题，他们要向日本兴问罪之师。为琉球问题，他们要李鸿章率师东征。为伊犁问题，他们又要与俄国开战。这些浮议的难关，李鸿章都一一设法渡过了。其中最难的莫过于伊犁问题，因为关于这个问题，不但士大夫主战，当时与淮军敌对的湘军领袖如左宗棠、彭玉麟也主战。是时彭玉麟督率长江水师防御俄国的海军。他准备满载桐油木柴出海，趁便风火攻俄国舰队。两江总督刘坤一和他开玩笑，说时代非三国，主帅又非孔明，恐火攻之计不售也。彭玉麟大怒，即上章弹劾，左宗棠又在京内替他说话，于是刘坤一只好不做江督了。李鸿章观察形势，知道如运用外交，至少伊犁可部分地收回；如对俄宣战，不但伊犁不能收复，即新疆及东三省均可虑。而且我们的实力消磨于对俄作战以后，日本在远东岂不坐大吗？所以决定制止国内主战潮流。他请英国军官戈登做总顾问。戈登的建议是具有深意的。他说抗战未尝不可，唯在抗战之先，中国政府应该下最大的决心准备做三件事：第一，即时迁都西安。第二，准备抗战十年。第三，抗战以后，清政府放弃政权。这种话，李鸿章要说而不敢说，但出自常胜军领袖戈登之口，国人不但能原谅他，而且信任他。后来曾纪泽果然运用外交，把俄国所占领的土地大部分收回。

曾纪泽在圣彼得堡的交涉还没有办好的时候，中法越南问题就发生了。李鸿章对这个问题也主张运用外交，反对开战。但是士大夫主战者多。朝廷徘徊于和战之间。最初表面言和，实则暗地助刘永福的黑旗军作战。后无形中变为一面战、一面和，终成正式战争。那时文武不分，文人中主战最力者莫过于张佩纶和陈宝琛。清廷乃派陈宝琛襄办两江军务，张佩纶守福州马尾船厂。事实上，陈氏制了两江以后毫无建白，而张氏则以"逃得快"了之。到了光绪十一年的春天，战事只好结束。全局的失败果不出于李鸿章的意料之外。

李鸿章交结友邦的运用最初表现于朝鲜。在光绪初年，日、俄、英、美、法、德六国均图与朝鲜发生关系。李氏判断日、俄对朝鲜有领土野心，而英、美、法、德则只图通商和传教。那么，他可以借四国的力量来对付日、俄两国。于是他从光绪六年起竭力劝朝鲜放弃闭关自守的政策而与西方各国订通商友好条约。在光绪八年，朝鲜果真与各国订约，势力均衡的局面似乎产生。然而李鸿章的朝鲜政策终归失败，主要的缘故有两个。

第一，朝鲜地瘠民贫，内政不修，经济未得开发，致注重通商的国家无大利可图。所以到了甲午中日战争之际，英、美、法、德皆觉得利害关系不大，无积极干涉必要。第二，中国始终不愿更改旧的宗主对藩属的观念。朝鲜对我的重要全在国防，在国防上，我国所怕的不是朝鲜，而是别的帝国主义者利用朝鲜为根据地向我作进一步的侵略。朝鲜果能独立自保，我们就能达到目的了。光绪十年，德国驻朝鲜的总领事，根据以上的理由，曾向李鸿章建议，化朝鲜为远东的比利时，由列强共同担保其独立和中立。这种建议不但清廷不能接受，就是李鸿章也反对，因为这个办法不合我国在朝鲜的传统宗主权。以后在袁世凯的积极做法之下，宗主权几乎变为统治权。结果，美国舆论很不值我们施诸朝鲜的压迫，并且朝鲜的新派人物因对我失望而想联日或联俄。可惜我国谈边政者至今对旧日的宗主权仍恋恋不舍。

　　甲午年春，东学党在朝鲜起事，日本遂借口保侨派遣重兵。世界各国均知局势的严重。我国士大夫的激昂可想而知。他们主张即时动员。在朝的要人多年想倒李鸿章而屡试屡败者亦坚决主战，以便借对外来对内。李鸿章拿到这个难题竟无法交卷。以往他假朝廷的威力，强迫各省协济北洋军饷，为的是对日备战。以往他关于伊犁、越南诸问题均反对战争，为的是要集中力量去保护朝鲜。他此刻如再不强硬对付日本，就无法自圆其说了。适此时俄国公使喀西尼路过天津，李鸿章就临时抱佛脚，竭力求援。喀西尼亦觉得日本如占领朝鲜，那是大不利于俄国的，于是答应警告日本撤兵。李以为日本最怕俄国，现俄国即允压制日本，他可高枕无忧了。所以他对日外交不退让，而军事的布置又不积极，自以为那一次他可不战而胜。日本最后经英国的劝导提出中、日两国共管朝鲜的妥协方案。李告诉总理衙门坚持要先撤兵，后谈判，而其心总以为俄国向东京警告以后，日本无不屈服。其实日本的消息比我们的还灵通。日本知道了俄国绝不干涉，而北京的谈判是无诚意的，遂决定进攻。到了这个时候，李鸿章只好应战。

　　中日甲午之战决定了远东的领袖地位，在整个历史阶段之中，将不属于我而属于日。甲午以前，我们只受西洋帝国主义的压迫，以后则同时受西洋与日本的侵略了。所以甲午之战是个划时代的战争。我们的失败是军事的，也是外交的。军事失败的缘由，大概地说，有两层。第一，中国西化的水准低于日本；这一层的责任应由士大夫负担。第二，中国彼时的军政太腐化了；这一层的责任应由李鸿章负其大半。

至于外交失败的根由也可以分好几层来说。第一，李鸿章不应专凭一个外国公使的谈话来决定军国大政。关于和战大事，不但一个公使的谈话不算数，就是外交部部长的谈话也不能算数。必定有正式的条约，经全权代表签字而又有元首的正式批准然后有相当的但仍非绝对的可靠。李鸿章的办法充分表现他的外交的幼稚。帝俄政府根据整个国策决定不采纳喀西尼的意见以后，李就陷于进退两难了，幼稚的外交误国之大莫过于此。

第二，假使当时我国驻日和驻俄的公使深知所在国的国情，又假使他们知无不言而言又无不尽，再假使李鸿章和其他主政者对他们的报告加以相当的考虑和信任，那我们甲午之役的外交或者能兼顾利害和力量。政策的发动当然根据国家的利害，但是政策的贯彻要靠国家的力量。个人负重若超过其力之所能必致害身。外交的企图，纵使是正当的，倘超过国力，必致误国。所以外交必须知己知彼。这种工作，唯独健全的外交机构始能负荷。我国政治家素重用人而不知运用机构，李鸿章也不是例外。前文所说的三种假设并不存在。当时驻外的公使对所在国的国情所知有限，所知者又因层层顾虑不能尽言，所言者政府未必见信；其结果就是李鸿章因偏信喀西尼而采取外交积极、军事消极的误国政策。

当时李虽不能济事，仍超人一等。至于一般士大夫的言论，除激昂慷慨以外，别尤足取，不过空言与高调而已。甲午以前的小波折，李的才能足以渡过。在甲午及甲午以后的大风浪之中，李实不能掌舵了。愈到后来，他愈不济事。在作战期中，他多方求援，但西洋各国均借词搪塞。这不是李的罪过，因为当时我国的国力实不足以左右任何西洋国家的政策。外国虽不援我于未败之前，却又援我于既败、既订约之后。俄、德、法三国的援助本是不怀好意的，以后瓜分的祸根就种于此。我们对于"友"邦的"友谊"不可太凭一时的情感和幻想。我们愈研究国际关系，愈知国与国是寡情的。这一点，我们也不能责备李鸿章。

我们能够责备他的是甲午战争以后的联俄政策。帝俄假助我的美名，行割我的实政。最初修中东铁路，因而引起以后的严重东北问题，一直演变到"九一八"和今日。中东铁路是李鸿章联俄的代价。戊戌年春，帝俄又假助我的名义，强迫我许他筑南满铁路和租借大连、旅顺。这两个海口就是俄、德、法三国于乙未年助我以两千万两向日本赎回的。三国的援助，若清算一下，仅使我白白地抛弃了两千万两银子罢了。这还不够，庚子年，帝俄趁义和团运动派兵把我东北全占了。在北京交涉的时候，帝俄又要假助我收复平津的美名，强迫我割让东北一切的权利。当时英、美、日三国竭力支持刘坤一、张之洞来抗俄．而李鸿章则坚持要与俄订约。李末年的荒唐简直不堪设想。幸而条约未签字以前，李就于辛丑年冬死了。帝俄得着这个消息以后，说："中国以后无人了！"

乙未至辛丑是李鸿章联俄的阶段。以后我们外交的路线就全变了。辛丑的次年，即一九○二年，英、日订同盟的条约。当日我国的舆论对英日同盟是怎样呢？京师大学堂（北大的先身）的教授联名请求政府加入英日同盟。旅居上海的名流假张园开会，作同样的要求。好像我们所敬佩的蔡子民先生当日亦在座。我们留日的学生发起义勇军，准备协助日本去打帝俄。日俄战争之际，我政府虽守中立，实际我们是对日表同情的。地方人士如张作霖还实力协助日本作战。为什么我国在辛丑以后有这大的外交路线变更呢？因为李鸿章的联俄政策不但失败了，而且简直引狼入室了。李在辛丑以前想联俄以制日，后人乃转过来想联日以制俄。前者的成绩固不好，后者的成绩亦欠佳。日俄战后，我国在南满就开始与日本摩擦了。足证所谓外交也者，在自己的国力发展未到相当程度以前，是不可靠的。无论是联东以制西，或是联西以制东都要付出代价的。不小心的时候，代价还要过于当初所要避免的损失。

民国以来，我们的外交方案并无根本变动。与前不同的就是在内乱的时期，党派的竞争免不了要借外以对内。大概地说，在朝的党，因所需的外助少，故对外所愿出的代价低；反之，在野的党，因所需的外助多，故对外所愿出的代价高。同时还有一方面值得我们注意。政府因负实际政治责任，说话行事比较谨慎；反对政府的人因不负责任可以随便给政府出难题，对社会唱高调。因之，一般人民很容易发生误会，以为官僚不努力、太消极，甚至于不爱国；反之，反对政府的人因言论激昂好像是特别爱国、特别有作为。国际关系是十分复杂的。不但在中国，就是在教育普及、新闻事业十分发达的国家如英、美，一般人民关于外交问题容易为野心家的宣传所麻醉。所以在这些国家，近年有不少的公私组织，专门研究国际问题，以图舆论的健全化和外交的超党化。这种组织的需要在我国尤为急迫。

在这百年之末，于全民精诚团结以抗战之际，最使我们痛心的是平、津、京、沪各地的汉奸。老百姓供敌人骗使者全为饥寒所迫，我们还不能说他们的本质不良，甘心从敌。粤、闽、鲁、冀的劳工在外国侨居数代仍不忘祖国，足证我国人民的本质是优良的。我们可以相信沦陷区域的劳苦同胞，时机一到，还要热烈地回到祖国的怀抱。只要国家无负于他们，他们是不会负国家的。我们所痛心的是参加伪组织的知识分子。他们当中大部分被生活问题迫着走上无耻的途径，其余还不是狂妄地借外力以从事内争？

抗战以前的数年，我们在最高领袖指导之下，把统一基础打好了，于是改革法币、建设公路铁路、推进国防等自力更生的事业得有一日千里的进步。假使政府于"九一八"的冬天就听从一般士大夫的浮议而开始抗战，那我们就不能有自"九一八"到"八二三"那个阶段的积极建设和统一完成。没有那一个阶段，我们哪能有今日的抗战力量？

我们于研究百年的外交之余，可以得着几个结论。第一，我们近百年对外的失败不是由于我们的不爱国。第二，我们的失败由于外交本身者尚为次要，由于内政者实为主要。内政的致命伤即现代化的建设之过于零碎、迟缓和不彻底。第三，就外交本身而论，我们的失败一部分应归咎于士大夫的虚骄，其他部分则应归咎于外交机构的不健全。若再进一步的研究，这两种弊病都要归根于我们的知识、思想及办公习惯的现代化程度之不足。

（录自《新经济》半月刊，一九三九年第四期）

再论近百年的外交

　　我在本刊第四期发表的《百年的外交》一文竟引起了少数读者的误会，其中最要紧的是邓公玄先生。这颇出于我的意料之外。读者对于我的史学试作有所批评，这当然在我的意料之中，而且是我所欢迎的。史学是种很困难的学问，史评和史论尤其困难。专家集毕生精力的著作，在著者的主观中，或者是不朽之作，然而在史学上，往往仍不过是一种试作。但是邓先生对我的不满大半在于文外问题，而且大半是误会，不是学术的批评。在他的结论里，他这样说：

> 　　末了，我认为蒋氏"百年外交"一文，对于过去史实的判断如何，还是小事，因为"仁者见仁，智者见智"，而且"士各有志，不能强同"。

　　邓先生把过去史实的判断作为小事，而于"小事"以外提出些无关的问题来与我争辩。我觉得我们不能把史实的判断作为小事，并且关于史实的判断不能"士各有志"。历史是种科学，研究历史就是探求真理，与"志"有什么关系？我们要探求史理还能于史实之外去求吗？离开事实而去发空泛议论，充其量不过得一篇好八股文章。所以我对于邓先生的议论不能不答复，而我的答复又不能不以史实的判断为主。

在未入正题之先，我应该简单地解释邓先生因文外的问题而发生的误会。邓先生急于要知道我为什么在这个时候要发表这样一篇文章。譬如，他开始引了我论琦善和袁世凯的两段文章以后，他就问：

> 看了这两段文章，我们不说蒋氏替琦善、袁世凯二人翻案为不当，只是要问为什么要在这个时候特地替他们翻案？

在他的结论里，他有这样的质问。我想邓先生的误会完全由于他不知道我平素生活的习惯。我在二十四年多未入政府以前，差不多有十五年的功夫专门研究"百年的外交"。这文的内容，用不同的方式，向南开大学的学生讲过三遍，向清华的学生讲过五遍，向北大的学生讲过两遍。关于琦善的那一段，我于十九年在《清华学报》发表过专文，以后又在美国的《近代史学报》讨论过，在英国伦敦大学和牛津大学讲演过。关于李鸿章的朝鲜政策，我也用中文、英文发表过无数次的论文。在政府未规定研究历史是一种不正当的娱乐以前，我觉得我可以时常继续这种工作。

我写那篇文章还有一个缘故，那就是《新经济》的编辑先生问我要稿子。我一想今年是鸦片战争的百周年，应该作文纪念。但是专写鸦片战争或者不免引起中、英之间不良的情感，所以就决定写"百年的外交"。那篇文章是上年十二月初写的，十二月十号左右送给编辑先生，十二月十五日付印，本年正月初一出版。这些年月日都是极自然的，不应该引起任何文外无关的问题。

邓先生既不知道我平素的学术兴趣，又不注意原文第一段所说写文的理由，于是就疑"难道是引古以非今吗"？邓先生的疑问证明他的历史观念完全与我的不一样。现在史学界公认历史是不重演的。历史不是一种制好的电影片，今天演几场，明天后天又拿出来演几场。换句话说，历史上的事情前后没有两件是一样的。所以我们不能引古以非今，也不能据今以非古。我们旧日的八股先生们固好写史论，说尧舜以先是怎样，所以"今上"也应该怎样，或桀纣以先是怎样自取灭亡，所以"今上"不可那样以自取灭亡。这样的写法不是现在科学的史学家所愿过问的。

但是历史未尝不可以"资治"，因为历史虽不重演，却不断地继演。历史是一张制不完、演不完的电影片。在这个片子上，前后没有两幕情节是完全相同的，但是第一幕的情节往往能部分地支配第二幕，第二幕又部分地支配第三幕，如此下去，以至无穷。历史家的主要工作是作寻求和分析前一幕如何支配后一幕及支配的程度。我们如本这种精神去研究中国近代史，必发生无穷的兴趣，以致有此癖者，就是在抗战紧张的时期，还是恋恋不舍。

现在我想文外的问题都解决了，可以言归正题。邓先生承认琦善所订的《穿鼻条约》比以后的《南京条约》"对于国权损失较少"，却不承认琦善是个政治家。我所以称赞琦善为政治家正因为他减少了国权的损失，而且他做这事的时候，他不顾一己的损失。他原可以与世浮沉，随着时人唱高调，因以误国而利己。他不，他情愿牺牲自己以图有利于国。这就是政治家的风度。琦善固不是头等政治家，但是道光一朝实无了不得的人物，琦善比较的要算是高人一等。

　　为什么琦善不是头等政治家？因为以后他虽又服官多年，却毫无建白。我们从道光十九年全二十二年与英国打了二年的仗，惨败了，被迫订割地丧权的条约了，然而国人毫无觉悟，战后绝无改革，直到咸丰末年英法联军之役然后有新政出现。民族整个地丧失了二十年的光阴。假使同治年间的改革提前到鸦片战争以后，那不但英法联军之役可免，即中日甲午之役或亦可免，而我国在远东的领袖地位必可保存。从民族的立场观察，我们不能不痛惜那二十年宝贵光阴的白过。我们研究历史的人不能不清算此中的责任。这是一个很复杂的问题，不易解答的。据我所知，此中的情节大概是这样的。当鸦片战争开始的时候，全国的士大夫一致地鄙视"外夷"，以为英国人哪能与"天朝"抗衡。林则徐也这样想，在他的奏折中，他表示十分有把握。林是当时士大夫所佩服的一个人。他自信，国人也信他，却是事实上林没有机会与英国人比武。英国派遣来华的军队，照中国人的理想，应该先攻广州，林已准备好了各种防御工事，不料英国人不攻广州而攻舟山。于是时人断定英国人怕林则徐，林的身价因此提高了好几倍。后清廷罢免林则徐而派琦善去主持粤政，时人说英国用计，借琦善以去林则徐。林一去，自然我方失败了！后裕谦奏调林则徐去帮他防守浙江。清廷答应了，许林"戴罪立功"。时人深信有林在浙江，英国人是不敢来的。英国人来了，快要与林交锋了，但是正在这个时候，清廷忽下令把林则徐谪戍伊犁。在鸦片战争的三年之中，除第一年小有接触之外，林始终没有机会与英人打一个大仗，所以以后士大夫不服输。他们以为我们的败，不是由于我们的旧战法和旧军器的不行，而是由于清廷用人不得当。既然如此，那我们没有改革的必要。琦善虽知道中外强弱的悬殊，经过一次的革职拿办，他也不敢再触犯士大夫的清议而有所主张了。所以他不够称头等的政治家。

当时士大大的清议之可怕，我们于林则徐的行动中也可以看出来。在他初到广州的时候，他真相信他用中国的旧法子就能制服英人。到了广州以后不久，他就觉悟了，知道唯独"用夷器而后能制夷人"。他秘密地探访外国的国情，购买外国的船炮。他以后把他所搜集的材料，给了魏默深。魏又把这些材料编入《海国图志》。这部书提倡以夷制夷，及以夷器制夷。日本的文人把这部书译成日文，促进了日本的维新。日本学者中山久四郎常说明治维新的事业受《海国图志》的影响不少。林虽有这种觉悟，他怕清议的指摘，不敢公开地提倡。他在赴伊犁戍所的途中曾致书友人说：

> 彼之大炮，远及十里内外，若我炮不能及彼，彼炮先已及我，是器不良也。彼之放炮，如内地之放排枪，连声不断。我放一炮后，须辗转移时，再放一炮，是技不能熟也。……今此一物置之不讲，真令岳、韩束手，奈何奈何！

但在信尾，他坚请他的朋友不要把信给别人看。他让主持清议的士大夫睡在梦中，他让国家日趋衰弱，而不肯牺牲自己的名誉去与时人奋斗。他怕时人骂他是汉奸或败北主义者。邓先生如了解此中的情节，或者不怪我，在回想我民族过去百年的历史，要痛骂士大夫阶级。

关于袁世凯的一段，邓先生批评袁的外交，说袁应该在"民四"交涉的时候，努力谋美国的援助。邓先生以华府会议美国的援助为证据，判断美国在民国四年也可以援助我，只要袁运用得法。其实袁派人把日本"二十一条"通知美国公使芮恩史并求他援助，芮氏颇热心，但其政府不愿意。第二年美国尚与日本订所谓《蓝辛—石井协定》，承认日本在华的特殊权利。民八，在巴黎和会我国代表苦求威尔逊助我取消"民四"条约，威尔逊不愿理会。民十一，华府会议的时候，美国内部的情形已完全改变，而国际形势复有利于我，故我国能得相当的收获。虽然，国人不要误会华府会议的重要所在。关于既成事实的纠正，华府会议仅助我收复德国在山东的权利，"民四"其他条约华府未过问。邓先生说："假使袁世凯不是要做皇帝，不敢得罪日本，又何至于遵守日本人的谆嘱，严守秘密。"袁要做皇帝，据我所知，是签订"民四"条约以后的事情。而且条约签订以后，日本人仍旧反对袁做皇帝。袁的一贯政策是联英、美以制日。他在朝鲜的时候如此，光绪末年他做外务部尚书的时候，也是如此，所以日本恨他。至于守秘密一层，国际交涉的事情，正在交涉之中的时候，除非双方同意，是不可宣露的。

邓先生所指摘的其他各点完全由于误会和曲解，没有再加讨论的必要。

（录自《新经济》半月刊，一九三九年第七期）

评《清史稿·邦交志》

　　中国旧有之正史，皆无"邦交志"一门，有之自《清史稿》始，此亦时代变迁使然也。有清以前，中国唯有藩属之控制驭夷怀远诸政，无所谓邦交。春秋战国之合纵连横，不过等于西洋封建时代诸侯之争斗。虽远交近攻，聘使立盟，有似近代之国际交涉，然时代之局势与精神，实与十九世纪中外之关系迥然不同。李氏鸿章在同治初年，常以《南京条约》及《天津条约》为古今之大变局一语，激时人之图自强，此可谓知时之言也。故清史倘无"邦交志"，则清史无从理解，即今日中国之时局，亦无从探研。主持《清史稿》诸公，能不为成法所束，而创"邦交志"一门，足证诸公之能审时察势，亦足证今日中国思想之进步也。

　　《清史稿》"邦交志"，虽为新创，然《邦交志》之书法及其根本史学观念，则纯为袭旧。批评者倘以"《邦交志》非史也"一语加之，亦不为过当。近百年来中外关系之大变迁何在？其变迁之根本理由又何在？《邦交志》非特无所贡献，且直不知此二问题为撰《邦交志》者之主要问题也。至于近百年来中外交涉之重要案件，如鸦片战争、英法联军、同治修约、马嘉理案、伊犁案、中法战争、中日战争、瓜分与排外、东三省之国际问题等，皆《邦交志》所不理解者也。《邦交志》既不说明各案之所以成问题，又不指定各案结束之得失，其史学上之价值，可想而知。

或谓《邦交志》，既循旧史体裁，不可以新史学之眼光评论之。所谓时代之背景及时代之变迁，皆旧史家所不注意者，不可专以责难《邦交志》也。虽然，旧史界对于史事真确之审定，及事与事之轻重权衡，自有其严密之纪律在焉。《邦交志》述事之失实，在在皆是，后当列举。至于史事轻重之缺评断，请就英吉利部论之。

《邦交志》共分八卷，俄、英、法、美、德、日六国各为一卷，瑞典、挪威、丹麦、荷兰、西班牙、比利时、意大利合为一卷，奥匈帝国、秘鲁、巴西、葡萄牙、墨西哥、刚果又合为一卷。其中以英吉利部为最多，共二十八页，页二十六行，行三十字。《邦交志》对于中英关系之轻重评断，可从下表知其梗概：

> 论中英西藏交涉者，共一百四十行。
>
> 论鸦片战争者，百零五行。
>
> 论马嘉理案及《烟台条约》者，五十二行。
>
> 论中英缅甸交涉者，前后共四十六行。
>
> 论鸦片税则者，四十四行。
>
> 论道光十六年以前中英关系者，四十行。
>
> 论咸丰七年至十年之战争者（内包括广州之役、大沽之役、《天津条约》、通州之役、外兵入京、圆明园之被焚及《北京条约》），共三十六行。
>
> 论《马凯条约》者，三十二行。

论沪宁铁路者，二十三行。

论同治时代中英交涉者，十二行。

论庚子义和团者，九行。

论威海卫之租借者，七行。

论德宗大婚英赠自鸣钟者，三行。

论九龙租地之扩充者，半行。

《天津条约》《北京条约》、两广总督叶名琛之被捕、文宗之退避热河、英人之焚圆明园诸事，共占篇幅仅西藏交涉之四分之一。英人之赠自鸣钟，显系军国大事，钟上所刻之祝词（"日月同明，报十二时，吉祥如意，天地合德，庆亿万年，富贵寿康。"见《邦交志》二，第十七页），非字字载诸史乘不可；而于九龙之展界，则以半行了之；轻重颠倒，史家之判断何在？

《邦交志》于记事，既无轻重之权衡，于史事真确之审定，想必慎之又慎；然细加考察，则又知其不然。兹特列举数端，以供读者参考。

甲，俄罗斯部：

（1）俄罗斯地跨亚细亚、欧罗巴两洲北境（第一页第二行）。

按：欧洲北境不属俄者，尚有瑞典、挪威、不列颠诸国。与其说俄有欧之北境，不若说俄有欧之东半。盖东半仅巴尔干半岛不属俄也。

（2）十二年及十七年俄察罕汗两附贸易入至京奏书（第一页第七八行）。

会荷兰贡使至（第一页第十行）。

三十三年遣使入贡（第一页第二十行）。

按：道光以前西洋各国，派使来华以通和好者，凡十数次。每次均携有本国元首致中国皇帝或宰相文书及礼物，朝臣或不知此中实情，或知之而故意粉饰以欺上，概称外邦之公使为贡使，公文为奏折，礼物为贡物；甚至翻译官曲解捏造，改平等之文书为奏禀，史家似不应不加以修正。《邦交志》之谬误类此者，不胜枚举，下不复赘。

（3）俄国界近大西洋者，崇天主教（第二页第一行）。

按：俄国无近大西洋之边界。

（4）后遂有四国联盟合从称兵之事（第二页第二十二行）。

按：咸丰八年、九年、十年，有英、法二国联盟称兵之事，无四国联盟称兵之事。英、法屡求美国加入盟约，美允合作交涉，不允联盟称兵。俄国事先向英、法声明，中国既未违犯《中俄条约》，俄无宣战之理，且向中国自称为中国唯一之友。

（5）俄帝遂遣海军中将尼伯尔斯克为贝加尔号舰长，使视察堪察加鄂霍次克海兼黑龙江探险之任，与木剌福岳福偕乘船入黑龙江（第三页第二至第三行）。

按：尼伯尔斯克（涅韦尔斯科伊）与木剌福岳福（穆拉维约夫）并非同时同路入黑龙江。尼氏之任专在探险，由堪察加南驶，路过库页岛，发现库页实系一岛，非半岛。后由黑龙江口溯流而上，事在道光二十九年，即西历一八四九年。穆氏率舰队由石勒喀河入黑龙江顺流而下，事在咸丰四年，即西历一八五四年。路对东西，时距五年，何能"偕乘船入黑龙江"乎？

（6）十年秋，中国与英、法再开战，联军陷北京，帝狩热河，命恭亲王议和，伊格那提业福出任调停。恭亲王乃与英、法订《北京和约》。伊格那提业福要中国政府将两国共管之乌苏里河以东至海之地让与俄以为报。十月与订《北京续约》（第三页第二十一至二十四行）。

按：是役伊格那提业福（伊格那提耶夫）之外交，非"出任调停""让与俄以为报"二语，足以传其实。伊氏告英、法公使曰："中廷态度顽固，惟武力能屈服之。吾与中国之执政者颇相识，愿竭力劝其就款。"同时又告恭亲王曰："英怀叵测，吾愿调度以减其锋。"迄中英《北京条约》既定，英兵有不即撤之势。伊氏又言于恭亲王曰："英之野心于此可见，吾往说之，或可挽回。"后数日，英兵果退，而伊氏居其功。实则额尔金爵士全无违约不退兵之意，其不即撤者，一时交通之困难也。伊氏有何功可言，反挟此要索，而恭亲王不察，遂割吉林省之海岸以报之。此事久已成中外之笑柄，岂撰《邦交志》者至今未省耶？何不揭伊氏之奸诈以告国人？（参看 Cordier, L' *Expedition de Chine de 1860*, Paris, 1906, p.121, 187, 209, 247. Michie, *The Englishman in China*, 2 vols., London, 1900, vol.1, pp.357-359。）

（7）崇厚将赴黑海画押回国，而恭亲王奕䜣等，以崇厚所定条款，损失甚大，请饬下李鸿章、左宗棠、沈葆桢、金顺、锡龄等，将各条分别酌核密陈。于是李鸿章及一时言事之臣交章弹劾，而洗马张之洞抗争尤力（第九页第三至五行）。

按：当时言事之臣，诚如《邦交志》所云"交章弹劾"，张之洞至欲治崇厚以极刑，然李鸿章之议论，则反是。其复议《伊犁条约》

奏折，虽明陈通商与分界之弊，然谓通商一项，可在用人行政上补救，分界一项则势难争，即争得伊犁西南境，亦且难守。李之主旨，在承认崇厚之条约也。其致总署及朋僚书，更明言崇厚交涉之失败，在势不在人。李氏对伊犁之态度，始终一贯。当同治末年、光绪元年政府议海防塞防孰缓孰急之际，李氏即主暂弃新疆以重海防。新疆尚可弃，何况伊犁之一隅？无怪以后于崇厚之约，李氏与言事之臣，大相径庭也。（参看《李文忠公全集》"奏稿"卷二十四页十八至十九，又卷三十五页十五至十九；"朋僚函稿"卷十五页十，又卷十六页五、页七、页十二、页十七，又卷十七页十八；"译署函稿"卷十页十七。当时言论不止分主和与主战两派，可参看《刘忠诚公书牍》卷八页二十八至二十九。）

　　（8）（光绪）二十三年十一月，俄以德占胶州湾为口实，命西伯利亚舰队入旅顺口，要求租借旅顺、大连两港，且求筑造自哈尔滨至旅顺之铁路权（中略）。俄皇谓许景澄曰："俄船借泊，一为胶事，二为度冬，三为助华防护他国占据。"（中略）限三月初六日订约（光绪二十四年，中略）。既而俄提督率兵登岸，张接管旅、大示，限中国官吏交金州城。中国再与交涉，俄始允兵屯城外，遂订约，将旅顺口及大连湾暨附近水面，租与俄（第十七页第一至十一行）。

按：中国之租旅、大与俄，大半固由于俄人兵力之压迫，即《邦交志》所谓舰队入旅顺口率兵登岸，兵屯城外诸行动是也。然不尽然。近苏俄政府所发表帝俄时代外交公文中有二电稿，颇能补吾人知识之不足。是年俄人在北京主持交涉者，系署理公使巴布罗福（帕夫洛夫）及户部大臣威特之代表波科蒂洛夫，二月十六日（西历三月九号）波氏致威特电云："今日吾偕署使，与李鸿章、张荫桓密谈，吾告以倘旅大之事，能于限期之内，俄国未施极端手段之前，签订条约，愿各酬银五十万两。彼二人均诉其地位之艰难，云近日中国官吏大为旅大事所激动，中国皇帝接收无数奏折，力主勿许俄之要求，中国驻英公使电告总理衙门英廷反对俄之条款。"二月二十三日（西历三月十六号）波氏又密电威特云："吾今日面交银五十万两与李鸿章，李甚欢悦，并嘱吾代为致谢阁下。吾同时发电与罗斯坦恩（银行家），吾尚无机会交银与张荫桓，张氏之行动甚谨慎。"或者李氏之意，以旅大之租借势不能免，五十万之巨款，何妨收之。然李氏既与俄国订同盟密约（此事《邦交志》不提，然其为事实则无可疑，中国代表已在华府发表其条款），而俄国又以助华防护为口实，则俄国碍难先以武力施之于其所防护者。俄人之以定约在限期未满之先为纳贿之条件者，其故即在渡过此外交之难关。旅大之丧失史，固不如《邦交志》所传之简单也。（波氏二密电见于 Steiger, *China and the Occident*, 1927, p.71。）

（9）前清末年东三省之外交（第二十至二十一页）。

按：东三省之外交，尚有一重大变迁，为《邦交志》所未提及者。日俄战争以后，美国资本家极望投资于东省铁路。初议由美收买南满铁路，事将成，而日政府忽翻案。后美国又拟借款与中国，以筑锦瑷铁路。日、俄鉴于美国资本家之野心，乃立一九〇八年之协约，划内蒙古之东部及南满为日本势力范围，余为俄国之势力范围，互相协助，以防第三者之侵入。此密约即日本以后二十一条之雏形也。《邦交志》于日、俄、美三部，均不提及此事，何疏略一至于此？

乙，英吉利部：

（1）而贡使罗尔美都……（第二页第二行）。

英国乃遣领事律劳卑来粤（同页第十四行）。

按：嘉庆二十一年，英国派遣来华之公使原名 Lord Amhersto，中文译为"罗尔美都"。盖以"罗"译 Lord，而以"尔美都"译 Amhersto 也。道光十四年，英国派遣来粤之领事，原名 Lord Napier，中文译为"律劳卑"。盖以"律"译 Lord，而以"劳卑"译 Napier 也。译法载于前清档案，固非《邦交志》所独创，若不加以解释，学者实无从领会也。

（2）及事亟，断水路饷道，义律乃使各商缴所存烟土凡二万二百八十三箱。则徐命悉焚之，而每箱偿以茶叶五斤。复令各商具"永不售卖烟土"结。于是烟商失利，遂生觖望。义律耻见挫辱，乃鼓动国人，冀国王出干预。（中略）义律遂以为鸦片兴衰，实关民生国计（第二页第二至七行）。

按：鸦片战争为中外关系史上最要之一章，《邦交志》论战争发生之原因，仅此数行。细审之，不外"义律耻见挫辱"及"义律遂以为鸦片兴衰，实关民生国计"二语。实则鸦片战争之远因近因，十分复杂。英人至今不认为鸦片战争也，英人虽不免偏持己见，然非全无理由。试读义律致林则徐之抗议书，及巴麦尊致中国宰相书，即知其理由何在。英人承认禁烟乃中国之内政问题，然谓禁烟须有其法。中国不能因禁烟而封锁一切外商于洋行，撤其仆役，绝其粮食，即领事亦不稍示优待。且中国之烟禁忽严忽弛。在严禁之时，中国官吏又与中外商人朋比为奸，视国法如同虚设。林则徐一至广东，即用超然强硬之手段，使欲悔改者，亦无从悔改。文明国之政治措置宜如是乎？中国始终闭关自守，不与外人互约通使，致两国间情息不通，交涉莫由。且中国限外商于广州一埠贸易，而关税无定章。于广州又有公行之设，使外商必须与行商交易，无所谓贸易自由。是以中国对外政策，非根本改革不可，故英人决然称兵而不顾焉。平心论之，烟禁之妨害英国之国计民生及义律之耻见挫辱，与夫林氏禁烟之不合法，皆鸦片战争之近因。英国之开辟商场政策，及中国之闭关自大政策，皆其远因也。闭关之政策，虽在中外历史上有先例可援，然至十九世纪之中叶，仍株守之，何不审势之甚耶？

（3）冬十月，天培击败英人（第三页第十五行）。

按：道光十九年十月十六日，林则徐曾奏报提督关天培在穿鼻、尖沙咀屡次轰夷船。但英国将校之报告及兵士之记载，均谓英胜华败。

（4）夏五月，林则徐复遣兵逐英人于磨刀洋，义律先回国，请益兵（第三页第二十至二十一行）。

按：义律充驻粤英领，起自道光十六年冬，直至二十一年秋，先后共五年，五年内并无回国之行。请兵者，以书牍请也。后偕英国舰队来华之交涉员，虽与义律同名，实其从兄，非一人也。吾国档案名此交涉员为懿律以别之。

（5）英人见粤防严，谋扰闽（第三页第二十二行）。

按：道光二十年夏以前，林则徐屡与英舰战，虽未大胜，亦未大败。是夏，英派新舰队来华，不直攻广州，仅封锁之，遂北犯厦门、定海，似则徐必有以制英人者；迨则徐罢职，琦善主政，尽撤海防，于是英人得逞其志，而大事去矣。此中国近八十年来论鸦片战争者之公论，亦《邦交志》之所雷同者也。林文忠公在中国近代史上，固有其地位，然其所以为伟人者，不在此。道光二十年夏以前，英国大兵未至，在中国洋面者仅二三军舰。所谓九龙及穿鼻之役，英人不认为战争，只认为报复，胜之不武，况并未大胜乎？英舰队抵华后，又不攻广州者，英廷之训令也。英政府之意，以为未宣战以前，倘派舰队至华北耀武扬威，据地为质，或者中国即将屈服，而交涉可在天津进行。且广州远离京都，中国虽败，朝廷必以为边陲小失利，无关大局。必也侵中国之腹地，而后中国得就英之范围。故英人始终以攻入长江为其作战根本策略，彼固不料林氏竟因此而得盛名也。（英廷致驻华代表之训令见 Morse，*International Relations of the Chinese Empire*，Shanghai，1910，vol. I，appendix B。）

（6）八月，义律来天津要抚。时大学士琦善任直隶总督，义律以其国巴里满衙门照会中国宰相书，遣人诣大沽口上之（第三页第二十六行）。

按：所谓巴里满衙门，当即英国之国会。义律所递之照会，乃英国外交部大臣巴麦尊爵士致中国宰相之书，与巴里满毫无关系。义律之旨在交涉，在送"哀的美敦书"（最后通牒），非要抚也。

（7）陷镇江，杀副都统海龄。

按：《东华续录》记镇江事云："京口陷时，副都统海龄并其妻及次孙殉节。"《清史稿》列传一百五十九卷亦云："海龄及全家殉焉。"英人之记载更详，云："海龄系自焚，搜其尸仅得数骨。英军官有叹者曰：'若海龄之节操，多见于疆场，中国何至战败。'"是则海龄确系自尽，非为英人所杀，明矣。（参看 Lieutenant John Ouchterlony，*The Chinese War*，London，1844，p.282。）

（8）初，英粤东互市章程，各国皆就彼挂号，始输税。法人、美人皆言"我非英属"，不肯从，遂许法美二国互市，皆如英例（第六页第十七行）。

按：鸦片战争之前，法商、美商并无就英人挂号始输税之事。战后中、英立通商条约，法美于是要求利益均沾及最惠待遇。耆英、伊里布诸人以为不许法、美之请，其商人必附英商而合从以谋我，许之则惠自我取，法美反可成为我用，故与订商约如英例。（参看外交部出版之《道光条约》卷四页二至四，又卷五页二至三。）

（9）（咸丰）六年秋九月，英人巴夏里致书叶名琛，请循江宁旧约入城，不许。英人攻粤城，不克逞，复请释甲入见，亦不许。冬十月，犯虎门横档各炮台，又为广州义勇所却，乃驰告其国（第七页第五至八行）。

按：咸丰六年六月初九，两广总督叶名琛派兵上"亚鲁"号船捕海盗。"亚鲁"船属华人，是时泊广州，且所捕者亦系华人，故名琛未先照会英人，径派兵上船捕获。英领事巴夏里（巴夏礼）则谓"亚鲁"船系在香港注册，悬英国旗，非得英领事之事先许可，华兵不得上船捕人。巴夏里要求名琛，即送还被捕者至领事馆审查，且须正式道歉，限期答复，名琛不允。英人遂于九年二十四日炮击广州，此咸丰末年英法联军导火线之一也。是年正月，法国教士马赖在广西西林遇害。法人称系西林官吏主谋，属与名琛交涉，不得要领，遂决与英联军，此战事导火线之二也。此二者即咸丰末年战争之近因。其远因则以加增通商口岸及传教机会为最要，许外人入广州城次之。《邦交志》仅述其次要者，于其他则一字不提，未免失实过甚。

（10）英有里国太者，嘉应州人也。世仰食外洋，随英公使额尔金为行营参赞（第七页第十五行）。

按：咸丰末年、同治初年之际，中国外交公文上常见"里国太"或"里国泰"之名。此人原任职上海英领事馆，善华语。咸丰四年，上海道与外国领事订《海关行政协定》，许外人充税务司。英领初荐威妥玛，威任一年即辞，继之者即里国太。八年，里以中国税务司资格兼任额尔金之翻译，《天津条约》大半出自其手。桂良、花沙纳及耆英恨之入骨。后升总税务司，因代中国创海军与总理衙门意见不合，遂革职。里国泰原名 Horatio Nelson Lay，《邦交志》谓其为嘉应州人，世仰食外洋，不知有何根据。（参看 Morse, op. cit., vol.II., chap. II。）

（11）时英人以条约许增设长江海口及商埠，欲先察看沿江形势。定约后，即遣水师、领事以轮船入江，溯流至汉口（第七页第十九至二十行）。

按：此次察看沿江形势者，即全权公使额尔金，非领事也。

（12）巴夏里入城议约（中略），宴于东岳庙。巴夏里起日："今日之约须面见大皇帝，以昭诚信。"又曰："远方慕义，欲观光上国久矣，请以军容入。"王愤其语不逊，密商僧格林沁擒送京师，兵端复作（第八页第五至八行）。

按：咸丰十年七月，桂良、花沙纳以全权大臣名义，赴天津与英、法公使定条约八款。约甫定，英、法忽探知中国交涉员实无全权，愤受欺，遂停止交涉，调兵由杨村河西坞迫通州。于是朝廷改派怡亲王载垣、军机大臣兵部尚书穆荫出与议和。载垣于七月二十七日致书与英、法公使，告以中国完全承认天津八条，望即退兵，英、法答以兵须前进，议和须在通州。屡经交涉，乃定议外兵进至张家湾南五条为止。八月四号，英、法各派翻译官及侍从至通州，与载垣、穆荫面议进京换约，及觐见、呈国书诸事。英翻译官巴夏里坚持公使入京，须携卫队千人，且云"中国前已允诺，不可失信"。后巴夏里又力助法翻译官与载垣辩论，且措辞失礼。载垣于是阳许之，而阴谋害之。次晨，英、法译者归营，报告途遇僧格林沁之马队，英人被捕者二十六，法人十三，经二十日之监禁虐待，英人得生归者半，法人仅五名。后英人之焚圆明园者，即以报复也。撰《邦交志》者，何必隐讳其词若此。（参看 Cordier，op. cit.，chap.XXI。）

（录自《北平北海图书馆月刊》第二卷第六号）

丙，法兰西部：

（1）法兰西一名佛郎机（第一页第一行）。

按：佛郎机即 Frank 之译音。当野蛮民族瓜分罗马帝国之际，佛郎机人渡莱茵河西向而据高卢，是为法兰西立国之始。佛郎机为法兰西之别名，非无故也。后欧洲十字军东征，法人居主要地位。近东人不察，概称西洋人为佛郎机人。此名遂随阿拉伯人之商业而传至印度，由印度再传至南洋群岛及中国。在欧洲，自文艺复兴以后，佛郎机不过历史上之一民族名；而在中国，则佛郎机反较法兰西一名词为普遍。《明史》之称葡萄牙为佛郎机，即其一例。"法兰西亦名佛郎机"一语，可是可非，要在作何解释耳。

（2）道光二十五年法商赴粤，诣总督署，请弛汉人习教之禁。总督耆英据以入告，许之（第一页第三行至第四行）。

按：此次赴粤请弛教禁者，非法商，乃法王路易腓力（路易－菲利浦一世）所派全权公使剌萼尼，其使命在订立中法通商和好条约，弛教禁不过其中之一端。剌萼尼率兵船七只来粤，声势颇大。耆英鉴于鸦片战争之失败，即思有以羁縻之。英、美重通商，法重传教，倘于传教一端不稍让步，难保法不逞以武力。缘此耆英屡为奏请，朝廷亦因而许之矣。

（3）咸丰三年十二月有法轮船一驶入长江，未几解缆去（第一页第四行至第五行）。

按：法轮入长江，有何记载之必要？若以长江彼时非通商地界，法轮不应入，则此次非初次；若以法轮或阴与太平天国相勾结，则下文并无说明。且法素仇视太平天国，必不至相勾结也。

（4）先是福禄诺所拟五条，仅允不索兵费不入滇境，而要挟中国不再与闻越事，议久不决。五月法兵以巡防为名，忽攻谅山，败走，借口中国不能如约退师，责赔费，不允。法使巴德诺出京。六月攻台北基隆（第三页第十四行至第十六行）。

按：此段与事实不符，且自相矛盾。既议久不决，法国何能借口中国不能如约退师。实则光绪十年四月十七李鸿章与福禄诺已议决草约，双方政府亦已明令批准。唯福禄诺于定约后，又要求中国于二十日至四十日内撤退驻越军队。据福禄诺言，李确认限期；据李云则否。此中实情，颇不易判。无论如何，朝廷不知有此项交涉，故未下撤兵之令，前线将士自不敢擅退。而在法政府方面，接福禄诺报告后，即令将士往越北接防。因之发生闰五月初二谅山之战，此即光绪十年中法战争之近因也。

（5）十一年春正月犯镇南关，杨玉科战没，旋收复，大创之，并炮毙孤拔于南洋（第三页第十九行）。

按：此役中国统帅报击毙夷目者不可胜数，报孤拔之死者，亦不止一次，大半不过吾国兵士邀功之惯技。孤拔确死，然非炮毙。盖其死在是年五月，而中法和议则成于二月。

（6）（光绪）二十一年中、日约成，法求换商约，遂许开龙州、蒙自等埠，并与越界线内猛乌、乌得二地（第七页第二十五行至第二十六行）。

按：此段之大关键，在中、日约成与法求换商约界约之关系。法求修约在中、日约成之先，然总理衙门终不之允。迨中、日约成后，俄、法、德三国联合干涉，迫日退还辽东半岛。法遂以恩人自居，要挟更甚。总署只得许之。俄、德效尤，英则据势力均衡主义加入角逐。由是瓜分之祸起矣。自时间言，法实为之罪魁。故"中、日约成""法求换商约、界约"二语，乃中国外交史上之一大分野。不知撰《邦交志》者，曾一度权衡此二语之轻重得宜否乎？

（7）是年光绪三十一年与各国定值百抽五税则，法有违言，久之始允（第九页第十五行）。

按：中国海关税，则自鸦片战争后，久已为值百抽五之制。光绪三十年，不过重估货价，三十一年起，始按新价目抽税。

丁，美利坚部：

（1）现美国定制，凡干涉卖买者不得派作领事官（第三页第七行）。

按：领事官之重要职责，即在照管买卖。咸丰末年美国所定新制，非禁止领事干涉买卖，乃禁止领事私自营商及不派商人兼领事也。

（2）格兰忒至日本，函劝中国与日本各设领事，保护琉球中部；其南部近台湾，为中国属地，割隶中国；北部近萨摩岛，为日本属地，割隶日本（第六页第一行至第三行）。

按：光绪四年美前总统格兰忒（格兰特）来游，中国即请其调停琉球案。格兰忒允所请。经调查双方理由后，格氏力劝两国自行和解，不须第三者干涉。格氏之意以为中、日唇齿相依，且同受不平等条约之压迫，倘相争，势必予西洋列强以渔人之利。至于瓜分琉球之议，非出自格氏，乃出自日人。中国不允，琉球王亦拒之，故未果行。

（3）中国特遣专使唐绍仪赴美申谢（第十页第七行）。

按：唐绍仪是时为奉天巡抚。其赴美，名为谢美政府之退还庚子赔款，实为募外债以修山东省之铁路及拨赔款为修路之用。

（4）门户开放主义。

按：美国近三十年之对华根本政策，即所谓门户开放主义。初次提倡此主义而得国际承认者，即美国务卿海约翰氏。《邦交志》于美利坚部绝不提及此主义及其首创者，实全篇尚未入题。然彼之所以出此者，原非无因。自乙未至戊戌，列强在华之角逐，渐演成列强割据之势，而美国不与焉。且美国亦不欲此局势之永久，故于己亥年向列强提出门户开放主义。海约翰致函英、法、德、俄、日、意六政府征其同意，六政府答复后，海约翰即宣布成立门户开放主义。事前事后，中、美间绝无文牍之往来，一若此主义与中国毫无关系者。盖当时列强在华，各谋特殊利益及势力范围，或共行机会均等政策，全凭列强择之，中国实际上无从置可否。美之不征中国同意者，职此故也。此吾国政府文案不涉及此主义者，亦在此。《邦交志》之不提此主义者，亦不外乎此矣。

戊，德意志部：

（1）十月巴兰德复牒总署索三事：一、洋商在租界内售卖洋货不再抽厘金；二、发给存票不立期限，并准其以存票支取现银；三、德商入内地采买土货，准携现银。又请于年内开办上海一口，又求在大孤山添开口岸（第二页第六行至第十行）。

按：中国既未禁止外商携现银入内地，德使巴兰德（勃兰特）当不致有此项要求。其所要求者，非携现银入内地，乃从内地运铜钱出口也。又开办上海一口，颇费索解。盖上海之为通商口岸，距巴兰德使华之时，已三十余年，实无再行要求之必要。细考原文，巴氏所要求者，乃在上海于年内实行免厘之制耳。（参考 Cordier, *Histoire des Relationse de la Chine* ......vol. II，pp.153-156）。

（2）二十二年春正月德外部马沙尔求在中国借地泊船，出使大臣许景澄以告。时李鸿章使德将还，留税务司德璀琳与德外部商办加税事。德廷谓须中国让给兵船埠地，始允加税。德璀琳阻之不省（第四页第四行至第七行）。

按：德璀琳与胶州租借之关系，正与《邦交志》所述者相反。德璀琳不但未阻德政府之要求，且从而怂恿之。在德时密告海部胶州有七便：一、胶州可控制全华北，非特山东一省；二、海口深可大发展；三、内地富；四、交通易办，可修铁路直达北京；五、居民在体质及精神二方面，均系华人之最优者；六、气候温和；七、海口无滞塞之虞。（参看 Die Grosse, *Politik der Europaischen Kabinette 1871–1914*, vol.14, part I, No.3665, pp.36–38。）德璀琳为李鸿章最所信任之客卿，平时亦竭力为中国助；但关于中德问题，则不能忘情祖国，此亦不足深怪也。

已，其他：

《邦交志》除俄、英、法、美、德五国外，尚有专论日本之卷。六专卷中，当以日本之部为最优，小节上尚无错误。论大体，则与其他各卷同弊。读者于此可知中、日间曾发生若干交涉案件，至于中日关系之演化，则仍漠然。例如中日战争，据《邦交志》之见解，此战争之远因近因，即在东学党起义及中、日两国之同时进兵。战前十年李鸿章及袁世凯之如何蚕食朝鲜政权，则一字不提。平心论之，中日战争之远因，须由中国负责。其近因则不能不归罪于日本。此说非数语所能阐发，其详须俟专论。

（录自《国立北平图书馆月刊》第三卷第一号）

琦善与鸦片战争

　　鸦片战争的终止之日，当然就是道光二十二年七月二十四日中、英两国代表签订《南京条约》之日。至于起始之日为何日，则不易定。因为中、英双方均未发表宣战正式公文，并且忽战忽和，或战于此处而和于彼处。此种畸形的缘由，大概有二。一则彼时中国不明国际公法及国际关系的惯例。不但不明，简直不承认有所谓国际者存在。中、英的战争，在中国方面，不过是"剿夷""讨逆"。就此一点，我们就能窥测当时国人的心理和世界知识。第二个缘由是彼时中、英两国均未预抱一个必战之心。中国当初的目的全在禁烟。宣宗屡次的上谕明言不可轻启边衅。在道光十八年各省疆吏复议黄爵滋严禁鸦片的奏折之时，激烈派与和缓派同等地无一人预料禁烟会引起战争。不过激烈派以为，倘因达到禁烟目的而必须用兵以迫"外夷顺服"则亦所不惜。在英国方面，自从律劳卑以商业监督的资格于道光十四年来华而遭拒绝后，英政府的态度就趋消极。继任的监督虽屡次请训，政府置之不理。原来英国在华的目的全在通商；做买卖者，不分中外古今，均盼时局的安定。我们敢断定：鸦片战争以前，英国全无处心积虑以谋中国的事情。英政府的行动就是我们所谓"将就了事，敷衍过去"，英文所谓"muddle along"。英国政府及人民固然重视在华的商业，而且为通商中、英已起了好几次的冲突，不过英国人的守旧性甚重，不好纷事更张，因为恐怕愈改愈坏。及林则徐于道光十九年春禁锢英商与英领以迫其缴烟的信息传到英京之时，适当巴麦尊爵士主持英国的外交。此人是以提倡积极政策而在当时负盛名的。他即派遣舰队来华，但仍抱一线和平的希望，且英国赞成和平者亦大有人在。倘和议不成而必出于一战，巴麦尊亦所不惜。故鸦片战争的发生，非中、英两国所预料，更非两国所预谋。战争虽非偶然的、无历史背景的，然初不过因禁烟而起冲突，继则因冲突而起报复，终乃流为战争。

鸦片战争，当作一段国际关系史看，虽是如此畸形混沌，然单就中国一方面研究，则显可分为三期。第一期是林则徐主政时期，起自道光十九年正月二十五日，即林以钦差大臣的资格行抵广东之日。第二期是琦善主政时期，起自道光二十年七月十四日，即琦善与英国全权代表懿律及义律在大沽起始交涉之日。第三期是宣宗亲自主政时期，起自道光二十一年二月六日，即琦善革职拿问之日，而止于二十二年七月二十四日的《南京条约》。在专制政体之下，最后决断权，依法律，当然属于皇帝；然事实上，常常有大臣得君主的信任，言听计从。此地所谓林则徐及琦善主政时期即本此意而言。缘此，林的革职虽在二十年九月八日，然自七月中以后，宣宗所信任的已非林而为琦善，故琦善主政时期实起自七月中。自琦善革职以后，直到英兵破镇江，宣宗一意主战，所用人员如奕山、奕经、裕谦、牛鉴等不过遵旨力行而已。虽有违旨者，然皆实违而名遵，故第三期称为宣宗主政时期，似不为无当。

　　三期中，第一期与第三期为时约相等，各占一年半。第二期——琦善主政时期——为最短，半年零数日而已。在第一期内，严格说，实无外交可言。因为林则徐的目的在禁烟，而禁烟林视为内政——本系内政——不必事先与外人交涉，所采步骤亦无须外人的同意。中、英往来文件，在林方面，只有"谕示"；在英领义律方面，迫于时势，亦间"具禀"。此时义律既未得政府训令，又无充分的武力后援，他的交涉，不过图临时的相安，他的军事行动不过报复及保护在华英人的生命和财产。到第三期，更无外交可言。双方均认交涉无望，一意决战。后来英兵抵南京，中国于是屈服。在此三年半内，唯独琦善主政的半年曾有过外交相对的局势。在此期之初，英国全权代表虽手握重兵，然英政府的训令是教他们先交涉而后战争，而二代表亦以速和以复商业为上策。训令所载的要求虽颇详细，然非完全确定，尚有相当伸缩的可能。在中国一方面琦善的态度是外交家的态度。他的奏折内，虽有"谕英夷""英夷不遵劝诫"字样，但他与英人移文往来，亦知用"贵国""贵统帅"的称呼。且他与英人面议的时候，完全以平等相待。至于他的目的，更不待言，试图以交涉了案。故琦善可说是中国近九十年大变局中的第一任外交总长。

　　这个第一任外交总长的名誉，在当时，在后代，就是个"奸臣"和"卖国贼"的名誉。不幸，琦善在广东，除任交涉以外，且署理两广总督，有节制水陆军的权力和责任。攻击他的有些注重他的外交，有些注意他的军事。那么，琦善外交的出发点就是他的军事观念，所以我们先研究琦善与鸦片战争的军事关系。

　　道光二十一年二月初间虎门失守以后，钦差大臣江苏巡抚裕谦上了一封弹劾琦善的奏折。他说："乃闻琦善到粤后，散遣壮勇，不肯为渊驱鱼，以致转为该夷勾去，遂有大角、沙角之陷。"裕靖节是主战派首领之一，也是疆吏中最露头角的人。他攻击琦善的意思不外林则徐督粤的时候，编收本省壮丁为团勇，琦善到粤则反林所为而遣散之。这班被撤壮丁就变为"汉奸"，英人反得收为己用。此说的虚实，姑不讨论，倘中国人民不为中国打外国，就必反助外国打中国，民心亦可见一斑了。

靖节的奏折上了不满二月，御史骆秉章又上了一封，措辞更激烈："窃惟逆夷在粤滋扰，几及一年。乃自前督臣琦善到粤查办，将召集之水勇、防备之守具，全行撤去。迨大角、沙角失事，提镇专弁赴省求援，仅发兵数百名，遣之夜渡，惟恐逆夷知觉，以致提督关天培、总兵李廷钰在炮台遥望而泣。"这样说来，琦善的罪更大了：除遣散壮勇之外，还有撤防具、陷忠臣的大罪。骆文忠原籍广东花县，折内所言大概得自同乡。他为人颇正直，道光二十一年以前，因查库不受贿已得盛名。故所发言辞，不但足以左右当时的清议，且值得我们今日的研究。

此类的参奏不必尽引，因为所说的皆大同小异。但道光二十一年六月王大臣等会审的判词是当时政府最后的评定，也是反琦善派的最后胜利，不能不引：

> 此案琦善以钦差大臣查办广东夷务，宜如何慎重周详，计出
> 万全。该夷既不遵照晓谕办理，已形猖獗，即当奏请调兵，迅速
> 剿除。乃妄冀羁縻，暂以香港地方许给，俾得有所借口。于一切
> 防守事宜，并不预为设备，以致该夷叠将炮台攻陷，要隘失守，
> 实属有误机宜。自应按律问拟。琦善合依守备不设失陷城塞者斩

监候律，拟斩监候，秋后处决。

这个判词实代表当时的清议。所可注意者，政府虽多方搜罗琦善受贿的证据，判词内无受贿的罪名。

但是当时的人不明了琦善为什么要"开门揖盗"，以为必是受了英人的贿赂。战争的时候，左宗棠——同光时代的恪靖侯左宗棠——正在湖南安化陶文毅家授课。道光二十一年，他致其师贺蔗农的信有一段极动人的文章：

　　去冬果勇杨侯奉诏北行。有人自侯所来云："侯言琦善得西人金巨万，遂坚主和议。将恐国计遂坏伊手。"昨见林制府谢罪疏，末云并恐彼族别生秘计云云，是殆指此。诚如是，其愚亦大可哀矣。照壁之诗及渠欲即斩生夷灭口各节情状昭著。炮台失陷时，渠驰疏谓二炮台孤悬海外，粤东武备懈弛，寡不敌众，且云彼族火器为向来所未见。此次以后，军情益馁。无非欺君罔上，以和要主，张贼势而慢军心，见之令人切齿。"

以上信息得自"自侯所来"者。果勇侯杨芳原任湖南提督，于道光二十一年正月八日放参赞大臣，"驰驿前赴广东，剿捕逆夷"。他于正月二十一日接到了这道上谕，二月十三日行抵广东省城。他在起程赴任之初即奏云："现在大局，或须一面收复定海，一面准其于偏岸小港屯集货物。"换言之，浙江应与英人战，广东则应与英人通商以求和。自然宣宗以为不妥。抵广东后他就报告："预备分段援应，共保无虞。"但是他所带的湖南兵为害于英人者少，为害于沿途及广东人民者反多。三月初，果勇侯又有"布置攻守机宜"的奏折，说："城厢内外，民心大定，迁者渐复，闭者渐开，军民鼓勇，可期无虑。"宣宗当然欣悦之至："客兵不满三千，危城立保无虞。若非朕之参赞大臣果勇侯杨芳，其孰能之？可嘉之处，笔难宣述。功成之日，伫膺懋赏。此卿之第一功也。厥后尤当奋勉。"后来的奋勉或者有之，至于第二功则无可报了。虽然，败仗仍可报胜仗，自己求和仍可报外夷"恳求皇帝施恩，准予止战通商"。皇帝远在北京，何从知道？这就是杨芳日后顾全面子的方法。左宗棠的信息既间接得自果勇侯，就不足信；何况果勇侯传出这信息的时候，既在途中，亦必间接得自广东来者？至于琦善"欲即斩生夷灭口"之说，遍查中外在场人员的记载均未发现。独在湖南安化乡中教书的左先生知有其事，且认为"情状昭著"，岂不是甚奇了！

同时广东的按察使王庭兰反说他屡次劝琦善杀义律而琦善不许。他写给福建道员曾望颜的信述此事甚详："义律住洋行十余日。省河中夷船杉板数只而已，不难擒也。伊亦毫无准备。有时义律乘轿买物，往来于市廛间。此时如遣敢死之士数十人拴之，直囊中取物耳。乃屡次进言于当路，辄云现在讲和，未可轻动。是可谓宋襄仁义之师矣。"琦善倘得了"西人金巨万"，授之者必是义律；"欲即斩生夷灭口"，莫若斩义律。琦善反欲效"宋襄仁义之师"，岂不更奇了！王庭兰的这封信又形容了琦善如何节节后退："贼到门而门不关，可乎？开门揖盗，百喙难辞。"王庭兰既是广东的按察使，他的信既由闽浙总督颜伯焘送呈御览，好像应该是最好的史料。不幸琦善在广东的时候，义律不但未"住洋行十余日"，简直没有入广州。这封信在显明的事实上有此大错，其史料的价值可想而知了。

琦善倘若撤了广州的防具，撤防的原动力不是英国的贿赂，这是我们可断定的。但是到底琦善撤了防没有？这是当时及后来攻击琦善的共同点，也是琦善与鸦片战争的军事关系之中心问题。道光二十年的秋末冬初——宣宗最信任琦善的时候——撤防诚有其事，然撤防的责任及撤防的程度则大有问题在。

宣宗是个极尚节俭的皇帝。林则徐在广东的时候，大修军备，但是宣宗未曾一次许他拨用库款，林的军费概来自行商及盐商的捐款。二十年六月七日，英军占了定海。于是宣宗脚慌手忙地饬令沿海七省整顿海防。北自奉天，南至广东，各省调兵、募勇、修炮台、请军费的奏折陆续到了北京，宣宗仍是不愿疆吏扣留库款以作军费。当时兵部尚书祁寯藻和刑部右侍郎黄爵滋正在福建查办事件。他们同闽浙总督邓廷桢及福建巡抚吴文镕会衔建议浙江、福建、广东三省应添造大船六十只，每只配大小炮位三四十门，"通计船炮工费，约须银数百万两"。他们说："当此逆夷猖獗之际，思卫民弭患之方，讵可苟且补苴，致他日转增靡费。"宣宗不以为然。他以为海防全在平日认真操练，认真修理，"正不在纷纷添造也"。此是道光二十年七月中的情形。

八月中，琦善报告懿律及义律已自大沽带船回南，并相约沿途不相攻击，静候新派钦差大臣到广东与他们交涉。宣宗接了此折，就下一道上谕，一面派琦善为钦差大臣，一面教他"将应撤应留各兵分别核办"。琦善遵旨将大沽的防兵分别撤留了。

九月初四，山东巡抚托浑布的奏折到了北京，报告英国兵船八只果于八月二十二三路过登州，向南行驶。托浑布买了些牛羊菜蔬"酌量赏给"。因此"夷众数百人一齐出舱，向岸罗拜，旋即开帆南驶。

一时文武官弁及军吏士民，万目环观，咸谓夷人如此恭顺，实出意料之外"。宣宗以为和议确有把握，于是连下了二道谕旨，一道"着托浑布体察情形，将前调防守各官兵酌量撤退归伍，以节靡费"；一道寄给盛京将军耆英、署两江总督裕谦及广东巡抚怡良，"着详加酌核，将前调防守各官兵分别应留应撤，妥为办理"。适同日闽浙总督邓廷桢奏折到京，报告从福建调水勇八百名来浙江。宣宗就告诉他，现在已议和，福建的水勇团练应分别撤留，"以节靡费"。是则道光二十年九月初，琦善尚在直隶总督任内，宣宗为"节省靡费"起见，已令沿海七省裁撤军队。

琦善于十一月六日始抵广东。他尚在途中的时候沿海七省的撤防已经实行了。奉天、直隶、山东与战争无关系，可不必论。南四省中首先撤防者即江苏。裕谦于十月三日到京的折内报告，共撤兵五千一百八十名。并且"各处所雇水陆乡勇亦即妥为遣散"。十月十七日的报告说接续又撤了些，"统计撤兵九千一百四十名"。广东及浙江撤兵的奏折同于十一月一日到京。怡良说："查虎门内外各隘口，兵勇共有万人。督臣林则徐前次奉到谕旨，当即会同臣将次要口隘各兵陆续撤减二千余名。臣复移咨水陆各提镇，将各路中可以撤减者再为酌核情势，分别撤减以节靡费。"撤兵的上谕是九月初四发的，罢免林则徐的上谕是九月初八发的。怡良所说广东初次撤兵是由林与他二人定夺，此说是可能的。怡良署理总督以后，又拟再撤，但未说明撤多少。伊里布在浙江所撤的兵更多，照他的报告共撤六千八百名，共留镇海等处防堵者五千四百名。南四省之中，唯福建无撤兵的报告。

总结来说，与鸦片战争有关系的四省，除福建不明外，余三省——江苏、浙江、广东——均在琦善未到广东以前，已遵照皇帝的谕旨，实行撤兵。江苏所撤者最多，浙江次之，广东最少。广东在虎门一带至少撤了两千兵勇，至多留了八千兵勇。道光二十年秋冬之间，撤防诚有其事，并且是沿海七省共有的，但撤防的责任不能归诸琦善，更不能归诸他一人。

琦善未到任以前的撤防虽不能归咎于他，他到任以后的行动是否"开门揖盗"？二十年十二月和二十一年二月的军事失败是由于琦善到任以后的撤防吗？散漫军心吗？陷害忠臣吗？

琦善初到广东的时候，中、英已发生军事冲突，因为中国守炮台的兵士攻击了义律派进虎门送信而挂白旗的船只。这不但犯了国际公法，且违了朝廷的谕旨，因为宣宗撤兵的上谕已经明言：除非外人起衅，沿海各处不得开火。琦善本可惩办，但他的奏折内不过说："先未迎询来由，辄行开炮攻打，亦不免失之孟浪。"接连又说："惟现在正值夷兵云集、诸务未定之时，方将激励士气，借资震慑而壮声威。若经明白参奏，窃恐寒我将士之心，且益张夷众桀骜之胆。"同时他一面咨行沿海文武官吏在未攻击之先须询明来由，"一面仍以夷情叵测，虎门系近省要隘，未便漫无堤防，随饬委署广州府知府余保纯、副将庆宇、游击多隆武等前往该处，妥为密防"。是则琦善不但不愿散漫军心，且思"激励士气"；不仅未撤防具，且派员前往虎门"妥为密防"。

十二月初，和议暂趋决裂。琦善"遂酌调肇庆协兵五百名，令其驰赴虎门，并派委潮州镇总兵李庭钰，带弁前往帮办。又酌调督标兵五百名，顺德协兵三百名，增城营兵二百名，水师提标后营兵二百名，水师提标前营兵一百五十名，永靖营兵一百名，拨赴距省六十里之总路口、大濠头、沙尾、猎德一带，分别密防，并于大濠头水口填石沉船，借以虚张声势，俾该夷知我有备"。总共增兵一千九百五十名，不能算多，且广州第一道防线的虎门只五百名，虎门以内大濠头诸地反增一千四百余名。于此我们就可窥测琦善对军事的态度及其所处地位的困难。他在大沽与英人交涉的时候，就力言中国万非英国之敌。到了广东，他的奏折讲军备进行者甚少，讲广东军备不可靠者反多。如在十二月初四的具折内，他说不但虎门旧有的各炮台布置不好，"即前督臣邓廷桢、林则徐所奏铁链，一经大船碰撞，亦即断折，未足抵御。盖缘历任率皆文臣，笔下虽佳，武备未谙。现在水陆将士中又绝少曾经战阵之人，即水师提臣关天培亦情面太软，未足称为骁将。而奴才才识尤劣，到此未及一月，不但经费无出，且欲置造器械，训练技艺，遴选人才，处处棘手，缓不济急"。琦善对军事既如此悲观，故不得不和；然和议又难成，不得不有军备，"借以虚张声势"，"俾该夷知我有备"；且身为总督，倘失地责不容辞。但军备不但"缓不济急"，且易招外人之忌，和议更易决裂，故只能"妥为密防"，且只能在虎门内多增军队，所以他犹疑不决。结果国内主战派攻其"开门揖盗"，英人则责其无议和的诚心，不过迁延时日，以便军备的完竣。他们说："此种军备进行甚速。"（Were going on with the utmost expedition.）英人采先发制人的策略，遂于十二月十五日晨攻击大角、沙角两炮台。

　　结果中国大失败。二个炮台均失守；水师船只几全覆没；兵士死者约五百，伤者较少；炮位被夺被毁者共一百七十三尊。英人方面受伤者约四十，死亡者无人。防守大角、沙角者约两千人，英兵登陆来攻者共一千四百六十一人，内白人与印度人约各半。此役中国虽失败，然兵士死亡之多足证军心尚未散漫。炮位损失有一百七十三尊，内二十五尊在大角，七十二尊在沙角，余属师船，足证防具并未撤。我们还须记得：在虎门十台之中，大角、沙角的地位不过次要。道光十五年整理虎门防务的时候，关天培和署理粤督祁𡎴就说过："大角、沙角两台在大洋之中，东西对峙，惟中隔海面一千数百丈，相距较远，两边炮火不能得力，只可作为信炮望台。"平时沙角防兵只三十名，大角只五十名；十二月十五日之役，二台共有兵士二千名，不能算少。至于军官及兵丁的精神，外人众口一词地称赞。虽然，战争不满二时而炮台已失守，似无称赞的可能。欧洲的军士对于败敌，素尚豪侠，他们的称赞不能不打折扣。但是我们至少不应说琦善"开门揖盗"。

此役以后，琦善主和的心志更坚决，遂于十二月二十七日与义律订了草约四条。他虽然费尽了心力求朝廷承认草约，宣宗一意拒绝。愈到后来，朝廷催战的谕旨愈急愈严。琦善于无可如何之中，一面交涉，一面进行军备。他的奏折内当然有调兵增防的报告，但我们可利用英人的调查以评他的军备。正月二十三日，义律派轮船"涅墨西斯"号到虎门去候签订正式条约日期的信息。此船在虎门逗留了四天，看见威远、镇远及横档三炮台增加沙袋炮台，并说三台兵士甚多。别的调查的船只发现穿鼻的后面正建设炮台，武山的后面正填石安桩以塞夹道。二月一日，义律亲自到横档，查明自"涅墨西斯"号报告以后，又加了十七尊炮。二月二日，英人截留了中国信船一只，内有当局致关天培的信，嘱他从速填塞武山后的交通。于是英人确知琦善已定计决战，遂于二月五日下第二次的攻击令。

道光二十一年二月五日、六日的战役是琦善的致命之伤，也是广东的致命之伤。战场的中心就是威远、镇远、横档三炮台，所谓虎门的天险。剧烈的战事在六日的正午。到午后二点，三台全失守。兵士被俘虏者约一千三百名，阵亡者约五百名，提督关天培亦殉难。炮位被夺被毁者，威远一百零七尊，临时沙袋炮台三十尊，镇远四十尊，横档百六十一尊，巩固四十尊。此役的军心不及十二月十五日。横档的官佐在开战之初即下台乘船而逃，且锁台门以防兵士的出走。然亦有死抗者。失败的理由不在撤防，因为炮台上的兵实在甚多，炮位亦甚多，而在兵士缺乏训练及炮的制造与安置不合法。失败之速则由于关天培忽略了下横档。此岛在横档的南面，镇远的西面。关天培以为横档及威远、镇远已足以制敌，下横档无关紧要，故在道光十五年整理虎门防备的时候就未注意。不料英人于二月五日首先占领下横档，并乘夜安大炮于山顶。中国的策略只图以台攻船，而二月六日英人实先以台攻台。战争的失败，琦善或须负一部分的责任，但是说他战前不设备，战中节节后退，不但与事实相反，且与人情相反。英人大卫甚至说琦善的军备已尽人事天时的可能。时人及以后的历史家当然不信中国反不能与"岛夷"敌。他们说中国所以败全由宣宗罢免林则徐而用琦善。他们以为林是百战百胜的主帅，英人畏之，故必去林而后始得逞其志。英人在大沽的交涉不过行反间之计。时人持此论最力者要算裕谦。江上蹇叟（夏燮）根据他的话就下了一段断语，说："英人所憾在粤而弃疾于浙者，粤坚而浙瑕也。兵法攻其瑕而坚者亦瑕。观于天津递书，林、邓被议，琦相入粤，虎门撤防，则其视粤也如探囊而取物也。义律本无就抚之心，特借琦相以破粤东之局。"魏源的论断比较公允，然亦曰欲行林的激烈政策，"必沿海守臣皆林公而后可，必当轴秉钧皆林公而后可"。不说"沿海守臣"及"当轴秉钧"，即全国文武官吏尽是如林则徐，中国亦不能与英国对敌。在九龙及穿鼻与林则徐战者不过一只配二十八尊炮的"窝拉疑"号及一只配二十尊炮的"比丘林"号。后与琦善战者有陆军三千，兵船二十余只，其大如"韦尔斯利"号、"布伦海姆"号、"梅尔维尔"号，皆配七十四尊炮。然而九龙及穿鼻的战役仍是中国失败，且虎门失守的时候，林则徐尚在广州，且有襄办军务的责任！英国大军抵华以后，不即攻粤而先攻定海者，因为英政府以为广东在中国皇帝的眼光里，不过边陲之地，胜负无关大局，并不是怕林则徐。当时在粤的外人多主张先攻虎门，唯独《中国丛报》反对此举，但亦说，倘开战，虎门炮台的扫平不过一小时的事而已。至于去林为英国的阴谋，更是无稽之谈。英人屡次向中国声明，林之去留与英国无关系。实则林文忠的被罢是他的终身大幸事，而中国国运的大不幸。林不去，则必战，战则必败，败则他的声名或将与叶名琛相等。但林败，则中国会速和，速和则损失可减少，且中国的维新或可提早二十年。鸦片战争以后，中国毫无革新运动，主要原因在时人不明失败的理由。林自信能战，时人亦信其能战，而无主持军事的机会，何怪当时国人不服输！

战争失败的结果就是《南京条约》，这是无可疑问的。但战争最后的胜负并不决在虎门，而决在长江，《南京条约》的签字距虎门失守尚有一年半的工夫。到了道光二十二年的夏天，英国军队连下了吴淞、上海，并占了镇江，而南京危在旦夕，这时候朝廷始承认英国的条件而与之订约。正像咸丰末年，英、法虽占了广州省城，清廷仍不讲和，直到联军入京然后定盟。琦善在广东的败仗远不如牛鉴在长江的败仗那样要紧。

总结来说，琦善与鸦片战争的军事关系无可称赞，亦无可责备。

败是败了，但致败的缘由不在琦善的撤防，而在当时战斗力之远不及英国。琦善并未撤防，或"开门揖盗"，不过他对战争是抱悲观的。时人说这是他的罪，我们应该承认这是他的超人处。他知道中国不能战，故努力于外交。那么，他的外交有时人的通病，也有他的独到处。现在请论琦善与鸦片战争的外交关系。

懿律及义律率舰队抵大沽的时候，琦善以世袭一等侯、文渊阁大学士任直隶总督。他是满洲正黄旗人。嘉庆十一年，他初次就外省官职，任河南按察使，后转江宁布政使，续调任山东、两江、四川各省的督抚。道光十一年，补直隶总督。鸦片战争以前，中国的外交全在广东。故琦善在官场的年岁虽久，但于外交是绝无经验的。

道光二十年七月十四日，懿律等到了大沽。琦善遵旨派游击罗应鳌前往询问。罗回来报告说，英人"只谓选遭广东攻击，负屈之由，无从上达天听，恳求转奏"。此种诉屈申冤的态度是琦善对付英人的出发点，是至关重要的。这态度当然不是英政府的态度，那么，误会是从何来的？或者是义律故意采此态度以图交涉的开始，所谓不顾形式只求实际的办法；或者是翻译官马礼逊未加审慎而采用中国官场的文字；或者是琦善的误会。三种解释都是可能的，都曾实现过的，但断断不是琦善欺君的饰词，因为他以后给英人的文书就把他们当作申冤者对待。琦善一面请旨，一面令英人候至二十日听回信。十七日，谕旨下了。十八日琦善即派千总白含章往英船接收正式公文。

此封公文就是英国外部大臣巴麦尊爵士致"大清国皇帝钦命宰相"的照会。此文是全鸦片战争最紧要的外交文案，研究此战争者必须细审此照会的原文与译文。译者遵照巴麦尊的训令只求信、不求雅。结果不但不雅，且不甚达。但除一句外，全文的翻译，确极守信。这一句原文是"to demand from the Emperor satisfaction and redress"，译文变为"求讨皇帝昭雪申冤"。难怪宣宗和琦善把这个外交案当作属下告状的讼案办！

这照会前大半说明英国不满意中国的地处，后小半讲英国的要求。中国禁烟的法子错了。烟禁的法律久成具文，何得全无声明忽然加严？就是要加严，亦当先办中国的官吏，后办外人，因为官吏"相助运进，额受规银任纵"。中国反首先严办外人，宽赦官吏，岂不是"开一眼而鉴外人犯罪，闭一眼不得鉴官宪犯罪乎"？就是要办外人，亦应分别良莠，不应一概禁锢，"尽绝食物，所佣内地工人，见驱不准相助"。如外人不缴烟土，即"吓呼使之饿死"。不但英国商人是如此虐待，即"大英国家特委管理领事""亦行强迫凌辱"。这是"亵渎大英国威仪"。因此层层理由，英国第一要求赔偿烟价；第二要求割让一岛或数岛，作为英商居住之地，"以免（日后）其身子磨难，而保其赀货妥当"；第三要求中国政府赔偿广州行商的积欠；第四要求以后中、英官吏平等相待；第五要求赔偿战费及使费。倘中国"不妥善昭雪定事，仍必相战不息矣"。照会内虽未提及林则徐的名字，只说"某官宪"，中外皆知英国所不满意的禁烟办法皆是林的行动。照会的口气虽是很强硬，但全文的方式实在是控告林的方式。

巴麦尊爵士给懿律及义律的训令有一段是为他们交涉时留伸缩地步的。他说倘中国不愿割地，那么可与中国订通商条约，包括：（一）加开通商口岸；（二）在口岸外人应有居留的自由及生命财产的保护；（三）中国须有公布的及一定的海关税则；（四）英国可派领事来华；（五）治外法权。除治外法权一项，余皆为国际的惯例，并无不平等的性质，且并不有害于中国。订商约或割地，这二者，中国可择其一。这点选择的自由就是当时中国外交的机会。要评断琦善外交的优劣就在这一点。

琦善接到了巴麦尊的照会，一面转送北京请旨，一面与懿律约定十天内回答。廷臣如何计议，我们不能知其详细。计议的结果，就是七月二十四日的二道谕旨。一道说："大皇帝统驭寰瀛，薄海内外，无不一视同仁。凡外藩之来中国贸易者，稍有冤抑，立即查明惩办。上年林则徐查禁烟土，未能仰体大公至正之意，以致受人欺朦，措置失当。兹所求昭雪之冤，大皇帝早有所闻。必当逐细查明，重治其罪。现已派钦差大臣，驰至广东，秉公查办，定能代申冤抑。该统帅懿律等，着即返掉南还，听候办理可也。"此道上谕可说是中国给英国的正式答复。其他一道是给琦善的详细训令。"所求昭雪冤抑一节，自应逐加访察，处处得实，方足以折服其心……俾该夷等咸知天朝大公至正，无稍回护，庶不敢借口申冤，狡焉思逞也。"至于割让海岛，"断不能另辟一境，致坏成规"。所谓"成规"，就是广东一口通商。行商的积欠，"亦应自为清理，朝廷何能过问"？换言之，广东行商所欠英人的债，英人应该向行商追讨，何得向朝廷索赔？"傥欲催讨烟价，着谕以当日呈缴之烟，原系违禁之件，早经眼同烧毁，既已呈缴于前，即不得索价于后。"这种自大的态度何等可笑！英国所要求者一概拒绝，唯图重治林则徐的罪以了案，这岂不是儿戏！但在当时，这是极自然、极正大的办法。"薄海内外无不一视同仁"，这岂不是中国传统的王道？英国既以控告林则徐来，中国即以查办林则徐回答，这岂不是皇帝"大公至正之意"？

八月二日，琦善即遵旨回答了英国代表。他们不满意，要求与琦善面议。琦善以"体制攸关"，不应该上英国船，遂请义律登岸。八月初四、初五，他们二人在大沽海岸面议了两次。义律重申要求，琦善照谕旨答复，交涉不得要领，最困难的问题是烟价的赔偿。八月十八、十九日琦善复与懿律移文交涉，他最后所许者，除查办林则徐外，还有恢复通商及赔烟价的一部分两条。"如能照常恭顺，俟钦差大臣到彼查办，或贵国乞恩通商，据情具奏，仰邀恩准，亦未可定。""如贵统帅钦遵谕旨，返棹南还，听钦差大臣驰往办理，虽明知烟价所值无多，要必能使贵统帅（懿律）有以登复贵国王，而贵领事（义律）亦可申雪前抑。果如所言，将有利于商贾，有益于兵民，使彼此相安如初，则贵统帅回国时，必颜面增光，可称为贵国王能事之臣矣。"英国代表于是"遵循皇帝的意旨"（in compliance with the pleasure of the Emperor）开船往广东，并约定两国停止军事行动。

英国政府所以教懿律及义律带兵船来大沽者，就是要他们以武力强迫中国承认英国的要求。懿律等在大沽虽手握重兵，然交涉未达目的即起碇回南，且说回南是遵循中国皇帝的意旨。难怪巴麦尊几乎气死了。难怪中国以为"抚夷"成功了。宣宗因此饬令撤防，"以节糜费"，且即罢免林则徐以表示中国的正大。大沽的胜利是琦善得志的阶梯，也是他日后失败的根由。懿律等的举动不但不利于英国，且不利于中国，因为从此举动发生了无穷的误会。但他们也有几种理由：彼时英兵生病者多，且已到秋初，不宜在华北起始军事行动。琦善态度和平，倘与林则徐相比，实有天壤之别。他们想在广东与他交涉，不难成功。他们在大沽不过迁就，并不放弃他们的要求。

琦善在大沽除交涉外，同时切实调查了敌人的军备。他的报告和朝廷改变林则徐的强硬政策当然有密切的关系。英国军舰的高大，这是显而易见的。"又各设有大炮，约重七八千斤。炮位之下，设有石磨盘，中具机轴，只须转移磨盘，炮即随其所向。"此外还有"火焰船"，"内外俱有风轮，中设火池，上有风斗，火乘风起，烟气上熏，轮盘即激水自转，无风无潮，顺水逆水，皆能飞渡"。当时的人如林则徐所拟破夷之法，琦善以为皆不足恃。倘攻夷船的下层，"夷船出水处所亦经设有炮位，是意在回击也"。若欲穿其船底，则外人水兵"能于深五六丈处，持械投入海中，逾时则又跳跃登舟，直至颠顶，是意在抵御也"。此外还有纵火焚烧的法子，"今则该夷泊船，各自相离数里，不肯衔尾寄碇……是意在却避延烧也"。"泥恒言以图之，执成法以御之，或反中其诡计，未必足以决胜。"这是琦善"知彼"的功夫。

对于这样的强敌，中国有足以抵抗吗？琦善说中国毫无足恃。"该夷所恃者为大炮，其所畏者亦惟大炮。"那么，中国正缺乏大炮，譬如在"山海关一带本无存炮，现饬委员等在于报部废弃炮位内检得数尊，尚系前明之物，业已蒸洗备用"。华北如此，华南亦难操胜算。"即如江、浙等省，所恃为外卫者，原止长江大海。今海道已被该夷随处游奕，长江又所在可通，是险要已为该夷所据，水师转不能入海穷追。"假设中国能于一处得胜，英国必转攻别处；假使我们能于今年得胜，英国必于明年再来。"欲求处处决胜，时时常胜，臣实不免隐存意外之虞。""边衅一开，兵结莫释。我皇上日理万机，更不值加以此等小丑跳梁，时殷宸廑。而频年防守，亦不免费饷劳师。"这是琦善"知己"的功夫。

外交的元素不外"理"与"势"。鸦片战争的时候，中、英各执其理，各行其是。故中、英的问题，论审势，论知己知彼的功夫，琦善无疑地远在时人之上。琦善仍是半知半解，但时人简直是无知无解。所以琦善大声疾呼地主和，而时人斥为媚外，或甚至疑其受英人的贿赂。

不幸，十一月六日琦善到广东的时候，国内的空气及中、英间的感情均不利于和议。伊里布在浙江曾要求英国退还定海，英人不允。朝野因之以为英国求和非出于至诚。在英国方面，因中国在浙江抢夺二十多个英国人，且给以不堪的待遇，决战之心亦复增加。十一月内，浙抚刘韵珂、钦差大臣祁㝢藻、黄爵滋、御史蔡家玕相继上奏，说英人有久据定海的阴谋。朝廷主和的心志为之摇动。同时义律在广东多年，偏重广州通商的利益，主张在广州先决胜负。所以他在广东的态度，比在大沽强硬多了。中国对他送信的船开了炮，他就派兵船来报复。所以琦善到广东后的第一次奏稿就说义律的词气"较前更加傲慢"。适此时懿律忽称病，交涉由义律一人负责，琦善莫名其妙。"初六日（委员）接见懿律时，虽其面色稍黄，并无病容，然则何至一日之间，遽尔病剧欲回？"那么此中必有狡计："今懿律猝然而行，或就此间别作隐谋，或其意见与义律另有参差，抑或竟系折回浙江，欲图占据，均难逆料。"所以琦善就飞咨伊里布，教他在浙江严防英人的袭攻。

这样的环境绝非议和的环境，但广东的军备状况，更使琦善坚持和议。他说广东"水师营务，微特船不敌夷人之坚，炮不敌夷人之利，而兵丁胆气怯弱，每遇夷师船少人稀之顷，辄喜贪功，迨见来势强横，则皆望而生惧"。他第一步工作当然是联络感情和缓空气。他教水师参将致信懿律："声明未询原委，擅先开炮，系由兵丁错误，现在严查惩办。"如此冲突免了，而双方的面子都顾到了。同时他又释放了叱咖吨。此不过在澳门外人的一个教书先生，因至海岸游水，民人乘机掳之而献于林则徐以图赏资。英人已屡求释放而林不许。琦善此举，虽得罪了林派，尤为英人所感激。空气为之大变，交涉得以进行。

义律交涉的出发点就是前在大沽所要求的条件：（一）他要求赔偿烟价，首先要二千万元，后减至一千六百万，又减到一千二百万。琦善先许三百万，续加至四百万，又加至五百万。这是市场讲价式的外交。（二）兵费一条，琦善坚决拒绝，"答以此系伊等自取虚糜。我军增兵防守，亦曾多费饷银，又将从何取索"？（三）行商的欠款应由行商赔补。（四）义律允退还定海，但要求在粤、闽、浙沿海地方另给一处。琦善以为万万不可："假以偏隅尺土，恐其结党成群，建台设炮，久之渐成占据，贻患将来，不得不先为之虑。且其地亦甚难择，无论江、浙等处，均属腹地，断难容留夷人，即福建之厦门一带，亦与台湾壤地相连……无要可扼，防守尤难。"（五）中、英官吏平等一节，琦善当即许可。这是十一月二十一日以前交涉的经过。十二月初七的上谕不许琦善割尺寸地，赔分毫钱，只教他"乘机攻剿，毋得示弱"。于是全国复积极调兵遣将了。

这道上谕，十二月二十日左右始到广东。未到之先，琦善的交涉又有进展。烟价的赔偿定六百万元，分五年交付。交涉的焦点在割地，义律要求香港，琦善坚持不可："即香港亦宽至七八十里，环处众山之中，可避风涛。如或给予，必致屯兵聚粮，建台设炮。久之必觊觎广东，流弊不可胜言。"香港即不能得，义律遂要求添开口岸二处。琦善以为"添给贸易马头，较之给予地方，似为得体"。他本意愿添二处，但为讲价计，先只许厦门一处，且只许在船上交易，不许登岸。义律颇讨厌这种讲价式的交涉，遂以战争胁之。琦善虽一面备战，他的实心在求和。他十二月初四所具的折力求朝廷许添通商口岸。粤东防守如何不可靠，他在折内又说了一遍："盖缘历任率皆文臣，笔下虽佳，武备未谙"；"即前督臣邓廷桢、林则徐所奏铁链，一经大船碰撞，亦即断折，未足抵御"。初六日，义律请他到澳门去面议。他以为"无此体制"，并恐"狼子野心""中怀叵测"，只许移文往来。十四日，义律声明交涉决裂，定于明日攻击。琦善的复信尚未发去，中、英已开始战争了。

十二月十五日，大角、沙角失守了，琦善的交涉就让步。二十七日，遂与义律订了《穿鼻草约》：（一）中国割让香港与英国，但中国得在香港设关收税，如在黄浦一样。（二）赔款六百万元，五年交清。（三）中、英官吏平等。（四）广州于道光二十一年正月上旬复市。在英国方面，即时退还定海。此约是琦善外交的结晶。最重要的就是割让香港。在订约的时候，琦善已经接到了不许割地不许赔款的谕旨。照法律他当然有违旨的罪。但从政治看来，琦善的草约是当时时势所可许的最优的条件、最少的损失。我们倘与《南京条约》相较，就能断定《穿鼻草约》是琦善外交的大胜利。《南京条约》完全割香港；《穿鼻草约》尚保留中国在香港收税的权利。《南京条约》开五口通商；《穿鼻草约》仍是广东一口通商。《南京条约》赔款二千一百万元；《穿鼻草约》赔款只六百万元。我们倘又记得义律因订《穿鼻草约》大受了巴麦尊的斥责，我们更能佩服琦善外交了。

订了此约以后，琦善苦口婆心地求朝廷批准。二十一年正月二十五到京的奏折可说是他最后的努力。他说战争是万不可能，因为地势无要可扼，军械无利可恃；兵力不固，民心不坚。"奴才再四思维，一身之所系犹小，而国计民生之同关休戚者甚重且远。盖奴才获咎于打仗之未能取胜，与获咎于办理之未合宸谟，同一待罪，余生何所顾惜？然奴才获咎于办理之未合宸谟，而广东之疆地民生犹得仰赖圣主鸿福，借保乂安。如奴才获咎于打仗之未能取胜，则损天威而害民生，而办理更无从措手。"宣宗的朱批说："朕断不似汝之甘受逆夷欺侮戏弄，迷而不返，胆敢背朕谕旨，仍然接递逆书，代逆恳求，实出情理之外，是何肺腑，无能不堪之至！""琦善着革去大学士，拔去花翎，仍交部严加议处。"部议尚未定夺，怡良报告英人占据香港的奏折已于二月初六到了北京。宣宗即降旨："琦善着即革职锁拿……家产即行查抄入官。"北京审判的不公，已于上文说明。

琦善与鸦片战争的关系，在军事方面，无可称赞，亦无可责备。在外交方面，他实在是远超时人，因为他审察中外强弱的形势和权衡利害的轻重，远在时人之上。虽然，琦善在中国历史上的地位不能算重要。宣宗以后又赦免了他，使他做了一任陕甘总督、一任云贵总督。他既知中国不如英国之强，他应该提倡自强，如同治时代的奕䜣、文祥及曾、左、李诸人，但他对于国家的自强，竟不提及。林则徐虽同有此病，但林于中外的形势实不及琦善那样的明白。

（录自《清华学报》第六卷第三期）

李鸿章——三十年后的评论

　　李鸿章是太平天国和英法联军的产物。咸丰末年，太平天国屡次想夺取上海，沪中绅士就到安庆求曾国藩派兵往援，曾氏无兵可抽，于是就举荐李鸿章另编淮军。同治元年，李氏率了部队直投上海。淮军的新力，加上上海的饷源和华尔及戈登所编的常胜军，以及李氏本人的才能使他得收复江苏东部。李氏遂为同治中兴功臣之一，不久封爵而带大学士荣衔了。

　　因太平天国而立功业得爵位者确不只李氏一人。他的特别在以上海为根据地。他未到上海以前，他不过是翰林出身，居曾国藩门下而为曾氏所器重者。至于世界知识，他毫无超于时人之上者。初到上海的时候，他还向曾氏请教处置洋务的方针。曾氏就用四书上"言忠信""行笃敬"两句话回答他。此外，又说与洋人共同打仗，"纵主兵，未必优于客兵，要自有为之主者与之俱进俱退，偕作偕行"。彼时上海已成中外通商中心。洋务的困难自是当然，然而此困难就是李鸿章的机会，因此他有了几个大发现。第一，中国军器远在西人之下。"……深以中国军器远逊外洋为耻，日戒谕将士虚心忍辱，学得西人一二秘法，期有增益而能战之……若驻上海久而不能资取洋人长技，咎悔多矣。"（同治元年十二月十五日致曾国藩）现代人读这种议论，当然不以为奇特，但那时候"驻上海久而不能资取洋人长技"者确大有人在。李氏在上海仅数月就发现了此点，我们不能不佩服他头脑的灵敏。近人有谓李氏并无所创新，他的事业实不过继承曾氏遗法。曾、李的优劣不在本文范围之内，但到同治年间，李氏对于中外军器差别的认识已比曾氏深切，这是毫无疑问的。在同治二年，李氏常有信给曾氏，要他领导天下改革。"若火器能与西洋相埒，平中国有余，敌外国亦无不足。俄罗斯、日本从前不知炮法，国日以弱。自其国之君臣卑礼下人，求得英、法秘巧，枪炮、轮船渐能制用，遂与英、法相为雄长。中土若于此加意，百年之后，长可自立，仍祈师门一倡率之。"（二年三月十七日）三年他给总理衙门的信说得更激昂，更恳切。"中国士夫沉浸于章句、小楷之积习，武夫悍卒又多粗蠢而不加细心，以致所用非所学，所学非所用。无事则嗤外国之利器为奇技淫巧，以为不必学；有事则惊外国之利器为变怪神奇，以为不能学。（中略）苏子瞻曰：'言之于无事之时，足以有为，而恒苦于不信；言之于有事之时，足以见信，而已苦于无及。'鸿章以为中国欲自强，则莫如学习外国利器。欲学习外国利器，则莫如觅制器之器，师其法而不必尽用其人。欲觅制器之器与制器之人，则或专设一科取士，士终身悬以为富贵功名之鹄，则业可成，艺可精，而才亦可集。"（此稿见《同治朝筹办夷务始末》卷二十五。）同时曾国藩尚持行军在人不在器之说（但此说亦有相当理由）。在李鸿章指导之下，不久淮军已较湘军为更强，缘故不外淮军军器西洋化的程度超过了湘军。

李鸿章在上海的第二个大发现是西洋利器是中国所能购置，而且所能学制的。李鸿章以前，中国大官总认洋人为狼子野心，切不可与亲近。他在上海一变旧态。结果，他知道了外国人也讲信义，也有文明。相交得法，也能为中国出力。所以除军事上竭力联络戈登外，他又用了马格里替他在苏州创设枪炮厂。

十此我们可以知道李鸿章因平太平天国而到上海所得之功名与教育和他终生事业关系的重大。没有那种功绩，他在政界就难得他以后所占的地位。没有得到那种教育，就是有了他以后的地位，他也不能做大事业。

英法联军入北京与李氏的终生事业也有大关系。咸丰十年以前，北京较各省更加顽固。我们单就恭亲王奕䜣一人讲。咸丰八年，桂良同花沙纳在天津与英、法、美、俄四国交涉的时候，恭亲王大反对长江开通商口岸，以为外人进长江去做买卖就会霸占长江流域的土地。同时他提议捕杀英国翻译官李泰国以了事（参看《咸丰朝筹办夷务始末》卷二十六）。到咸丰十年，英法联军入京，咸丰皇帝逃往热河，恭亲王出而主持交涉。咸丰八年至十年的经验也给了他和文祥二个教训:（一）中国军器远不及西洋军器;（二）洋人愿意卖和教他们的利器与华人。从此以后北京也有要人从梦中醒过来者。京外大吏如曾、左、李有所建议，京内的恭亲王和文祥从旁赞助;同时恭亲王和文祥倘有新政而遭阻挠，则京外的要人如曾、左、李可以拥护。此数人的合作产生了同治、光绪年代的自强运动，这是中国近代史的大前段。而在此段史中的主动人物要算李鸿章。当然，论地位，李尚在恭亲王和曾文正之下;论时望，他也在曾之下;论政治的大布置，他或者也在曾之下。但论图进之急、建设之多、创造局面之大及主政之久，他在同、光两朝实无人可与其比。但是倘若没有英法联军，他就难得京内的要人替他说话。在上海讨太平天国的经验预备了李鸿章来提倡自强，而英法联军为李鸿章预备了相当的时机。所以我说李鸿章是太平天国和英法联军的产物。

在同治时代，"自强"是政界的新名词、新潮流，正像以后的"维新"和"革命"。"自强"的意义不以洋器来治洋人。李鸿章的自强事业，具体说来，有以下诸种。关于军事者：练洋枪队洋炮队，设立兵工厂，办新式海军。关于交通而附带有军事及经济目的者：设立造船厂，创招商轮船局，筑电线，修铁路。关于经济者：开矿和办纱厂。关于教育者：办军事学校和方言馆，派学生出洋。以上的事业，有些是曾国藩和李鸿章共同主办的，有些是李氏一人办的。最初的动机是军事的，始终军事方面是偏重的，但后来教育、交通、工业均牵连起来了。事业不能不算多，范围不能不算广。到了甲午年间，中国的天下几乎是李鸿章一人支撑的。与他同时的俾斯麦和伊藤都没有负他那样重担的，做他那样多的事业。

却是甲午年李鸿章的失败，就暴露于全地球了。因此中国的腐弱也大暴露于全世界了。此后外交和内政都换了新面目，中国历史已入了新时期。失败的理由颇复杂，我要简略说说这些理由。我的主要目的不在判断是非贤愚，而在了解李鸿章及其时代。

（一）掣肘者太多。李的事业既然多，所需用的钱款自然也多了。李直接所辖的区域仅直隶一省。户部不足靠，所必须依靠者就是其他省份的协济。当时的督抚很像近年的军阀：畛域之见是深入骨髓的，国家的观念是浅过于皮肤的。各省对于北洋的协济虽经朝廷颁有定额，各省总是托词水灾、旱灾或地方各种急需而延宕和折扣。此外顽固的、不明世情的御史妄发言论，阻挠事业的进行，与李氏处对敌地位的大臣如李鸿藻、翁同龢辈简直以打倒李鸿章为快幸。乙未在马关议和初次与伊藤开议的时候，李氏因有感而对伊藤说："我国之事囿于习俗，未能如愿以偿……自惭心有余而力不足。"又说："现在中国上下亦有明白时务之人，惜省分太多，各分畛域，有似贵国封建之时，互相掣肘，事权不一。"光绪十一年李鸿章与伊藤在天津会议的时候，中、日尚称平等；到二十一年马关会议的时候，一则胜，一则败；一则俨然世界上一新强权，一则仍旧半中古世的腐弱国家。所以李氏再三称羡伊藤在日本做事的容易。原来中国社会是奇特的：尸位素餐者往往得升官发财；居位而事事，而认真，而坚持一系统的计划者，无不受人的攻击，甚至身败名裂。在这种社会里，李鸿章能做出他那种成绩，已经难得了。

（二）李氏人格的特别。时人赞扬李氏的才能者，就他问计者甚多，但无一人服其德。他的人格能入人之脑而不能入人之心。他能掌政而不能掌教。他影响了一时的大政而不能移易风俗的毫末。在这方面，他不但不及曾国藩，就是张之洞亦在他之上。他不是中国传统的理想政治家。我们看看曾的全集和张的全集就知道他们对于修身治学是很努力地，是当大事业做的；一看李的全集，我们只看见"做事"，看不见"为人"。在西洋的社会里，本着才与智的势力或能成大事；在中国的社会里，才智以外，非加上德的感化力不可。上面所说的反动分子一大部分也就是因为李鸿章的德望不足以服人。但是关于这一点，我们不要说得过大，反对他的人那样多还有别的缘故。他所办的事业是新事业，处处牵连洋人与机器。他所需用的人才是"洋务家"，不是"士夫沉浸于章句、小楷之积习"者。所以在李氏小朝廷活动而居要职者如盛宣怀、马建忠、伍廷芳、袁世凯、徐润、李凤苞诸人没有一个是"正途出身"的。那班翰林先生不免有点妒忌。

虽然，李鸿章缺乏"德望"的帮助，这是毫无疑问的。一种流弊是引起时人的反对，另一种流弊，是他左右的腐化。中国衙门办事虽有一定的则例和手续，但靠则例来防弊，这是万万做不到的。何况买枪炮、制枪炮、开工厂等新事业既出旧衙门则例之外，又有大宗款项出入？甲午的失败大部分由于军需品的假劣。在中国衙门里，除非主官以身作则、以德感人，弊端是不能防的。这步功夫，李鸿章不但没有做到，简直就没有做。官场舞弊是世界各国通有的病，不过在中国几成了做官的正业，舞弊的方法已经成了一种美术，会做官者就是会舞弊者。中国近代第一期的新事业就因此失败。

近人多批评李鸿章只图改革皮毛，不图改革根本，这说是有理的。李鸿章的改革，上文已经说过，是偏重军事。政制的改革以及人民心理的改革则是在他度量之外。这些基本不改而徒改军队是绝不能成功的。不过西洋文化的真相，李鸿章实在不知道，也无从知道。西洋十九世纪文明的一种产物——机器，他是看见过、实用过，而深知其价值的；至于其他两种产物——民治主义和民族主义——他是不曾认识过的。所以他以吸收机器，尤其是军事的机器，当作他的终生的大事业和国家当时的急务，此其可原谅者一。他的事业，虽系"皮毛"的，已受人的反对。甲午以前，若他再提政制和民情的改革，他将不容于世了，此其可原谅者二。甲午以后直到现在，我们饱尝了政制和民情的改革。欲得改革的代价，谈何容易？此其可原谅者三。

这些话都是废话。此文不是为李鸿章辩护的，是为了解李鸿章及其时代的。李的事业是那样，因为他的智识人格和所处的环境是那样。他做事的动机是对外的，是要一反鸦片战争以后中外不平等的局势的。他救中国全盘的计划是以自强为体，外交为用。在自强功夫未到相当程度以前，他想用外交来弥缝。所以他一生的精力一半用在外交上。

李鸿章于同治九年（一八七〇年），继曾国藩为直隶总督，不久兼北洋通商大臣。此年以前，他不过参加过总理衙门的计议，并没有办过一件外交大案。到北洋后，他与外交的关系一天比一天地密切了。从同治九年至光绪二十七年，中国虽有总理衙门，实在的外交总长可说是李鸿章。这三十年的外交大局是怎样呢？一八七〇年正值普法之战，德意志及意大利就在这时统一了。从此列强之中又加上二个竞争者。并且在十九世纪的前半，世界唯一的工业国家是英国；在后半，尤其末后三十年，德、美工业进步的速度反在英国之上，向外发展之竞争愈来愈激烈。同时东方尚有日本的维新。在同治元年，日本方起始维新的时候，李鸿章就以为太可怕。照他的看法，外面的压力和国内的自强正在那里赛跑，而自强已经落在压力之后，非全国努力赶上去不足以图存。这是他的根本思想，实在具有政治家的眼光。同时他又觉得日本之患尚急于西洋各国。西洋的向外发展不限于中国，中国以外尚有非洲、近东和中亚；日本要向外发展只能向中国。且西洋彼时所垂涎中国的土地，如俄于新疆，英于缅甸，法于安南，皆非根本重要之地。日本于朝鲜则不然：中、朝唇齿相依，失朝鲜，则东三省难保，直隶山东也受影响。所以在光绪初年筹议海防经费的时候，他主张暂弃新疆，以便集中财力于海军，因左宗棠的反对，他的计划没有实行。光绪五年，崇厚与俄国立约，割让了伊犁的要区。当时舆论很激烈，要废崇厚所立的条约，甚至要处崇厚以死刑，闹得中、俄几乎宣战。李鸿章起初反对废约，后又反对战争。他的理由就是中国不能东西兼顾，而西陲的利害关系远不如东藩那样重要。光绪

八、九、十年中法争安南的时候，他又主张中国不要积极，他的理由又是中国不能兼顾朝鲜与安南；与其失朝鲜而保安南，不如失安南而保朝鲜。何况安南万不能保，而朝鲜则有一线之望？此中轻重缓急的权衡不能说不妥当。

李鸿章以保朝鲜为他的外交的中心，这是毫无疑问的。他在朝鲜的失败少半是外交的，大半是军事的。光绪五年以前，他虽然知道了朝鲜的重要，却还没有想出一个政策。在那年，他有信致朝鲜国王为其拟了一种外交政策（此信是薛福成代笔的，见《庸盦文外编》卷三）。他劝朝鲜国王多与西洋各国立通商和好条约，以便借西人通商的势力来抵制日本的野心。倘若西人在朝鲜有经济的利益，当然不愿意日人势力太大，这是李鸿章的朝鲜政策的第一步。八年，美国因中国的介绍果与朝鲜立约。以后法、英、德诸国都在朝鲜得了通商的权利。第一步算成功了。

朝美条约签字以后不久，朝鲜发生第一次内乱，李鸿章适回籍，直隶总督由张树声署理。一班谋士如薛福成、马建忠主张中国火速派兵入朝鲜代平内乱。张氏乃派丁汝昌带北洋海军、吴长庆带庆军入朝鲜。从军事上看来，这次中国为时过早。日人唯恐英、俄得势，转怂恿中国行积极政策。这是中日战争前的一大关键。中国在当时有两条路可走，或提国际共保朝鲜，或由中国单独行积极政策。李鸿章所采取的是第二条路，因为国际共保有碍中国宗主权，而且很难持久，又因为第二路当时走得通。日、俄、英在彼时都觉得朝鲜受中国支派为害最小。英国唯一目的在防俄；中国能防俄，他的目的就达到了。所以直到甲午，英国总是鼓励中国前进，唯患中国向朝鲜不充分积极。日、俄两国野心均大，但均以时机未到，不如一时让中国看守朝鲜，将来从中国手夺来不是难事。甲午以前的八年，日本及俄国都取消极政策，中国得为所欲为。

适中国在朝鲜有一人敢行而又能行这种政策——袁世凯。他的积极远在李鸿章之上。俄朝勾结的时候，他主张灭朝鲜，这就是重提张謇的政策。这事几乎实现了。不过在李、袁合作之下，这政策变了方式。这中曲折无须缕述。袁世凯终究收握朝鲜的海关和电政。朝鲜借外债只能向中国，朝鲜用外人须得中国同意，朝鲜与西洋通使必须谨守中国所定的条件。这个政策不但与国际共保相反，且与李鸿章最初所拟的政策不符。在光绪五年至八年，李鸿章唯恐朝鲜不与外国发生关系；十二年以后，他转而阻止朝鲜与西洋接近。袁在朝鲜愈得力愈高兴，李鸿章也不一察此中的流弊。到了光绪二十年，中国在朝鲜宗主权已非旧日不干预内政的宗主了，完全成功，内乱由中国代平了，乱党首领大院君李昰应由丁吴囚送保定了。这个小胜利遂使时人生轻敌之心。吴长庆的幕友张謇提议中国简直灭朝鲜，张佩纶及邓承修又奏请派李鸿章率师东征日本。此种积极政策与李的本意不符，他一概反对而不实行。但当时做吴长庆的前敌营务处者就是袁世凯，他时常与张謇往来，此种计划遂深入他的思想。

从外交上看来，此役中国并没有占便宜，因为日本直接与朝鲜订了条约，许日本驻兵汉城护卫使馆。从此中、日在朝鲜京都都有军队，冲突是时时可发生的。光绪十年中法战争紧急的时候，中、日在朝鲜王宫前面果短兵相接了。那次中国军事又得胜利，而外交反又失败。结束中、日冲突的李鸿章、伊藤协定明文地许了日本有与中国同等的派兵入朝鲜的权利，后患就伏种于此。

当时德国驻朝代表向李鸿章条陈了一种意见，要中国出头与列强交涉共同担保朝鲜的独立和中立。这是很有意思的建议，因为朝鲜与中国的关系虽甚重要，但重要专在国防。朝鲜果能永久独立，不为他国所据，则中国的国防也最巩固了。并且朝鲜既有国际的担保，中国的责任也就轻了。岂不极是经济吗？光绪十一、十二年的时候，英、俄也加入朝鲜的角逐。英为防俄遂占巨文岛。俄国野心甚大，向朝鲜宣称愿负保护之责，但俄人亦知已经变为新式的，如当时英国在埃及那样了。日本若再不动手将后悔无及。这是中日战争的远因。

李鸿章行这种政策并不是因为他觉得中国自强功夫已到了相当程度可以有为，是因为他误认日、俄的消极为永久放弃他们的野心。由这种误会他自己也坠入大雾之中了。这是他外交的第一大错。

《马关条约》以后，他与俄国订联盟密约是他的第二错。联盟不能不出代价，而中国一给俄国若何权利，他国不能不效尤，因为世界势利的均衡不能不维持。中日战争以后，中国在国际上只能偷生，但于势力均衡机会均等之下偷生则可，于一强国羽翼之下偷生则不可。而李氏于庚子的外交尚以联俄为上策，东三省的问题从此愈演愈危了。

上文已经说过李氏自强政策失败的理由。外交弥缝的失败根本在于李氏还未看透世界的大势。这是我们事后之明，不应拿来做批评的根据。在当时，他还有一个政策，别人则袖手无策。他还有半知，别人则全不知；李鸿章不能救国，他人无须说了。

（录自《政治学论丛》，一九三一年，创刊号）

最近三百年东北外患史
（从顺治到咸丰）

小引

这个小小的研究报告是二十年前写的。原文登在《清华学报》第八卷第一期。因为国人对于中俄关系及东北问题的看重，所以把这个研究报告作为单行本刊印出来。

二十五年以前，我曾试对外交当局贡献一点意见。我说过："东北问题的重要不在不平等条约问题之下，而其困难反有过而无不及。我们应该早为预备。"我那时在南开大学教书，不但未入政界，并且没有意思参加政治。我的建议不过根据我的研究，提出来以供当局参考。

因为我深感东北问题的重要，所以在我的研究工作中，东北占主要位置。可惜在最近这十几年中，我不能继续有系统地研究。我原来希望搜集中外的史料，把咸丰以后的东北外患史也写出来，现在好像找不到这样一个机会。如果有学者愿意担负这种工作，我愿意尽力协助。

廷黻　民国四十一年九月十六日于纽约

一　俄国的远东发展

我族在东北的历史虽变故多端，但概括说，可分为两大时期。清朝以前，在东北与我族相抗的，不是当地的部落，就是邻境的民族，其文化程度恒在我族之下。最近三百年的形势就大不同了。从清初到现在，这三百年中，东北最初受了远自欧洲来的俄罗斯之侵略，最近又遭了西洋化的日本之占据，而其他列强亦曾插足其中。现在东北已成所谓世界问题。纵不说最近三百年的侵略者之文化高于我族，我们不能不承认他们的国力又非我们所能比抗。

俄国的历史颇有与我相同的。在十三世纪，蒙古人一方面向南发展，并吞了华北的金及华南的宋；另一方面又向西发展，简直席卷了中央亚细亚及俄罗斯，直到波兰。我国受蒙古人的统治不满百年，即由明太祖在十四世纪的下半叶光复了祖业。俄国终亦得到解放。唯蒙古人在俄国的施政并不如在中国那样积极，而同时俄人民族的观念亦不及我族发展之早，故俄国的光复运动到十五世纪始由莫斯科公国率领进行，其完成尚在十六世纪伊凡四世的时候。总计起来，俄国的光复比我国迟了二百年。

俄国反蒙古人的运动虽较迟，其发展之积极及持久反为我们所望尘莫及。我族自明成祖以后，保守尚感不足，遑论进取。俄国则不然。俄人初越乌拉山而角逐于西伯利亚者为叶尔马克，所带队伍仅八百四十人；其时在公历一五七九年，即明万历七年。此后勇往直前，直到太平洋滨为止。一六三八年（崇祯十一年），俄国的先锋队已在鄂霍次克海滨建设了鄂霍次克城。六十年内，全西伯利亚入了俄国的版图，其面积有一千多万平方公里，比欧洲俄罗斯还大一倍。

俄国在西伯利亚的拓展并未与我国接触，所以无叙述之必要。但其经过有两点足以帮助我们了解日后中、俄初次在黑龙江的冲突，不能不略加讨论。

第一，俄国在西伯利亚发展之速得了天然交通的资助。西伯利亚有三大河流系统：即鄂毕系统、叶尼塞系统及勒拿系统。鄂毕、叶尼塞及勒拿三大河虽皆发源于南而流入北冰洋，但其支河甚多，且大概是东西流的。一河流系统之支河与其邻近河流系统之支河往往有相隔甚近者，且二者之间有较低的关道可以跋涉。俄人过乌拉山就入鄂毕系统，由鄂毕系统转入叶尼塞系统，再转入勒拿系统，就到极东了。

俄人在西伯利亚所养成的交通习惯与日后中、俄两国在黑龙江的冲突有很大的关系。因为黑龙江及其支河可说是亚洲北部的第四大河流系统，其他三大河皆由南向北流，唯独黑龙江由西向东流而入海，所以在自然交通时代，黑龙江是亚洲北部达东海最便捷之路。并且俄人有好几处可以由勒拿系统转入黑龙江系统。黑龙江上流有一支河名石勒喀河；石勒喀河复有一支河名尼布楚河（尼布楚城因河得名）。尼布楚河发源之地离维季姆河发源之地甚近。维季姆河就是勒拿河上流之一支。这是由勒拿系统转入黑龙江系统道路之一。黑龙江上流另有一支河名格尔必齐河，其发源地与奥廖克马河之发源地相近，而奥廖克马河也是勒拿河的一支。这是由勒拿系统转入黑龙江系统的第二条路。黑龙江的中流有一支河，我国旧籍称为精奇里河，西人称为结雅河。精奇里发源于外兴安岭之山阳，其流入黑龙江之处，在其东现在有俄属海兰泡，亦名布拉戈维申斯克，对岸稍南即我国的瑷珲。自勒拿河来者可溯阿尔丹河或奥廖克马河之东支而转入精奇里河上流的支河。这是由勒拿系统入黑龙江系统的第三条路。在清初的国防上，这条路尤其要紧，因为最毗近东北的腹地。

第二，俄国十七世纪在西伯利亚拓展之速多因土人无抵抗的能力，俄人用游击散队就足以征服之。彼时西伯利亚户口稀少，土人文化程度甚低，政治组织尚在部落时代，其抵抗力还不及北美的印第安人。比较有抵抗能力的要算鄂毕河上流的库楚汗国，这国就是蒙古大帝国的残余。叶尔马克于一五八三年夺取了其京都喀什里克，西伯利亚从此得名，莫斯科大公亦从这时起加上喀什里克主人翁的荣衔。一五八七年（明万历十五年），俄人在喀什里克附近建设托博尔斯克大镇。叶尔马克原来不过是一个土匪头目，他的队伍大部分是他的绿林同志。立了大功之后，莫斯科大公不但宽赦了他，且优加赏赐；为国事捐躯之后，俄国教堂竟奉送他神圣尊号。叶尔马克遂成了俄罗斯民族英雄之一。事实上，他无疑的是俄国拓殖西伯利亚的元勋。自他在鄂毕河战胜库楚汗国之后，直到鄂霍次克海，俄人再没有遇着有力的抵抗。

叶尔马克及其同志，论人品及做事方法，皆足代表十七世纪俄人在西伯利亚经营者。历十七世纪，先锋队大都是凶悍而惯于游牧生活的哥萨克人。他们数十或数百成群，自推领袖。在俄国政府方面看起来，哥萨克人的行动，虽常不遵守政府的命令，却是利多而害少。他们自动地往前进：成功了，他们所占的土地就算是俄国的领土，他们从土人所收的贡品几分之几划归政府；失败了，不关政府的事，除非政府别有作用，可以置之不理。但是害处也有，这种游击散队只顾目前，不顾将来；只顾当地，不顾全局。哥萨克人过于残暴，因此土人多不心服，且被杀戮者就是当地的生财者。在西伯利亚做惯了，到了黑龙江流域，他们依然照旧横行，不知道这地的形势有与西伯利亚不同者。

俄人发展到勒拿河流域的时候正是明崇祯年间。在明成祖的时代，中国在东北的政治势力几可说是空前绝后，黑龙江全流域以及库页岛皆曾入明之势力范围。到天启、崇祯年间，辽河流域尚难自顾，至松花江、乌苏里江及黑龙江更无从顾及，明之旧业快要亡了。但清朝遂乘机收归己有。在清太祖及太宗的时候，满人连年东征北伐。其战争及交涉的经过，我们无须叙述，但其收复的部落及土地不能不表明。因为十七世纪中、俄的冲突根本是两个向外发展运动的冲突，俄国方面有新兴的罗曼诺夫朝代，我国方面有新兴的清朝，可说是棋逢对手。

兹将清太祖及太宗所收的东北的部落及区域列表如下：

一，窝集部（亦名窝稽达子、鱼皮达子）。居牡丹江（亦名呼尔哈河、瑚尔哈河）及松花江下流两岸，距宁古塔北约四百里，其中心在现今之三姓。

二，穆棱。居乌苏里江及其支河穆伦河的两岸。

三，奇雅。居伊玛河（大乌苏尔卡河）的上游，伊玛河是乌苏里江东的一支河。

四，赫哲（亦名黑金、赫真、额登）。居松花江与黑龙江汇流之处到乌苏里江与黑龙江汇流之处。

五，飞牙喀（亦名费雅喀）。居黑龙江下流。

六，奇勒尔。居黑龙江口沿海一带。

七，库叶（亦名库页）。居库页岛。

八，瓦尔喀。居吉林东南隅及俄属滨海省的南部及海参崴附近的熊岛。

以上皆东境的部落。

九，索伦（亦名鄂温克）。居布特哈（齐齐哈尔以北的嫩江流域）。

十，达呼尔（亦名达斡尔）。居嫩江以东到黑龙江一带。

十一，鄂伦春。居黑龙江东之精奇里两岸。

十二，巴尔呼（亦名巴尔古）。居呼伦贝尔南。

以上皆北境的部落。

清朝武功所达极北之点就是日后中俄相持的雅克萨城，俄人称为阿尔巴津。崇德四年（一六四〇年），将军索海所征服的四木城之一，即雅克萨。

入关以前，满人的势力虽已北到黑龙江及精奇里河，东到库页岛，但并未在边境设官驻兵。被征服的民族有少数编入八旗，大多数仍居原地，按期进贡而已。直到康熙二十年，清朝驻兵最近东北边境者莫过于宁古塔。虽然，俄人入黑龙江的时候，除当地土人的抵抗外，尚有大清帝国的后盾，其形势与西伯利亚完全不同。

二　中俄初次在东北的冲突

俄人到了勒拿流域以后，不久就感觉粮食缺乏的大困难。他们从土人听说精奇里河流域产粮甚多。这种传说形容未免过度，好像一到外兴安岭的山阳就是一片乐地。俄国政府于一六三二年在勒拿河的中流设立雅库茨克城，派有总管，俄人所谓总督。一六四三年（崇祯末年），总管官彼得·戈洛文派探险队到精奇里河流域去调查真相。队长是波亚尔科夫，队员有哥萨克人一百一十二名，猎夫十五名，书记二人，引导一人。军器带有大炮一尊，枪每人一杆。他们于是年七月中从雅库茨克动身，逆流而上，由勒拿河入阿尔丹河。十一月，未抵河源而河已结冰，不通舟楫。波亚尔科夫在河边筑了过冬的土房，留了四十三个队员及辎重，自己遂率领其余队员跋山而南。行了两星期的旱路之后，他们找着精奇里的支河布连塔河。上流仍是一片荒土；到了中流，才发现少数鄂伦春住户。波氏派了七十人到村里去搜粮食。村民起初尚以礼相，俄人求入村，未蒙允许，就动武了。村民竭力抵抗，到了天黑，俄人空手而归。在饥寒交迫的时候，哥萨克人不惜执杀土人或互相残杀以充饥。一六四四年春，留在山北的队员赶上了，于是合队而行，由精奇里入黑龙江。沿途的土人皆骂他们为食人的野蛮人，有些逃了，有些就地防堵。秋季波氏到了黑龙江口，就在此过冬，强迫奇勒尔供给粮食。

俄人入黑龙江的那一年正是满人入关的那一年。受其扰害的鄂伦春、达呼尔、赫哲、飞牙喀及奇勒尔是否曾向其宗主求援？如果求了满人如何处置？这些问题，因为史料的缺乏，无从答复。在入关之初，就是东北边境有警报来，清廷亦无暇顾及。波亚尔科夫此次的成绩并不好，除了没有发现新乐园以外，他留给土人永不能忘的坏印象。虽然，经过这次的失败，雅库茨克的总管知道了传闻的虚实，而波亚尔科夫仍不失为第一个西洋人入黑龙江者。他在江口过冬以后，由海道北返。几年之内，雅库茨克的总管不再费事于南下的企图。

一六四九年（顺治六年），雅库茨克的一个投机的富商哈巴罗夫呈请总管许他用自己的资本组织远征队到黑龙江去。是时俄人已从土人探知由奥廖克马河的路比由阿尔丹河的路容易。总管弗兰茨别科夫对此事虽不甚热心，但哈巴罗大的提议既无须政府出资，万一成功，政府反可借私人的力量收征黑龙江流域土人的皮贡，就允许了哈氏的呈请。其实政府的批准不过是一种形式，在呈请之先，哈氏已组织好了远征队，大有必行之势。四月初，他率领队员前进，溯奥廖克马河直到河源，于是跋山而转入黑龙江的支河乌尔卡河。此河近格尔必齐河，唯稍东。哈巴罗夫到黑龙江的时候，两岸的村落已闻风远逃。哈氏对所遇的少数土人虽竭力巧言诱吸，土人总以"哥萨克人是食人的"一语答之。除在土坑里发现匿埋的粮食外，其余一无所获。虽然，在其给总管的报告书中，哈氏仍夸大黑龙江流域的富庶及积粮之多。他深信有六千兵足以征服全区域；征服之后，雅库茨克的粮食问题可得解决，而皮贡的收入可大加增。

哈氏初次的远征虽无直接的成绩可言，他确亲自到了黑龙江，知道了当地的实在情形。他决志组织第二远征队并改良行军的方法。一六五〇年的夏季，他就出发，所走的路线大致与第一次相同。这次他行军极图迅速，以免土人的迁徙。在雅克萨附近，他袭击了一个村庄。土人与之相持一下午，终究弓箭不抵枪炮，雅克萨遂为所占。土人乘夜携带家眷牲口逃避；哈氏即夜派一百三十五人去追截。次晨就赶上了。一战之后，哥萨克人夺了一百一十七只牲口，高兴地返归雅克萨。哈氏在雅克萨建筑了防守的土垒，留下了少数的驻防队，自己遂率领其余队员及枪炮，乘用冰车驶往下流。十天之后，于十一月二十四日，他遇着使马的鄂伦春。此处也是弓箭不抵枪炮，一时土人唯有屈服，遵命贡送貂皮。哈氏的投机总算得了相当的收获，于是回雅克萨过冬。

次年六月二日，哈氏带着三百余名哥萨克人，配齐枪炮，出发往下流去。此次要求迅速，以图攻人之不备。正队以前，他预备了八只小船以充先锋。连行四日不见人烟。沿岸的村落皆迁徙一空。第四日晚间，在黑龙江折南的角段，发现尚未迁徙的吉瓜托村。此处居民约有一千，并有五十名八旗马队适在该处收征贡物。我国的记载全不提及，故其虚实难明。哈氏乘夜进攻。据俄人的记载，交火之初，满人就逃了。次晨村落失守，土人欲逃不能。死于炮火之下者约六百六十人，被虏者女人二百四十三，小孩一百一十八，马二百三十七，其他牲口一百一十三。俄人死四名，伤四十名。哈氏的得意可想而知。可惜我方关于此事全无记录以资对证。

哈巴罗夫在吉瓜托村约留了六星期。他派出的调查队均说直到精奇里河口，土人早已迁徙，唯闻在河口尚有未迁徙的村落。哈氏乘坐小船赶到现在瑷珲城左右。土人事先全无所知，既不能逃，又不能战，大部分都成俘虏。哈氏命土人的长老召集会议。到会者三百多人，均说刚向中国皇帝进了贡，余存无几，一时只能奉送貂皮六十张，以后当陆续补送。哈氏令土人以貂皮赎俘虏。他的投资又得着红利了。土人竭力应酬他，好像他们已甘心投顺哥萨克人。但九月三日全村忽迁徙一空，仅留下两个当质者及两个老女人。此举给哈氏一个很大的打击。他原拟在此过冬，不料周围忽然变为全无人烟之地。他把四个未逃的土人付之火中，遂开拔向下流去了。

九月二十九日，哈氏行抵乌苏里江与黑龙江合流之处。此地现有哈巴罗夫斯克，即纪念哈氏之功绩者，我方命名伯力。哈氏在此建筑土垒，准备过冬。赫哲人表示和好，因之哈氏不为设防，时常派遣队员出外捕鱼。十月八日，赫哲人忽乘虚进攻。相持之际，适外出的队员归来，加之军器相差太远，赫哲人大受挫败。从此哥萨克人做了当地的主人翁。

按俄国的记载，黑龙江的土人受了两年的扰害之后，均向中国求保护。我方的记载亦提及此事，但不详细。《平定罗刹方略》中说："驻防宁古塔章京海色率所部击之，战于乌扎拉村，稍失利。"俄国方面的记录说海色带有二千零二十名骑兵。至于战争的经过则各说不一。海色与哈巴罗夫的战争是中、俄初次的交锋。我国史乘从顺治九年起始有"罗刹"之乱之记载。按"罗刹"这名词是索伦、鄂伦春、达呼尔诸部落给俄人的称呼。这一战，俄国方面的人数至多不过四百人；我方加入战争者必较多，但是否有二千余名，颇难断定。顺治十四年，宁古塔设昂邦章京一员，副都统一员。康熙元年，昂邦章京改为镇守宁古塔将军。十年，宁古塔副都统移驻吉林。十五年，宁古塔将军移驻吉林，而于宁古塔设副都统。从这年起，吉林将军领兵二千五百一十一名，宁古塔副都统领兵一千三百二十名。从此看出我国东北边境驻军，首重宁古塔，后移重心于吉林。唯顺治十四年以前，究有兵多少，不容确定。战争的经过，我方的记录仅说"稍失利"。俄方的记录则分两说，一说：

一六五二年三月二十四日（俄历），黎明，满洲兵到达俄国土垒之前，俄人正在酣睡之中。倘满人不即施放火枪——他们放枪大概是要示威——哈巴罗夫或将不能生还。幸而他被枪声惊醒了，即时设备。满人把炮安置以后，就向土垒开火。不久打穿一个洞口，冲锋者即向洞口猛进。俄人火速在洞口之后安置一炮，向冲锋者开放极有效力的弹子。冲锋者因此止住了，而一百五十名俄人从营垒冲出来，以短兵相接。他们从满人夺取了两尊太近的炮。满人的火枪大半被毁之后，俄人就成了战场的主人翁。除上文所说的两尊炮外，俄人尚得着十七杆火枪，八面旗帜，八百三十四匹马及几个俘虏。满兵死者听说有六百七十六人遗留在战场之上；俄人仅死十名，伤七十名。

另一说则谓：

交锋之初，中国人得了胜利，一时好像他们能把俄国营垒攻下来。后不知因何缘故——或者因为中国的主将过于自信，或者因为他遵守训令——在俄人受迫最紧急的时候，他忽然下令，要他的兵士不杀也不伤哥萨克人，只活拿过来。这一战的最要关键即在此。俄人了解这种形势之后，决志不被活拿。于是一面宣誓，一面冲锋，步步地把中国人赶退了。一个军队不能一面受敌人之火，一面又被禁还火，而保持其地位。中国兵从此丧失战斗精神，向后退避，留下十七杆枪，二尊炮，八面旗帜，八百三十四匹马，及许多粮食。俄人死十名，伤七十八名。哈巴罗夫从土人——不可靠的来源——听说中国兵死了六百七十六名。

这一战，中国确是败了，但先胜而后败。致败之由，除策略或有关系外，尚因军器不及敌人。至于战败的程度，很难说了。此战以后，俄国方面的报告多说哥萨克人一听见某处有中国兵，就戒严不敢前进，而且从这时起土人又敢抵抗了。

顺治九年，乌扎拉之战以后，哈巴罗夫率领全队逆流而上，途中遇着雅库茨克总管派来的补充队，共计一百一十七名哥萨克人及军需。八月，在精奇里河口附近，队员内讧，致分为二队，一队二百一十二人，仍服从哈氏；另一队一百三十六人，则自树一旗，从此黑龙江上下有二队哥萨克人游行抢掠。以往哈巴罗夫及雅库茨克总管给莫斯科的报告已引起俄国政府相当的注意和热心，当时拟派兵三千前来黑龙江，以图永久占领。同时，俄国政府对哥萨克人的暴行亦有所闻，遂决定先派小援队，并调查实况。十年，援队抵黑龙江以后，哈氏返俄复命，但一去未回。他从此就离开历史舞台了。俄国政府亦未实行大队远征的计划。

哈巴罗夫的继任者是斯捷潘诺夫。斯氏于顺治十一年（一六五四年）的春天进松花江。五月二十四日遇着中国军队。哥萨克人自己的记录说他们火药用尽，故就退了。虽然，退的时候，哥萨克人心志慌乱，大有草木皆兵之势。从松花江一直退到呼玛尔河口，就此筑垒防御，我国军队也追到这地。顺治十二年春，遂围呼玛尔营垒，经三星期之久，无功而返。《平定罗刹方略》中说："十二年，尚书都统明安达礼自京师往讨，进抵呼玛尔诸处，攻其城，颇有斩获，旋以饷匮班师。""饷匮"是很自然的，因为经过罗刹数年扰乱之后，地方居民已迁徙他处；且清廷又令土人行清野之法，使罗刹不能就地筹饷，而呼玛尔偏北，路途甚远。这是当时在东北行军最大的困难。

顺治十三年及十四年，斯捷潘诺夫多半的时候在黑龙江的下流，松花江口以东。"十四年，镇守宁古塔昂邦章京沙尔呼达败之（于）尚坚乌黑；十五年，复败之（于）松花、库尔瀚两江之间。"十四年的战争，俄国方面没有记载，尚坚乌黑不知在何处。十五年（一六五八年）的战争，俄国的记录也甚简略，但其结果则言之甚详。战后，斯捷潘诺夫及二百七十名队员不知下落，余二百二十名逃散了。我方所得的俘虏和上次在呼玛尔所得的俘虏均安置于北京的东北隅，斯氏是否在内，不得而知。此后黑龙江上无整队的罗刹，散队则时见。"十七年（一六六〇年），巴海大败之古法坛村，然皆中道而返，未获剪除，以故罗刹仍出没不时。"虽然，雅库茨克总管从此以后不接济，也不闻问黑龙江的罗刹了。

在康熙年间，罗刹来自叶尼塞，隶属于叶尼塞总管。从顺治九年起，叶尼塞的俄人常有小队到贝加尔湖以东石勒喀河上。顺治十二年（一六五五年），叶尼塞总管帕什科夫根据这些私人的报告，呈请俄国政府许他在石勒喀河上设立镇所，以便征服附近的部落。政府批准了他的提议，且即派他为远征队的队长。他于次年七月十八日从叶尼塞城动身，带有五百六十六人。他由叶尼塞河转其支河安加拉河，在河的上源跋山而入石勒喀河。顺治十四年的春天，他在尼布楚河与石勒喀河汇流之处设立尼布楚城。这是俄人经营黑龙江上流的根据地。不久就缺乏粮食和军火，而所派出寻觅斯捷潘诺夫的探员全无结果。顺治十八年，他留了少数驻防队，遂回叶尼塞。帕什科夫所受的艰难未得着相当的收获。

叶尼塞总管在黑龙江上流的失望正如十二年以前雅库茨克总管在中流及下流的失望。当时雅库茨克因失望遂不愿继续进行，于是有私人哈巴罗夫出而投机。叶尼塞亦复如此。此地的私人投机者是切尔尼戈夫斯基。切氏是个盗匪头子，因为杀了一个总管官，他遂率领他的绿林同志跋山投雅克萨去逃罪。他在此地重筑土垒，强迫土人交纳贡品，且自行种植粮食，大有久居之意。同时其他哥萨克人有在额尔古纳河筑垒收贡者，有在精奇里河上下骚扰者。我国边民亦有逃往尼布楚而投顺于俄国者，其中最著者莫过于根特木尔。我国屡次索求引渡，俄人始终拒之。因此，在康熙年间，中、俄的关系更趋紧张。

康熙帝原来不想以武力解决罗刹问题。他屡次派人到雅克萨、尼布楚去送信，令俄人退去。同时俄国政府从顺治十二年到康熙十六年亦屡次派使到北京来交涉。因路途相隔之远，文书翻译的困难，罗刹之不听政府命令，及中国在邦交上之坚持上国的地位，凡此种种均使外交的解决不得成功。（战前及战后的外交留待下节叙述，本节限于军事的冲突。）等到三藩之乱一平定了，康熙帝就决定大举北伐。

康熙二十一年（一六八二年）七月，帝派"副都统郎坦（与）公彭春率官兵往达呼尔、索伦，声言捕鹿，因以觇视罗刹情形"。十二月又"命户部尚书伊桑阿赴宁古塔督修战船"。郎坦等的报告以为"攻取罗刹甚易，发兵三千足矣"。康熙帝乃下谕曰：

> ……朕意亦以为然。第兵非善事，宜暂停攻取。调乌拉宁古塔兵一千五（百名），并置造船舰，发红衣炮、乌枪及教之演习者。于爱珲、呼玛尔二处建立木城，与之对垒，相机举行。所需军粮取诸科尔沁十旗、锡伯、乌拉之官屯，约得一万二千石，可支三年。且我兵一至，即行耕种，不致匮乏……

康熙帝在筹划此次征役的时候，最费苦心的莫过于粮食的接济。他以为往年的失败都由饷匮，以致罗刹不能肃清。

二十一年算为觇探敌情之年。二十二年起大事预备。筑瑷珲城为后路大本营；修运船、战船；通驿站；运粮食；调军队；联络喀尔喀的车臣汗，共费了三年。康熙二十四年（一六八五年）五月二十二日

（我国旧历），彭春始带兵抵雅克萨城下。其部队自吉林、宁古塔调去者三千人，自北京调去的上三旗兵一百七十人，自山东等省调去的官一百零五人、兵三百九十五人，自福建调去的藤牌兵三百余人、索伦兵约五百人，总计不过五千人。此外尚有夫役、水手。俄人说此次中国军队有一万八千之多，与实数相差一倍以上。

俄人虽早已知道中国的军事行动，且竭力预防，但等到兵临城下，雅克萨的防守队，连商人、猎夫、农民及哥萨克部包括在内，不过四百五十人，不到中国兵数的十分之一！我国军队与外国军队战斗力的比较，从康熙年间到现在，究竟有进步呢，还是有退步呢？彭春第一着，发表康熙帝的招抚书：

前屡经遣人移文，命尔等撤回人众，以逋逃归我。数年不报，反深入内地，纵掠民间子女，构乱不休。乃发兵截尔等路，招抚恒滚诸地罗刹，赦而不诛。因尔等仍不去雅克萨，特遣劲旅徂征。以此兵威，何难灭尔；但率土之民，朕无不恻然垂悯，欲其得所，故不忍遽加歼除，反复告诫。尔等欲相安无事，可速回雅库，于彼为界，捕貂收赋，毋复入内地构乱；归我逋逃，我亦归尔逃来之罗刹。果尔，则界上得以贸易，彼此安居，兵戈不兴。倘执迷不悟，仍然拒命，大兵必攻破雅克萨城，歼除尔众矣。

城内的罗刹置之不答，彭春遂开始攻击。

我方关于战争的记录甚简略：

（五月）二十三日，分水陆兵为两路，列营夹攻，复移置火器营。二十五日黎明急攻之。城中大惊。罗刹头目额里克舍谢等势迫，诣军前稽首乞降。于是朋春等复宣谕皇上好生之德，释回罗刹人众。其副头目巴十里等四十人不愿归去，因留之。我属蒙古索伦逃人及被掳者咸加收集，雅克萨城以复。

俄国的记载大致相同，唯有数点可资补充。第一日的战争结果，俄方死百人。经数日后，教士率领居民向总头目官阿列克谢·托尔布津要求停战，阿列克谢见势已去，遂允所请。他派代表到中国军营议投降条件，所要求者即许俄人携带军器辎重回国。我方接收，事实上有二十五人甘愿留居中国。数目与我方的记录不同，未知孰是。雅克萨投降的俄人后亦安置于北京城内之东北隅。

罗刹退去以后，中国军队把雅克萨的城垒及房屋全毁了，但四乡的禾苗并未割去，就全军回瑷珲。雅克萨城不但不留防，且未设卡伦；甚至从瑷珲起，全黑龙江上流恢复战前无主的状态。清廷以为罗刹问题完全解决了，足证我国受了四十年的扰害还未认清敌人的性质。

阿列克谢的后退全由于势力的单弱。其实在雅克萨战争的时候，叶尼塞总管已派有援军在途，共六百人，由普鲁士人伯伊顿率领。阿列克谢退出雅克萨后，未满一日，即于途中遇着援军的先锋队百人，带有十足的军器。阿列克谢到了尼布楚仅五天，伯伊顿的大援队也到了。于是叶尼塞总管派伯伊顿、阿列克谢复整军前往雅克萨。此次他们带了六百七十一人，五尊铜炮，三尊铁炮，均配足火药，后面陆续尚有接济。他们到了雅克萨，一面收割四乡的粮食，一面重新建设防具。我国在康熙二十五年二月始得罗刹复来的报告。清廷即命萨布素及郎坦带兵去攻。此次战争较久、较烈。六月，我军抵雅克萨；十月底，俄人防军仅剩一百一十五人，仍不退不降。适俄国政府是时派代表到北京，声明公使在途，要求停战交涉，康熙帝遂下令撤雅克萨之围。中俄问题从军事移到外交去解决了。

三　尼布楚的交涉

从顺治元年到康熙二十五年，四十余年中俄在黑龙江的冲突，在俄国方面，完全是地方人民及地方官吏主动，莫斯科至多不过批准；有时不但未批准，且欲禁止而不能。地方的动机，最高在图开辟疆土以邀功，普通不过为发财而已。此外实际急迫的目的在图粮食的接济。彼时俄国中央政府亦想与中国发生关系，但其目的及方法完全与地方的不同。我们试一研究俄国屡次派使来华的经过就能明了其动机所在。《东华录》载：

> 顺治十七年五月丁巳，先是鄂罗斯察罕汗于顺治十二年遣使请安，贡方物，不具表文。因其始行贡礼，赉而遣之，并赐敕，命每岁入贡。后于十三年又有使至。虽具表文，但行其国礼，立而授表，不跪拜。于是部议来使不谙朝礼，不宜令朝见，却其贡物，遣之还。后阅岁，察罕汗复遣使赍表进贡，途经三载，至是始至……

据此记录，则顺治年间俄国曾三次派使来华：第一次在十二年

（一六五五年），第二次在十三年，第三次在十七年。此中有一误会。第一次的使者是阿尔宾。他不过是公使贝科夫的随员，先到北京来报信，所以"不具表文"。第二次的公使就是贝科夫，所以第一次及第二次实系一个使团。我们从俄国政府给贝科夫的训令就能看出俄国对中国注意所在。俄王要贝科夫：（一）向中国皇帝转达俄王的友谊及和好之善意；（二）表示俄国欢迎中国公使及商人到俄国去；（三）打探清廷对俄国的实在意志，是否愿通使通商；（四）调查中国接待外国的仪节；（五）调查中国的国情，如户口、钱粮、军备、城市、与邻邦的关系、出产以及中、俄的交通。总而言之，主要目的在通商及交邻。当时俄国以为中国产金银甚多，在重金主义盛行的俄国，以为与中国通商便可用西伯利亚所产的皮货及俄国的呢绒来吸收大宗金银及丝绸。贝科夫的出使，除得知中国一般国情外，完全失败。其主要原因即《东华录》所谓"不谙朝礼"。换句话说，贝科夫不愿以"贡使"自居——不肯跪拜，不肯递国书于理藩院。次要原因即罗刹在黑龙江的骚扰。因此，清廷颇疑贝科夫之来另有野心，不然怎可一面通好，一面侵犯边境？一六五八年，俄国又派阿尔宾及伊凡·彼费勒夫二人出使中国；一六六〇年（顺治十七年）始抵北京，即上文所谓第三次的出使。他们所带的国书首述俄王祖先声名的伟大及邻邦如何皆畏服俄国，后半表示愿与中国通使通商。《东华录》继续说："表文矜夸不逊，不令陛见。"所以这次也无结果。

　　康熙年间，中俄的冲突转移到黑龙江上流，这是上节已经说过的。除哥萨克人的侵扰外，中、俄之间又加上根特木尔问题。此问题的原委颇不易明。根特木尔乃达呼尔头目之一，原住尼布楚附近，曾向中国进贡，中国亦曾授以佐领职衔。俄人占据尼布楚以后，根特木尔遂率其部落迁居于海拉尔河及甘河左右。顺治十二年呼玛尔之役，他率部助清，但临阵不曾前。战后，他回尼布楚降俄。康熙五年及九年，宁古塔的疆吏曾派委员至尼布楚索根特木尔。俄人始终拒绝引渡，说他既原居尼布楚，就该算是俄王的臣民。双方所以这样重视根特木尔的缘故，因为他的向背足以影响当地一般人的向背。尼布楚的总管阿尔申斯基于九年也派了一位使者到北京来报聘。贝科夫出使的失败足证当时中国如何不明世界大势，这一次又表明俄国人之不懂中国国情。使者是米洛瓦诺夫，一个不识字的哥萨克人！阿氏给他的训令更加可笑。大意谓各国之汗及王多求大俄罗斯、小俄罗斯及白俄罗斯的大君王阿列克谢·米哈伊洛维奇的保护，大君王除概予保护外，且优加赏赐。中国的皇帝也应求大君王的保护，并应时常进贡及许两国人民自由通商。米洛瓦诺夫到北京以后，在理藩院被质问一番。他曾否执行训令，理藩院得何印象，做何感想，我们无从知道。康熙许他陛见，但所行的是跪拜礼。最后清廷颁一封敕谕，要尼布楚的总管严行约束部属，禁止他们侵扰中国边境。这段往来好像两个互不相识的人对说互不相懂的话，这样的外交是得不着结果的。

康熙十一年，清廷又派人到尼布楚去送信，要求俄国送回根特木尔。这信是用满文写的，尼布楚及莫斯科均无人能翻译，但俄国政府根据尼布楚的报告，以为中国要求俄国派使来华交涉。康熙十四年（一六七五年）二月，俄王遂派尼古拉·加夫里诺维奇·斯珀塔鲁。斯氏有出使日记及报告与函件，这些材料不但是中俄关系史的好史料，且间接对当时中国的内政，如三藩战役及天主教传教士的地位，有不少新知识的贡献。本文限于中俄在东北的冲突，故可从略。斯氏于康熙十五年六月抵北京，交涉共历三月，绝无成绩而返。中国对斯氏要求二事：送回根特木尔及令哥萨克人退出雅克萨；斯氏对中国的希望包括通商和通使，这是双方的实在目的。但斯氏在北京的交涉可说未入正题就被种种仪节问题阻止了。最初斯氏坚持亲递国书于皇帝，后虽退步而呈递于理藩院，但陛见的时候，不肯跪拜，正式交涉简直未进行。在归途中，斯氏曾致书于雅克萨的哥萨克人，嘱他们不要骚扰，但未见发生效力。

等到中国大举进攻雅克萨的消息传到莫斯科的时候，俄国政府始知道黑龙江流域非西伯利亚可比；土人之后，尚有一个大帝国须对付，而这帝国决不让俄国占领黑龙江流域。究竟黑龙江一带的地理如何，俄国政府并不知道。与其出师于万里之外来与一大邻国争一块可有可无的土地，不若和好了事，以图通商之发展。在中国方面，康熙帝素性不为已甚。三藩战役之后，中国亟须休养。且外蒙古尚有厄鲁特问题，其他部落亦未倾心向我。倘我与俄为已甚，则俄、蒙可相连以抗我。俄人军器的厉害及战斗精神的坚强，这是康熙帝所深知的。所以在未出师之前，康熙帝对于军备是慎之又慎，以策万全的。外交虽已试过而未见效，康熙仍不绝望。所以他一面派彭春率师往攻雅克萨，一面又致书于俄国政府，一封由传教士转递，一封由荷兰商人带去。俄国政府既已有言归于好之心，康熙帝的信正为外交的进行辟了大路。二十五年九月，俄国要求停战的使者尼基弗尔·文纽科夫及伊凡·法沃罗夫到北京，声明俄国愿与中国和好，且已派有全权大使在途。康熙帝即时下谕："其令萨布素等撤兵，收集于（一）所，近战舰立营，并晓谕城内罗刹，听其出入，毋得妄行攘夺，俟鄂罗斯使复至定议。"换言之，这是无条件的停战。

俄国所派的全权大臣是费奥多尔·阿列克谢耶维奇·戈洛文。俄国政府于一六八六年初颁给戈洛文第一次的训令。根据此训令：边疆应以黑龙江为界；如不得已，可以拜斯特尔（即牛耳河）及精奇里二河为界；再不得已，则以雅克萨为界，但俄人须能在黑龙江及其支河通商，并且通商除纳关税外，不应有限制。如果戈洛文能使中国派公使及商人到莫斯科更好。俄国政府派了一千五百兵同行，以备万一，且教戈洛文设法联络外蒙古以助声势。戈洛文于一六八六年正月二十六日（俄历）在莫斯科起程；一六八七年（康熙二十六年）十月二十二日始抵贝加尔湖南外蒙古边境之色楞格。他在途中接到政府第二次的训令：如通商能得便易，则全黑龙江流域包括雅克萨，可认为中国领土；除非万不得已，绝不可引起战争；倘交涉失败，他可向中国提议双方再派公使重新协议。

喀尔喀土谢图汗把俄人抵境的消息报告给北京以后，康熙帝遂令在雅克萨的军队退瑷珲。次年年初，他派内大臣索额图、都统公国舅佟国纲、尚书阿尔尼、左都御史马齐，汉员二人，张鹏翮及钱良择，及护军统领马喇带八旗前锋兵二百，护军四百，火器营兵二百，往色楞格去交涉；代表团带有传教士二人，张诚及徐日升，以助翻译。索额图等遵旨预拟交涉大纲如下：

　　察鄂罗斯所据尼布楚本系我茂明安部游牧之所，雅克萨系我达呼尔总管倍勒儿故墟：原非罗刹所有，亦非两界隙地也。况黑龙江最为扼要，未可轻忽视之。由黑龙江而下，可至松花江；由松花江而下，可至嫩江；南行可通库尔瀚江及乌拉、宁古塔、锡伯、科尔沁、索伦、达呼尔诸处。若向黑龙江口可达于海。又恒滚、牛满等江及净溪黑江口俱合流于黑龙江。环江左右均系我属

俄乐春、奇勒尔、毕喇尔等民人及赫真、飞牙喀所居之地。不尽
取之，边民终不获安。臣以为尼布楚、雅克萨、黑龙江上下及通
此江之一河一溪皆属我地，不可弃之于鄂罗斯。又我之逃人根特
木尔等三佐领及续逃一二人悉应索还。如一一遵行，即归彼逃人
及大兵俘获招抚者，与之划疆分界，贸易往来；否则臣当即还，
不与彼议和矣。

康熙帝当时批准了这个交涉大纲。我代表团所负的使命全见如
此。我们若以俄国给戈洛文第一次的训令与此大纲相比，则中、俄的
目的抵触甚多，因为双方都要黑龙江的上流，从尼布楚到雅克萨；若
以俄国政府第二次的训令与此大纲相比，则双方所争者仅尼布楚城。

我使团于康熙二十七年五月初一日从北京启程，取道张家口、库
伦。适此时喀尔喀与厄鲁特战，路途被阻。索额图等一面率领团员
回京，一面派人往色楞格去通知俄国代表阻道的原委，并要求改期改
地会议。戈洛文指定尼布楚为交涉地点。次年（一六八九年）四月
二十六日，我使团复由北京出发。此次代表中没有阿尔尼及马齐，但
添了黑龙江将军萨布素、都统郎坦、都统班达尔善及理藩院侍郎温
达。此次所带的兵有北京八旗二千人，黑龙江兵一千五百人；倘总计
军中夫役及官员的仆从，全代表的人数在八千左右。中国外交史上出
使之盛，没有过于此次者！康熙帝增加使团的兵数是否因为戈洛文也
带有兵来，我们无从知道。不过当时的人，如我们一样，觉在外交应
有武力的后盾，但他们的后盾未免过于放在前面了！康熙帝虽对于军
备主积极，而对于交涉目的则主退让。使团出发以前，曾拟议交涉大
纲应仍旧，康熙帝大不以为然：

今以尼布楚为界，必不与鄂罗斯，则彼遣使贸易无栖托之所，势难相通。尔等初议时仍当以尼布楚为界。彼使者若恳求尼布楚，可即以额尔古纳河为界。

康熙帝的实在理由或者是因为厄鲁特与喀尔喀的战争已起，中国应速与俄国结案，以便用全力来对付蒙古问题。交涉大纲经此修改以后，实与俄国政府第二次的训令无所抵触。倘尼布楚的交涉失败，则其故并不在两国政府目的的悬殊。

六月中，我代表团抵尼布楚。俄人见我方军容之盛，不知我方实意在议和，抑在交战。戈洛文迟到二十天。因为双方军备甚严，一时空气颇紧张。应酬费了几天工夫，遂决定开议形式：双方可各带七百六十兵赴会，但其中五百须留会场外，二百六十可入会场，站在代表后面。会场形式岂不有点《三国演义》的风味？

七月初八初次会议，戈洛文提议中俄两国应以黑龙江为界，江左（北）属俄，江右（南）属华。索额图则谓俄国应退至色楞格以西；以东的地方，包括色楞格、尼布楚、雅克萨皆应属中国。双方皆要价甚高，故相差甚远。次日，中国代表首先减价：色楞格及尼布楚愿让归俄国。这是遵守朝廷的训令，也是我方预定的最低限度。戈洛文付之一笑，以为该二处无须中国之慷慨。七月初十日，交涉仍无进展。我代表遂提议双方签订正式会议记录，以俾各返国复命。这等于宣布会议决裂。次晨，戈洛文派人来声明接收此项提议，但要求再开会议一次，我方不允。张诚及徐日升得了代表的许可，以私人的资格往访戈洛文。张诚等的疏通，据其《日记》，有如下状：

俄罗斯人实际渴望和平不在我们（中国代表团）之下。对于我两人的访问，他们表示愉快。我们起头就对他们说：如果他们不愿意放弃雅克萨及附近的土地，那么，他们用不着再费事了，因为我们确实知道我们的大使曾得着明文的训令，非得此地不立约；至于尼布楚和雅克萨之间的地方及黑龙江以北的地方，我们不知道大使们可退让到什么地步；俄罗斯的代表可以斟酌他们所希望在尼布楚及雅克萨之间的界限；我们的大使因为渴望和平，必竭其力之所能以促成之。

莫斯科的全权代表回答说，既然这样，他就请我们的大使把最后的决定通知他。

七月十二日，俄国代表一早就派人来问我方最后的决定。我代表团在地图上指出格尔必齐河及外兴安岭，谓河以东及山以南应归中国，河以西及山以北应归俄国；此外则以额尔古纳河为界。俄人辞退后，我代表遂派张诚及徐日升去探问俄方最后的决定，并声明外蒙古及俄国的界线应同时划清。戈洛文以职权的限制，并以我国势力未到外蒙古，拒绝交涉蒙、俄界线。我方未坚持此点，但声明到厄鲁特及喀尔喀的战争平定以后，蒙、俄间的界限必须划清。这个枝节过去以后，俄方又提出一个要求：在额尔古纳河以东的俄人可搬回国。这点我方于七月十三日就答应了。这样，和议似乎已成。不料这时戈洛文反要求雅克萨及其以西的土地应归俄国。张诚及徐日升面斥戈洛文之无信义。在他们努力疏通之初，他们就说破，倘俄国不愿放弃雅克萨则不必费事，何以此时又旧话重提？张诚等向萨布素报告俄国尽反前议以后，我代表团即时召集全体文武会议，决定当夜全军渡河，以便包围尼布楚城；同时一面派人去鼓励四周的蒙古人，一面调少数军队回雅克萨去铲除禾苗。俄代表见势不佳，即派人来，微示可让雅克萨之意。我代表团复开会议：不进呢，恐俄人行缓兵之计；进呢，又怕因军事行动断绝和平的希望。代表团请张诚及徐日升发表意见，他们答以身为教士，不便也不能参与军事。代表团终决定按原定计划进行，唯对俄方则说移动人马专为求水草之方便！

七月十四日，我军全抵尼布楚城下的时候，俄代表正式承认我方所提出之界线。萨布素等遂派张诚去做最后的交涉。次日戈洛文提出三种新要求：第一，中国以后致俄王的信应书俄王的全衔，并且信中不可有不平等的词句；第二，两国应互相尊重公使，并许其亲递国书于元首；第三，两国人民如持有政府护照，应许其自由往来贸易。关于第一条，我代表等答以国书中的称呼及词句是皇帝所定，为臣子者不敢擅允；关于第二条，我方答以中国向不派驻外公使；倘俄国派使来华，接待的礼仪必从优。至于自由通商一节，我方以为无问题，唯买卖小事，似不必载诸条约。戈洛文得了自由通商的权利，实已完成其主要使命，此节他不能不编入约款。最后关于界线的东段，双方发生稍许争执。外兴安岭之东段分南北二支：北支绕乌第河之北而直抵海滨；南支在乌第河之南而不到海滨。若以南支为界，则近海一带须另划界，若以北支为界，则乌第河流域将全属中国，其地面积甚大，且产最上等的貂皮，而其海岸又多产鱼。戈洛文向我代表索解释的时候，我方答以约稿系指北支，这是七月十八日的事。十九日，俄方竟无回音。我代表以为是功亏一篑，颇为之觉急。因为乌第河流域非朝廷训令所必争，倘因此偾事，朝廷未必不责备。张诚从旁劝我代表不必坚持，于是萨布素等遂决派张诚去提折中办法，把乌第河流域由两国均分。适俄方亦派人来，带有戈洛文致我代表的信，恳求我方完成和议，信中也提出折中办法，即暂不划分乌第河区域。我代表当时接收，和议算告成了。所余者仅条文的斟酌及约本的缮写。

《尼布楚条约》是康熙二十八年七月二十四日，公历一六八九年九月七日，俄历八月二十七日签订的。中国代表在一份满文、一份拉丁文的约本上签了字，盖了图章；俄国代表在一份俄文、一份拉丁文的约本上签了字，盖了图章。所以仅拉丁文的约本是由双方签了字盖了章的。签订后，两国代表起立，手持约本，各以其国主之名宣誓忠实遵守，并祈"无所不能的上帝，万物之主，作他们意志忠实的监视者"。同时双方军队鸣炮以资庆祝。张诚说，康熙帝曾有明令，要代表们以基督教的上帝之名宣誓，以为唯独这样可以使俄人永远遵守，所以这约的签订是经过鸣炮誓天的。

《尼布楚条约》，在我国方面，所注重的是划界；在俄国方面，所注重的是通商。双方均达到了目的，故此约得实行一百六十余年。照这约，不但黑龙江、吉林及辽宁三省完全是中国的领土，即现今俄属阿穆尔省及滨海省也是我国的领土。根据此约，我们的东北可称为大东北，因其总面积几到二百一十万平方公里，比现今的东北大一倍有余；也可称为全东北，因其东其南均有海岸线，有海口，其北有外兴安岭的自然界线，国防上及交通上是完全的。吾国当时所以能得此成绩，一则因为俄国彼时在远东国力之不足，关于远东地理知识之缺乏及积极开拓疆土之不感需要；一则因为康熙帝处置此事之得法，军事上有充分之准备，而外交上又替俄国留了余地。其结果不但保存了偌大的疆土，且康熙朝我国在外蒙古的军事曾未一次受俄国的牵制。"以往所有的争执，无论其性质如何，今以后永远忘记不计。"这是条文的第三款。这一层完全做到了：中、俄两民族曾未因十七世纪的冲突而怀旧怨。关于将来，此约虽未永久有效，基督徒虽亦不计"无所不能的上帝"的监誓而不守信，但确立了一百五十多年的和好及友谊的基础。在国际条约中，《尼布楚条约》算得一个有悠久光荣历史的。

四　东北一百五十年的安宁

康熙二十八年十二月，索额图等关于尼布楚立约的奏报到了北京以后，康熙帝遂命议政王、贝勒、大臣集议东北边疆善后的办法。他们提议应于格尔必齐河诸地立碑以垂永久，"勒满、汉字及鄂罗斯、拉丁、蒙古字于上"，并于墨尔根及瑷珲设官兵驻防。这两件事都实行了。可惜界碑是由中国单独立的，不是会同俄国立的；碑文不是条约全文，是条约的撮要。据俄国传教士比丘林的实地调查，在格尔必齐河畔的碑上，匠人竟把"兴安岭以北属俄国"误刊为"以南属俄国"。俄人以为是个好预兆。并且有几个界碑实非立在边界上。一八四四年，俄罗斯科学院派了一位科学家米登多夫到远东来调查。他发现中国所立的界碑，最北的不是在外兴安岭的山峰，是在激流河与精奇里河合流之处；最东北的不是在外兴安岭与乌第河之间，是在乌第河及图古尔河之间，中国自动地放弃了六万平方公里的土地！

至于驻防的军队，中俄战争的时候，中国以瑷珲为大本营，设将军镇守。康熙二十九年（一六九〇年），将军移驻墨尔根；三十八年，复移驻齐齐哈尔，步步地离黑龙江远了。吉林省亦复如是：原来中心在宁古塔，已离边境甚远，后来中心复向内移至吉林省城。虽然，以兵数而论，我们不能说清廷疏于防备。历十八世纪，前后兵数虽略有增减，东三省驻防军队在四万左右，内奉天将军所辖者一万九千余人，吉林将军所辖者九千六百余人，黑龙江将军所辖者一万一千四百人。黑龙江西境设有十二卡伦，每卡伦驻兵三十名，三月一更；北境设有十五卡伦，每卡伦驻兵二十名，一月一更。这些卡伦的目的在防止俄人越界，可惜大半离边境甚远，且恐是有名无实的。此外黑龙江将军每年四五月间派委官佐，率兵二百四十名，分三路巡边，"遇有越境之俄罗斯，即行捕送将军，请旨办理"，唯巡边实亦不到极边。

我国政府所派人员实际到黑龙江极边去的次数及地点颇难稽考。唯《东华录》乾隆三十年（一七六五年）七月癸亥条载有将军富僧阿的奏折，内有关于巡查极边的事情。这时因为"俄罗斯近年诸事推诿，不能即速完结，且增加税额，以致物价昂贵"，所以停止恰克图贸易。因为停止贸易，乾隆帝恐俄国侵扰边境，所以教黑龙江将军调查并整理边防。富僧阿的奏报如下：

> 据往探格尔毕齐河源之副都统瑚尔起禀称：自黑龙江至格尔毕齐河口，计水程一千六百九十七里；自河口行陆路二百四十七里至兴堪山（即外兴安）：其间并无人烟踪迹。又往探精奇哩江源之协领纳林布称：自黑龙江入精奇哩江北行至托克河口，计水程一千五百八十七里；自河口行陆路二百四十里至兴堪山：其地苦寒，无水草禽兽。又往探西里木第河源之协领伟保称：自黑龙江经精奇哩江入西里木第河口，复过英肯河，计水程一千三百五十里；自英肯河行陆路一百八十里至兴堪山：地亦苦寒，无水草禽兽。又往探钮曼河源之协领阿迪木保称；自黑龙江

入钮曼河，复经西里木第河入乌默勒河口，计水程一千六百十五里；自河口行陆路四百五十六里至兴堪山：各处俱无俄罗斯偷越等语。

直呼伦贝尔与俄罗斯搪壤之额尔古纳河，西岸系俄罗斯地界，东岸俱我国地界，处处设有卡座，直至珠尔特地方。见复自珠尔特至莫哩勒克河口添设二卡，于索博尔罕添立鄂博，逐日巡查。俄罗斯鼎玛尔断难偷越。其黑龙江城与俄罗斯接壤处有兴堪山，绵亘至海，亦断难乘马偷越。第自康熙二十九年与俄罗斯定界查勘各河源后，从未往查。嗣后请饬打牲总管每年派章京、骁骑校、兵丁，六月由水路与捕貂人同至托克、英肯两河口，及鄂勒布、西里木第两河间遍查，回报总管，转报将军。三年派副总管、佐领、骁骑校，于冰解后由水路至河源兴堪山巡查一次，回时呈报。其黑龙江官兵每年巡查格尔毕齐河口，照此三年亦至河源兴堪山巡查一次，年终报部。

这是乾隆年间东北边境的概况及加添的边防办法，即每年小巡，三年大巡。但实行到何等程度，无从知道。

除立碑及边防二事外，清廷直到光绪末年毫无拓植东省的计划和设施。顺治年间，多数满人入关。在关内住惯了的，除因公事外，很少愿意回去。乾隆年间，因北京旗人过多，朝廷曾资遣少数到关外去开垦。彼时尚得着相当成效。后来满人汉化程度高了，无论在关内生计如何困难，朝廷虽资遣之，总不愿去，或去后不久复回。汉人在康、雍二朝去的多半是山西商人及因犯罪而遣戍者。到乾隆年间，因关内人多地少，原大可移民，但清廷反于此时禁止汉人出关。这种禁令自然难于实行，而官吏亦未必认真实行，故虽无大规模的移民，零星去者亦复不少。唯吉林东部、乌苏里江一带及黑龙江下流既未设官立治；地方人民，不分土居外来，是少而又少的。国家并未从东北边疆得着任何实利，皇室及其附庸收了些貂皮及人参而已。

《尼布楚条约》以后，东北所以享了一百五十余年的安宁，其原因不仅在我国防边之严，此外还因为俄国彼时对远东的消极。尼布楚订约的时候正是大彼得起始独揽政权的时候。从彼得起，历十八世纪，俄国政府集中力量，北与瑞典争波罗的海的东南境，南与土耳其争黑海北岸，西与普鲁士及奥地利争波兰。十八世纪末年及十九世纪初年，欧西有拿破仑的战争，俄国也转入那个旋涡，所以无暇来与中国争黑龙江流域。同时在这一百五十年内，俄国起初得与我国在北京及尼布楚附近通商，后来改在恰克图。为维持及发展中、俄的贸易，俄国政府很不愿与中国引起冲突。

虽然，在这一百五十年内，俄国政府及人民对于远东亦未完全置之度外。十八世纪初年，俄人占据堪察加；以后继续前进，过白令海峡而占领阿拉斯加。就是在黑龙江流域，历乾隆、嘉庆、道光三朝，俄国猎夫、罪犯、军官及科学家违约越境者不知凡几。乾隆二年（一七三七年），测量家邵比尔晋及舍梯罗甫曾到精奇里河。他们在激流河流入精奇里河之处发现一个俄国猎户的住宅，在精奇里河口以上约百里遇着几个从尼布楚来的猎夫。次年，他们从黑龙江上流而下，路过雅克萨的时候，看见一名哥萨克人及一家俄罗斯与通古斯合种的人在那里居住。雅克萨以东六十里，他们又看见一家俄罗斯及通古斯的合种。十九世纪初年，嘉庆年间，少佐斯塔维茨基曾到雅克萨。同时植物学家图尔恰尼诺夫调查了黑龙江上流沿岸的植物，到雅克萨为止。道光十二年（一八三二年），大佐拉德任斯基为调查界碑，也顺流到雅克萨。罪犯越境而有记录可考者，在乾隆六十年有鲁西诺夫及色尔可甫，在嘉庆二十一年有瓦西利耶夫。瓦氏在黑龙江往来了六年，从河源直到江口，且留有游记。道光二十一年，米登多夫调查了黑龙江的下流及其北岸，他在江口也遇着一个逃罪的游客。这皆是见诸记录的。

《尼布楚条约》以后，俄国科学家及官吏提倡再占据黑龙江者亦不乏人。在十七世纪的前半，俄人初到勒拿流域的时候，因为感觉粮食的困难，就派人进黑龙江。在十八世纪亦复如是。得了堪察加以后，接济发生困难。从雅库茨克到堪察加的路途太难，几至不可通行；粮食的接济多由雅库茨克运到鄂霍次克，再由海道运到堪察加。雅库茨克既乏粮食，而从雅库茨克到鄂霍次克的旱路又十分困难，所以俄人又想起黑龙江：若能从尼布楚经黑龙江运粮到海，再由海道运到堪察加，则接济问题就解决了。一七四一年（乾隆六年），西伯利亚历史家穆勒曾发表著作提议此事。一七四六年，大探险家白令的同事奇里科夫提议俄国应占据黑龙江口而立市镇。一七五三年（乾隆十八年），西伯利亚巡抚米亚特列夫向政府提出由黑龙江运输的具体计划书。俄国贵族院接收了他的计划，并嘱外交部与中国交涉。俄国政府在未交涉前，令色楞格总兵雅可比调查中国在黑龙江的军备。雅氏的报告说中国在沿江各处留有四千的驻防队，倘俄国要利用黑龙江，须秘密预备军队；中国若不许，即可出其不意以武力占之。此举费用过大，俄国政府不愿实行。与中国的交涉亦完全失败："乾隆二十二年八月庚申朔，俄罗斯请由黑龙江挽运本国口粮，上以其违约不许。"十八世纪的下半叶，一个法国探险家拉彼鲁兹及一个英国探险家布劳顿均由海外到黑龙江口及库页岛。他们调查的报告均谓库页非岛，乃半岛；黑龙江口只能绕库页的东边，由北面入，且江口堆有沙滩，航行不便。因此俄国对于黑龙江的航行权也就冷淡了一些。

一八〇三年（嘉庆八年），俄国政府始又组织远东调查队，由克鲁森施滕领导。克氏建议俄国应占据库页岛南部之阿尼瓦之湾，以便再进而占据吉林省之海岸线。同时俄国政府派戈洛夫金充公使来华交涉。政府的训令要他向中国要求黑龙江的航行权及中、俄沿界的自由通商权。如中国不允，则要求每年至少由黑龙江航行一次，以便运送接济给堪察加及俄属北美。如中国再不允，则根据《尼布楚条约》要求进内地通商及北京驻使。清廷得到戈洛夫金出使的消息以后，就饬地方官吏预备沿途的招待。后库伦办事大臣蕴端多尔济奏报俄使不知礼节，清廷就教戈氏自库伦径回本国，不许进京。所谓"不知礼节"究是何事，我们不知道。戈氏出使的失败可算到了十分。他经过这次的失败，深信俄国所希望的权利非外交家所能得到，必须一军的军长方能济事。他以为俄国无须占领全黑龙江，只要得着下流及精奇里河与乌第河之间的土地就够了。伊尔库茨克的科尼洛夫因戈氏所得的待遇，亦愤愤不平，主张即派舰队进黑龙江以资恫吓。俄国政府不允。一八四四年（道光二十四年），探险家米登多夫走遍了精奇里河及乌第河区域，当地的形势及中国在该处政治及军事势力的薄弱，他都调查清楚了。他的报告大引起俄国朝野的注意。

到了十九世纪的中叶，东北的外患又趋紧急，形势的严重远在十七世纪末年之上。因为这时候正演着英、美、俄、法四大强权争北太平洋优势之第一幕。是时英国是无疑的海上的霸主，且有方兴未艾之势。俄、美、法各国处处嫉英、防英。鸦片战争的时候，英国在中国得着许多通商权利；美、法即步后尘，唯恐英国独占。中国的腐弱亦因此战而暴露于天下。同时在北太平洋的东岸，各国的竞争更加剧烈。直到十九世纪初年，北美的西部尚未分界：北有俄国的属地，南有西班牙的属地。两国虽未分界，但两国均不容他国置喙其间。但美国一方面由东向西发展，其西疆垦民如海潮一样地前进；一方面波士顿、纽约及费城为发展中、美的通商，派商船到北美西岸去搜罗海獭皮及到檀香山去收买檀香，以便到中国广州来交易。一八二一年，俄国政府宣布北美西部从白令海峡到北纬五十一度都是俄属的领土的时候，美国政府即提出抗议，并宣布门罗主义。结果俄国承认北纬五十九度为其南岸。俄国所放弃的土地——当时统称为俄勒冈，英、美两国又起争执。最初定为两国共有，等到分界的时候，美国坚执北纬五十四度四十分为英美的界线。一八四四年总统选举的时候，美国的激进分子甚至以承认"北纬五十四度四十分或交战"为对英的口号。一八四六年，英、美终定北纬四十九度为界线。英、美的问题虽以外交解决了，美国与墨西哥则打了两年，结果在一八四八年全加利福尼亚的海岸划归美国。北太平洋的东岸就由英、美、俄三国瓜分了。

　　这时候，因为汽船的使用，太平洋上的交通大加进步。列强均感觉世界的历史已到了所谓太平洋时期。因为竞争之烈，各国都怕落后，都感觉我不取则彼将先取之。十九世纪中叶，东北的外患实际就是列强的世界角逐之一隅。不幸这时正值中原多故，内有太平天国运动，外有英、美、法三国的通商条约修改的要求。中国国运的艰难，除最近这一年外，要算咸丰年间。论物质文明，自十七世纪中、俄两国比武以后，俄国随着西洋前进，不但军器已完全改造，交通亦惯用汽船。咸丰时代的中国所用之军器、军队及交通完全与康熙时代的中国相同，而在国计民生上反有退步。这关之难过可想而知。

五　俄国假道出师与胁诱割地

在好大喜功的尼古拉一世当政的时候（一八二五年至一八五五年），俄国同时向三方面发展：近东、中央亚细亚及远东。一八四七年（道光二十七年），他派了少壮军人穆拉维约夫为西伯利亚东部的总督。以前百数十年学者及官吏对于黑龙江的计划和企图，到了穆拉维约夫的手里就见诸实行了。穆氏第一步派军官瓦加诺夫带哥萨克人秘密越境来调查黑龙江沿岸的情形。瓦氏曾随米登多夫到过恒滚河及精奇里河。他此次越境以后，绝无音信。穆氏反以罪犯越境误被杀戮向中国交涉。黑龙江将军竟代为追究，将行凶的五人治罪。同时穆氏又派海军舰长涅韦利斯科伊从堪察加往南去调查黑龙江口及库页岛。涅氏发现库页实系一岛，与大陆隔一海峡可通航，证明前人的调查不确。他于一八五一年（咸丰元年）入黑龙江，并在其下流立二镇所，尼古拉耶夫斯克及马林斯克，即我国旧籍的阔吞屯。

穆氏于是年春回到俄京，要求政府索性占据黑龙江全北岸。在俄国外交史上，穆氏是仇英派最力者之一。他以为英国企图称霸北太平洋东西两岸，如俄国落后，黑龙江必为英国所占，中国是不能自保其疆土的。咸丰元年四月初七日，俄国致理藩院的公文就代表穆氏的思想：

　　敝国闻得有外国船只屡次到黑龙江口岸，想此船来意必有别情，且此帮船内尚有兵船。我们既系和好，有此紧要事件，当即行知贵国。设若有人将黑龙江口岸一带地方抢劫，本国亦非所愿，黑龙江亦与俄罗斯一水可通……

　　此时俄国外长涅谢尔罗迭以为近东问题紧急，不宜在远东与中国起衅，力阻穆氏的计划。尼古拉一世采取了折中的办法，黑龙江全北岸固不必占，但已立的两个镇所亦不撤弃。俄国实已违约而侵占黑龙江口，但北京不但未提抗议，且全不知有其事。

　　直到咸丰三年，俄国尚无侵占黑龙江全北岸的计划和行动。是年俄国致理藩院的公文只求中国派员与穆氏协立界碑及划分无界之近海一带。此文明认"自固（格）尔毕齐河之东山后边系俄罗斯地方，山之南边系大清国地方"。我国经理藩院及黑龙江将军计议后，允许派员协同立碑划界，并未疑此中别有野心。

　　不幸这时近东问题竟引起战争。一八五三年，俄国对土耳其宣战。次年，英法联军以助土耳其。这个所谓克里米亚战争不但未牵制俄国在远东的行动，反供给穆拉维约夫所求之不得的口实。我们不是说，倘西方无克里米亚战争，俄国就不会侵占东北的边境。细读过本文前段的人知道，俄国在远东之图往南发展是积势使然。我们不过要指出，克里米亚战争促进了穆氏的计划。是时俄国在堪察加的彼得罗巴甫洛夫斯克已设军港，并驻有小舰队，英、法为防止俄船出太平洋扰害海上商业计，势必派遣舰队来攻：近东战争居然波及远东！俄国为应付起见，以为唯假道黑龙江方足济事。这举固然不合公法，但"急须不认法律"。穆氏在伊尔库茨克及尼布楚积极预备了军需、船只及队伍。咸丰四年春，他遂率领全队闯入黑龙江。

　　穆氏在未起程之先，曾致书库伦办事大臣，声明他要派专差送紧要公文至理藩院。德勒克多尔济以与向例不符，不允所请。其实穆氏知道北京必不许其假道，与其费时交涉，不若先造成事实。但假道的请求，在形式上他也算做到了。咸丰四年四月二十五日，他从石勒喀河起程，带汽船一只，木船五十只，木筏数十，兵一千。五月十三日抵瑷珲。他在此地所见的中国军备有船三十五只，兵约一千，大半背上负着弓箭，少数带着鸟枪，少数手持木矛，全队还有旧炮数尊。"二百年来，中国绝无进步"，这是当时俄人的感想。我们地方官吏如何应付呢？吉林将军景淳的奏报说：

> ……查东省兵丁军器一概不足，未便遽起争端，止向好言道达，小船扯篷。胡逊布欲待始终阻拦，恐伤和睦，当派妥员尾随侦探……

　　盛京将军英隆及黑龙江将军奕格会衔的奏折完全相同。概括言之，疆吏应付外侮的方法不外"好言道达，尾随侦探"八字。中央的政策亦复相同，谕旨说：

> ……该将军惟当密为防范，岂可先事张皇。……即着严为布置，不可稍动声色，致启该国之疑。……如果该国船只经过地方，实无扰害要求情事，亦不值与之为难也。

　　在东边海防紧急的时候，穆氏正怕中国与之为难。所以他教北京俄国教堂的主教巴拉第上书与理藩院，代为解释。从这书中可以看见穆氏要给中国什么麻醉品：

> 本大臣之往东海口岸也……一切兵事应用之项，俱系自备，并无丝毫扰害中国。……本大臣此次用兵，不惟靖本国之界，亦实于中国有裨。……如将来中国有甚难之事，虽令本俄罗斯国帮助，亦无不可。……

原来俄国此举是友谊的，而且是慈善的！德勒克多尔济在库伦也得着一点麻醉品，他转告北京说：

> 该夷……复又言及英夷惟利是图，所有英国情形尽已访闻。初意原不止构怨于俄国，并欲与中国人寻衅。且在广东等处帮助逆匪，协济火药，甚至欲间我两国之好。

英国是中国的大敌，俄国是中国的挚友——从咸丰到现在，这是俄人对中国始终一贯的宣传。"昏淫"的清政府并不之信，唯对于事实的侵略无可如何而已。理藩院给俄国的公文妙不可言：

> 此次贵国带领重兵乘船欲赴东海，防堵英夷，系贵国有应办之事，自应由外海行走，似不可由我国黑龙江、吉林往来。

俄国的侵略当然不能以"似不可"三字抵阻之。咸丰五年俄国假道的人马三倍于四年的。此外尚有垦民五百，带有农具牲口，永久占据的企图已微露了。我国疆吏仍旧"尾随侦探"及"密为防范"。当时外交的软弱和不抵抗主义的彻底虽可痛惜，吾人亦不可苛责。咸丰帝原来是主张强硬外交的。在即位之初，他就责贬穆彰阿及耆英，把他们当作秦桧，而重用林则徐，好像他是岳武穆。咸丰帝对外之图抵抗实在是心有余而力不足，当时太平天国声势的浩大还在现今八路军之上。东三省的军队多数已调进关内。五年冬，吉林将军景淳的奏折把当时的形势说得清楚极了：

> 查三姓、珲春、宁古塔皆有水路与俄夷可通，距东海则各以数千里计。其间惟松花江两岸有赫哲、费雅哈人等久居，余则旷邈无涯，并有人迹不到者，控制诚难。……寻思该夷自康熙年间平定以来，历守藩服。今忽有此举动，阳请分界，阴图侵疆；以防堵英、佛为名，俾可恣意往来。其不即肆逞者，乃因立根未定耳。今当多故之秋，又乏御侮之力，此中操纵，允宜权量。各处旱道原多重山叠嶂，彼诚无所施其技；水路则节节可通。又就人力论之：黑龙江存兵固多，病在无粮；吉林既无粮而兵又少。再就官弁情志论之：此时皆知自守，谁敢启衅？……查吉林额兵一万一百零五名，四次征调七千名，已回者不及八百名。三姓、珲春、宁古塔刻下为至要之区，三处仅止共存兵八百余名。虽令各该处挑选闲散，团练乡勇，究之为数无几。到城驻守，行资坐费，无款可筹。……

抵抗虽不可能，我国当时的外交还有一条路可试，就是根据咸丰三年俄国的来文与俄国趁早立碑分界。时人亦以此路为利多害少。三年冬，景淐本已派定协领富呢扬阿为交涉员。四年五月，木里裴岳幅超过三姓之后，富呢扬阿就去追他。行到阔吞屯附近，俄人告以穆氏已到东海去打英国人。富呢扬阿见该处军备甚盛，而其赫哲引导亦不敢前往，遂折回了。于是吉林、黑龙江及库伦的疆吏决定各派一人，等到五年春会齐前往与穆氏交涉。因时期及地点未预先约好，三处所派的交涉员东奔西跑，于八月内始在阔吞屯找着穆氏。初十、十一、十二，穆氏称病不见。十三日，穆氏要求将黑龙江左岸划归俄国。我方代表以其要求与旧约不符，且"黑龙江、松花江左边有奇林、鄂伦春、赫哲、库页、费雅哈人等，系为我朝贡进貂皮之人，业已居住年久"，就当面拒绝。穆氏给了他们一封公文，以便复命，交涉就完了。原来咸丰五年东北的情形已非三年可比。在咸丰三年，俄国尚无重兵在黑龙江一带，俄国尚不明东北的虚实，俄国政府尚不愿听穆氏一意进行。到了五年，这些情形都不存在了。所以三年，俄国尚要求根据条约来立碑分界；五年，则要求根本废《尼布楚条约》。不过在五年，穆氏尚未布置妥帖，实不愿急与我方交涉。

克里米亚战争于一八五六年结束。俄国在一八五四及一八五五年不但击退了英、法舰队来犯东边海岸者，且在黑龙江下流立了两个重镇。等到战争一停，俄国在黑龙江的行动就变更性质：以先注重运军，现在则注重移植农民；以先注重下流，现在则注重中流。呼玛尔河口、精奇里河口及松花江口均被占领，均设有镇市。一八五七年，俄国想派海军大将普提雅廷由天津进北京，中国不允，因为以往俄人只准由库伦、张家口进京。是年初，木里裴岳幅回俄署，要求政府给他全权及充分接济去强迫中国割地。俄政府概允所请。一八五八年春（咸丰八年），穆氏回到黑龙江，带有大部队，准备与中国做最后决算。

是时黑龙江将军是宗室奕山。在鸦片战争的时候，他曾充"靖逆将军"，带大兵到广州去"讨伐英逆"。英国兵打到广州城下的时候，他出了六百万元"赎城"的钱，并允将军队退去广州城北六十里。但在他的奏折里，他反说是英人求和。木里裴岳幅把奕山当作劲敌，未免过于重视他了。

奕山于咸丰八年四月初五日由齐齐哈尔抵瑷珲城。穆氏的船已停在江中。初六日，奕山派副都统吉拉明阿去催开议。穆氏故意刁难，说他如何匆忙，无暇交涉。"再四挽留"，始允开议。初十日，穆氏带通事希什马廖夫及随员上岸进城。穆氏要求：（一）中、俄疆界应改为黑龙江及乌苏里江；（二）两江的航行权属于中俄两国，他国船只不准行走；（三）江左旧有居民率迁江右，迁移的费用由俄国出；（四）在通商口岸，俄国应与各国享同等权利，黑龙江亦应照海口例办理。奕山答以界线应照旧，即格尔必齐河及外兴安岭；至于通商，黑龙江地方贫寒，通商无利，且通商易引起争执。这天的交涉"至暮未定而散"。

次日，十一日，穆氏复进城交涉。他带来满文及俄文的约稿，其内容与初十日所要求者相同，唯江左旧居人民，北自精奇里河，南至霍勒木尔锦屯，可不迁移。经过若干辩论之后，穆氏留下约稿遂回去了。奕山派佐领爱绅泰把约稿送还，以表示不接收的意思。穆氏又送来，奕山又教爱绅泰带约稿去，声明须删去"以黑龙江、松花江为界"一句。穆氏把约稿留下，"声言以河为界字样断不能删改，其余别事，明日进城再议"。

等了两天，穆氏全无动静。十四日，他又带原稿进城，要求奕山签字。奕山拒绝了，且加上一层理由，谓乌苏里河系属吉林将军所辖，他不能做主。"木酋勃然大怒，举止猖狂，向通事大声喧嚷，不知作何言语，将夷文收起，不辞而起"。咸丰八年五月十四日是瑷珲交涉的大关键。奕山的奏折说：

> ……先是木酋未来之前，有夷船五只，夷人数百名，军械俱全，顺流而下，行数十里停泊。木酋来时，随有大船二只，夷人二三百名，枪炮军械俱全，泊于江之东岸，尚属安静。自木酋忿怒回船后，夜间了望夷船，火光明亮，枪炮声音不断……

饱受惊慌之后，十五日奕山就签订《瑷珲条约》了。此约仅二款，第一款论分界，第二款论黑龙江通商。疆界西面仍依额尔古纳河；自额尔古纳河入黑龙江之点起，直到黑龙江入海为止，左岸全属俄国；右岸（南岸）则分两段，自额尔古纳河到乌苏里江属中国，乌苏里以东算中、俄共管。黑龙江及乌苏里江只许中、俄两国船只行走。江左自精奇里江至霍勒木尔锦屯的旧居人民"仍令照常居住，归大清国官员管辖"。通商一款甚简略："两国所属之人永相和好。乌苏里、黑龙江、松花江居住两国之人，准其彼此贸易。两岸商人责成官员互相照看。"

《瑷珲条约》的严重，在我国外交史上简直无可与比拟者。外兴安岭以南、黑龙江以北完全割归俄国；乌苏里以东的土地，包括吉林省全部海岸线及海参崴海口划归中、俄共管，这是直接的损失。间接则俄国自《瑷珲条约》以后，在太平洋沿岸的势力又进一步。列强的世界帝国角逐因之更加紧急，而现在的东北问题即种根于此。且有了咸丰八年的《瑷珲条约》，就不能不有咸丰十年的《北京条约》。

奕山所以签订这约的缘故是极明显的。第一，穆氏的"勃然大怒"及"枪炮声音不断"把他吓坏了。第二，穆氏为他留了塞责的余地。江左屯户仍归中国管理，乌苏里以东算中、俄共有。做到了这种田地，奕山自己觉得他上可以搪塞朝廷的责备，下可以安慰自己的良心。第三，奕山全不明了所失土地的潜伏价值。江左屯户既保存了，"此外本系空旷地面，现无居人"。前文已经说过，东北边境除供给皇室貂皮及人参以外，与国计民生绝未发生关系。奕山的昏愚很可代表他的国家。这一年中国对俄外交所铸的错尚不止《瑷珲条约》，清廷及在天津交涉的桂良、花沙纳均错上加错。

奕山订约的报告及《瑷珲条约》的约文于五月初四送到北京。朝廷并不加斥责，谕旨说："奕山因恐起衅，并因与屯户生计尚无妨碍，业已悉行允许。自系从权办理，限于时势不得已也。"不但奕山可以原谅，且他的办理尚可实用于乌苏里以东的地方。谕旨继续说："即着景淳（吉林将军）迅速查明，如亦系空旷地方，自可与黑龙江一律办理。"咸丰帝之所以承认《瑷珲条约》，并不是因为他素抱不抵抗主义，也不是单独因为奕山之"限于时势不得已"，是因为是时中国的内政外交全盘"限于时势不得已"。太平天国的平定到此时尚全无把握，此外又有英、法的联军及英、美、法、俄四国通商条约的交涉。联军于四月初攻进大沽海口，直进天津。清廷急于北仓、杨村、通州设防，京城亦戒严。《瑷珲条约》送到北京的时候，天津的交涉正有决裂之虞。当时我们与英、法所争的是什么呢？北京驻使，内地游行，长江通商：这是双方争执的中心。这些权利的割让是否比东北土地的割让更重要？大沽及天津的抵抗是否应移到黑龙江上去？我们一拟想这两个问题，就可以知道这时当政者的"昏庸"。咸丰四年，西洋通商国家曾派代表到天津和平交涉商约的修改。彼时中国稍为通融，对方就可满意。清廷拒绝一切，偏信主张外交强硬论的叶名琛。叶氏反于全国糜烂的时候，因二件小事给英、法兴师问罪的口实。咸丰时代与民国近年的外交有多大区别呢？

桂良及花沙纳在天津的外交策略不外离间敌人。他们知道英国最激烈，法国次之，美国及俄国又次之。法、美、俄三国亦知道只要有最惠国待遇一条，其他都可让英国去做恶人。桂良等如何应付美、法二国与本文无关，无须叙述；至于他们与俄国代表普提雅廷的交涉，与东北问题关系甚大，不能不详加讨论。

普提雅廷与英、美、法三国公使同到大沽，同到天津。他最初给桂良等的照会要求二事：（一）割黑龙江以及乌苏里以东与俄国；（二）许俄人在通商口岸有与别国同等的通商权利。他的策略则在输灌麻醉品，以期收渔人之利。照会的一段说：

> 以上两条，如不斥驳，大皇帝饮定，所有两国争竞之事均可消弭。俄国所求，俟得有消息，竭力剿灭英、佛两国，以期中国有益。……再阅贵国兵法器械，均非外洋敌手，自应更张。俄国情愿助给器械，并派善于兵法之员前往，代为操练，庶可抵御外国无故之扰。

桂良等及清廷对于俄国这种意外之助是疑信参半的，但京内京外均以为最低限度应使俄国不与英、法合作，或在旁边怂恿，所谓"助桀为虐"。关于划界，桂良等答以奕山已奉派负责交涉；关于通商，他们以为已开口岸多一俄国亦无妨碍。所以他们与普提雅廷就订了中俄《天津通商和好条约》。其第九款与边界有关：

> 中国与俄国将从前未经定明边界，由两国派出信任大臣秉公查勘，务将边界清理补入此次和约之内。边界既定之后，登入档册，绘为地图，立定凭据，俾两国永无此疆彼界之争。

有了这款，俄国便可要求划分乌苏里以东的地方，我国全无法拖延。这是桂良等联络普提雅廷代价之一。北京承认《瑷珲条约》的谕旨，他们也抄送了一份。普氏即要求决定乌苏里以东的土地归俄国。桂良等也答应了，以为这就是谕旨所说"与黑龙江一律办理"。所以奕山在瑷珲争得的共管之地，桂良等在天津实已赠送俄国，唯条约尚待订而已。

桂良等在天津与英、美、法所订的条约许了外人两种权利与以后东北问题有关系的：一种是牛庄开通商口岸，一种是外人得入中国传教。这两种权利，尤其是牛庄通商，促进了东北问题的世界化。

总之，中国在咸丰八年的外交全在救目前之急，其他则顾不到了。在瑷珲如此，在天津亦复如此。

六 俄国友谊之代价

等到英法联军一退出天津，目前的危急一过去，清廷就觉得《瑷珲条约》及天津诸条约损失太大，非图补救不可。《天津通商条约》

的补救不在本文范围之内，但有一点不能不指出，因为中国要取消北京驻公使、长江开通商口岸及外人在内地的游行，所以引起了咸丰九年及十年的中外战争。有了十年的英法联军，然后有中俄《北京条约》。换言之，因为到了十九世纪的中叶，中国还不图在国际团体生活之中找出路，反坚持站在国际团体之外，俄国始得着机会做进一步的侵略。

《瑷珲条约》及桂良给普提雅廷的诺言之挽回当然困难极了。在东北边境未丧失以前，我国觉得为势所迫，不得不割让；既割让之后，要俄国放弃其已得权利岂不更加困难？中、俄势力的比较及世界的大局并未因英法联军的撤退就忽变为有利于我，而我方之图取消北京驻使、长江通商及内地游行更能使西欧与美国和东欧团结。这些国家虽是同床异梦，然我方的政策迫着他们继续同床。咸丰九年及十年之最后努力不能不失败，这是很自然的。这种努力的发展、方法及终止的原因是我国外交史的一幕大滑稽剧，同时也是一幕大悲剧。

《瑷珲条约》订后，朝廷原以吉林东边空旷地方亦可照黑龙江左岸的办法，但教吉林疆吏去调查地方实际情形。我方尚未调查，木里裴岳幅已带领人员入乌苏里江。疆吏关于此事之报告于八年七月初一到北京。朝廷当日下的谕旨说：

> ……除黑龙江左岸业经奕山允许，难以更改，其吉林地方，景淳尚待查勘，本不在奕山允许之例。……倘夷酋有心狡赖，即着严行拒绝。……该夷此次驶赴天津，业已许其海口通商，并经奕山将黑龙江左岸准其居住往来，即吉林各处未能尽如所欲，在我已属有词，在彼谅未必因此启衅也。

　　从这道谕旨，我们可以看出清廷在八年七月初已决定黑龙江左岸不能挽回，亦不图挽回，但乌苏里以东之地则断不割让。七月初的态度已与五月初的不同，其理由幼稚极了。俄国既得了黑龙江左岸，更加要乌苏里以东的地方。朝廷的态度虽变了，疆吏尚不知道，所以七月初八日，黑龙江副都统吉拉明阿给了木里裴岳幅一个咨文，说："乌苏里河及海一带地方，应俟查明，再拟安设界碑。"这明是承认中、俄可以划分乌苏里以东的地方。实际的划分虽推延到查明以后，但推延不是否认；且与外人交涉，推延是大有时间限制的。

　　疆吏的调查报告于十二月二十日送到北京。他们说乌苏里一带的地方南北相距一千四百余里，"俱系采捕参珠之地"，两岸住有赫哲、费雅哈等，"历代捕打貂皮，皆在该处一带山场，均属大有关碍；且该处距兴安岭甚远，地面辽阔，统无与俄夷接壤处所"。最奇怪地，他们的报告不提海参崴，足证彼时海参崴与东北关系之不重要。朝廷得此报告后，于二十一日下旨，说：

　　　　……该夷要求黑龙江左岸居住，奕山遽尔允准，已属权宜；此次无厌之求，着该将军等妥为开导，谕以各处准添海口，皆系大皇帝格外天恩；因两国和好多年，是以所请各事，但有可以从权者，无不曲为允准。此后自应益加和好，方为正办。若肆意侵占，扰我参珠貂鼠地方，是有意违背和议，中国断难再让。……

　　后三天，复有一道谕旨责备吉拉明阿：

　　　　绥芬、乌苏里两处，既与俄夷地界毫不毗连，且系采捕参珠之地，当时即应据理拒绝。何以副都统吉拉明阿辄许木里裴岳幅于冰泮时驰往查明，再立界碑？

清廷的态度虽较前强硬，反丁此时从吉林调兵一千驻守山海关，从黑龙江调兵一千驻守昌黎、乐亭以防英、法之再来。可见彼时政府仍以防英、法的通商要求比防俄国的侵占疆土为更重要、更急迫。

俄国为促进乌苏里边界之"登入档册，绘为地图，立定凭据"，一面派人进京互换中俄《天津条约》的批准证书，并做进一步之交涉，一面由木里裴岳幅派人去测量乌苏里区域。疆吏既不敢违旨会同查勘，又不敢挡住俄人的进行，结果穆氏的委员伯布多戈斯基于九年的春夏单独测量和绘图。俄国的公使丕叶罗福斯奇于八年冬抵北京。我国派户部尚书管理理藩院事务肃顺及刑部尚书瑞常与之交涉。九年三月中，批准证书互换以后，丕氏提出八项要求，其中第一项即系关于划界的事。可惜《夷务始末》不录来文，只录军机处的答词。但从这答词中，我们可看出朝廷态度之又一变：

> 中国与俄国地界，自康熙年间鸣炮誓天，以兴安岭为界，至今相安已百数十年。乃近年贵国有人在黑龙江附近海岸阔吞屯等处居住。该将军念两国和好之谊，不加驱逐，暂准居住空旷之地，已属格外通情。今闻欲往吉林地界。该处距兴安岭甚远，并不与贵国毗连，又非通商之处，断不可前往，致伤和好。黑龙江交界之事，应由我国黑龙江将军斟酌办理。京中不能知其情势，碍难悬定。

换句话说，军机处仍认《尼布楚条约》为中、俄疆界的根据。虽未明文地否认《瑷珲条约》，等于否认了，因为就是黑龙江左岸，奕山尚只"暂准"俄人居住，吉林东部更谈不到了。俄国于五月里因他故改派伊格那提耶夫来京交涉。伊氏在俄国外交界算一能手，他曾出使中央亚细亚的小邦，以能了解亚洲人的心理得名。我方仍由肃顺、瑞常二人负折冲樽俎之责。肃顺是咸丰末年的权臣，手段亦不凡。伊氏遇着他可说是棋逢敌手。伊氏能强词夺理，虚言恫吓，肃顺也能。在未叙述此剧之先，我们应说明疆吏的应付及中外大局的变迁。

咸丰九年五月，吉林疆吏的警报纷纷到京，说俄人如何已进到乌苏里江的上流，并在该处盖房屋、筑炮台。与之理论，他们总"恃为约内有乌苏里河至海为中国、俄国共管之地一语"。五月初十的谕旨要署吉林将军特普钦"与之决绝言明，将前约中此语改去，方为直截了当"。此时北京方明了祸根所在，所以五月十二日又有一道谕旨：

> 绥芬、乌苏里河地属吉林，并不与俄国接壤，亦并非黑龙江将军所辖地方。上年该将军奕山，轻信副都统吉拉明阿之言，并不与俄国使臣剖辩明白，实属办理不善，咎无可辞。黑龙江将军奕山着即革职留任，仍责令将从前办理含混之处办明定议。革职留任副都统吉拉明阿着即革任，并着特普钦派员拿赴乌苏里地方枷号示众，以示惩儆。

"咎无可辞"当然是对的，但一年以前朝廷已有明旨认《瑷珲条约》是出于"势不得已"；并且何以吉拉明阿之罪反重于主政的奕山？朝廷也知道此中赏罚的不公，不过此举是对外而非对内的。同日还有一道密旨给特普钦：

　　……特普钦接到明发谕旨，即可宣示夷酋，告以乌苏里等处本非俄国接壤，又与海路不通。奕山、吉拉明阿已为此事身获重罪。若再肆意要求，我等万难应允。前此奕山等将黑龙江左岸借给俄国人等居住，大皇帝既已加恩，自不至有更改。其未经议定之地，任意阗越，即是背约。岂有吉林地界转以黑龙江官员言语为凭之理？……该酋见吉拉明阿获罪已有明征，自必气馁，而特普钦等据理措词，当亦较易。……

　　这种对外方法确带了亚洲人的特性在内。同时吉拉明阿以副都统的官职而枷号示众于乌苏里地方，未免于天朝的面子不好看。宜乎木里裴岳幅对这套把戏不过付之一笑。

　　凑巧咸丰九年的五月，中国对英、法得了意外的胜利。自英法联军离开天津以后，朝廷即命僧格林沁担任畿辅的海防。大沽的炮台加料重修，海河也塘塞了，沿海均驻军队。唯留了北塘以便各国公使带领少数随员进京交换《天津条约》的批准证书。英、法、美三国公使于九年五月抵大沽口外，英、法公使带有不少的海陆军。他们决意要由大沽口进，不由北塘进。五月二十五日晨，英、法起始毁我方堵河防具，僧格林沁遂下令反攻。不但海军大受损失，陆军登岸者亦死伤过半。于是北京及东北疆吏对俄稍为胆壮，我们对英、法的胜利影响了对俄的交涉。

　　伊格那提耶夫于五月初十由恰克图起程。他到北京的时候正在大沽捷音传到之后。六月初，他提出草约六条，要求中国承认。其中第一条有关东北：

　　补续一千八百五十八年玛乙月（五月）十六日在黑龙江城所
立和约之第一条，应合照是年伊云月（六月）初一日在大津地方
所立和约之第九条：此后两国东疆定由乌苏里江、黑龙江两河会
处，沿乌苏里江上流，至松阿察河会处；由彼处交界，依松阿察
河至兴凯湖及珲春河，沿此河流至图们江，依图们江至海口之地
为东界。

　　伊氏要求的根据是《瑷珲条约》和《天津条约》。《瑷珲条约》明
载乌苏里以东之地为两国共管；倘根据此约来分界，应由中、俄均
分，不应由俄国独占，更不应由俄国占据乌苏里流域以外的土地，如
伊氏草约所拟。《天津条约》第九条只说两国应分界绘图立碑，并没
有规定划分的方法。伊氏也觉得他的根据不充足，所以在其说明书内
又引咸丰八年五月初四日桂良及花沙纳给普提雅廷的咨文，且加上一
段宣传麻醉品：

　　　　……本国从东至西一万余里，与中国相交一百余年，虽有大
　　　事，并未一次交锋。若英吉利等，十余年之间，常至争斗，已经
　　　交锋三次。然逾数万里地尚且如此，况离此相近乎！若英、佛两
　　　国往满洲地方东岸，兵船火船，来时甚易。中国海界绵长，战法
　　　各处皆不能敌，惟本国能办此事。若中国与本国商定，于外国船
　　　只未到彼处之先，先与本国咨文，将此东方属于本国，我国能保
　　　不论何国，永不准侵占此地。如此中国东界，亦可平安。且须知
　　　我国欲占之地，系海岸空旷之处，于中国实无用处。且贵国使者
　　　须知，因本国官员到彼，并未见有中国管理此处官员之迹，我们

业经占立数处。

在咸丰年间，英、法虽曾攻下广州、天津、北京，但均于和议订下退去。至于东北海岸，英、法不但未曾占领，且未曾有此拟议。伊氏也深知此中情形，不过故意作此谣语，以欺不明世界大局的中国人。这个当，军机处是不会上的。答复虽在法律上很难讲过去，但用了彼之矛以刺彼之盾：

> ……中国与俄国地界，自康熙年间鸣炮誓天，以兴安岭为界，凡山南一带流入黑龙江之溪河尽属中国，山北溪河尽属俄国，所定甚为明晰。至黑龙江交界应由黑龙江将军与贵使臣木里裴岳幅商办。其吉林所属之地，并不与俄国连属，亦不必议及立界通商。贵大臣所云恐有他国侵占，为我国防守起见，固属贵国美意，断非借此侵占我国地方，然若有别国占踞，我国自有办法。今已知贵国真心和好，无劳过虑。

军机处与伊氏有了这次文书的往来，遂由肃顺、瑞常负责交涉。六月二十三日初次会晤的时候，伊氏面请肃顺阅读桂良及花沙纳所发之咨文，内附有批准《瑷珲条约》的谕旨。肃顺等不承认有此谕旨，但三日后又去一咨文，声明虽有此谕旨，但与吉林东界事无关，所以伊氏带来之稿本，"谅必因钞写之误"。六月二十八日，伊氏回答："此等大事，不可有钞写错误之处。本大臣恳乞贵大臣将桂良所奉谕旨原文，送交与我，以便查对错误之处。"肃顺等答以谕旨原文存大内，不便检阅。适是时布多戈斯基带乌苏里区域的地图来北京。伊氏遂要求按俄国新绘地图，即在北京定约分界。"不然，焉能得免侵占？"
肃顺等七月初一日的答文，措辞同样地强硬。在乾隆时代，因俄国不
讲理，中国曾三次停止互市。乾隆年间做过的事，此时也能再做。如
俄国此次不讲理，中国不但要停止互市，"即已经许借与贵国之黑龙
江左岸空旷地方，阔吞屯、奇吉等处"，亦将不借与。"是贵国求多反
少也。总之，绥芬、乌苏里江等处，是断不能借之地。贵国不可纵人
前往，亦不必言及立界"。

　　双方话已说到尽头，条件相差甚远。伊氏行文军机处，要求中国
改派别人担任交涉。军机处告诉他说，肃顺、瑞常"皆系我大皇帝亲
信大臣"，不能改派。伊氏仍不肯放弃，历夏、秋二季，屡次向军机
处行文，均是旧话重提，空费笔墨。军机处亦以旧话搪塞，但在十一
月十六日的照会内，加上一层新理由，即吉林人民之不愿。好像中国
此时要援人民自决的原则。可惜这次人民的意志实在如何，我们无从
知道。俄人在乌苏里区域测量者均说当地的人欢迎俄人去解除他们从
满人所受的压迫。至于军机处所说的吉林人的反对割让，全是北京闭
门捏造的。十年正月十六日的谕旨显露此中的实情：

　　　　现在俄夷以吉林分界一节屡次行文，哓渎不已。当经复以绥
　　芬、乌苏里等地界，奕山等妄行允许后，该处民人以中国地方不
　　应被夷人占踞，公同具呈控告，是以奕山革职，吉拉明阿枷号；
　　并未奉旨允准。倘该国前往占踞，该处民人出来争论，反伤和好
　　等语：借以措词，以冀消其觊觎之心。如该酋伊格那提耶夫将此
　　复文知照木里裴岳幅，恐其向该将军询问，吉林人民有无同递公
　　呈，不愿该夷在绥芬、乌苏里住居之事，着景淳、特普钦遵照前

说，加以开导，以坚其信，勿致语涉两歧，是为至要。

伊氏于十年四月初一致最后通牒，限三日答复。军机处丝毫不退让。照复说：

> ……至乌苏里、绥芬地界，因该处军民人等，断不相让，屡次递呈，现已开垦，各谋生业，万不能让与他人。经该将军等将此情节据实奏明，因恐贵国之人去到，该处人等不容，必致反伤和好。中国向来办事，皆以俯顺民情为要，是以碍难允准。

伊格那提耶夫接到此文以后，宣布交涉决裂，于四月初八离开北京。

这时，穆拉维约夫在乌苏里一带照其自定计划，进行测量、开垦、设防。疆吏虽未抵抗，亦未与划界订约，且似在火燃眉毛的时候，稍图振作。吉林、黑龙江皆办团练。吉林则略为解放山禁，多招参商刨夫入山，"以资兵力"。在咸丰十年的春天，两省的奏折都有调兵设防的报告，好像他们准备抵抗。

不幸十年的夏天，我国另起了风波，把对俄的强硬都消灭了。英、法两国为报复大沽之仇，加添要求，并厚集兵力于远东以图贯彻。伊格那提耶夫适于是时交涉失败后，愤愤不平地离开北京，直到上海、香港去挑衅。他见了英、法的代表就大骂北京当局的顽固与不守信义。西洋各国应一致对付中国，并且非用武力不可。但他的行动亦被我方探知。五月中，暂署两江总督江苏巡抚薛焕的奏折说：

　　……查俄国使臣忽然骤至，未审意欲何为，连日亦未来请见。当饬华商杨坊等密探。旋据报称……今因俄酋到此，极力怂恿英佛打仗，并云在京日久，述及都门并津沽防堵各情形，言之凿凿。谆告普鲁斯、布尔布隆，不必误听人言，二三其见，竟赴天津打仗；必须毁去大沽炮台，和议方能成就。而普酋、布酋为其所惑，主战之意愈坚。……

　　我方知道了这种消息以后，当然设法预防。

　　六月初，英法联军齐集于大沽口外。伊格那提耶夫已先到，并带有兵船四只。美国公使华若翰耶夫亦带有两只兵船在场。初四日，我方接到伊氏照会，询问中俄《天津条约》何以尚未在各海口宣布，并言"英、佛与中国有隙，愿善为说合"。他的"说合"，军机处明知不可靠，但当危急的时候，又不敢多得罪一国，所以含糊回答他说："今贵国欲为说合，足见贵使臣美意。在天朝并无失信于二国，又何劳贵国替中国从中调处。"伊氏颇为失望，遂转告法国公使葛罗由北塘进兵的便利。七月中，英法联军已进天津，桂良与英、法的交涉将要完成的时候，伊氏又来文，要求中国许他进京。军机处还是怕他生事，所以回答他："暂可不必，应俟英、佛二国换约事毕，再行进京办理可也。"等到英、法已经到了圆明园，预备攻安定门的时候，伊氏嘱俄国教士向恭亲王奕䜣要求许他进京，我方依旧拒绝："如果有意为中国不平，亦必在外代为调停；俟两国之兵退后，即可照常来京。"此是八月二十二的事。可见我方防备伊氏到什么程度。

　　英、法军队于八月二十九日进北京，伊氏也跟进了。中国的外交到了这种山穷水尽的时候，伊氏的机会也就到了。九月初二日，咸丰帝自热河行宫宣布谕旨："着恭亲王等迅即饬令恒祺往见该夷，仍遵前约，不另生枝节，即可画押换约，以敦和好。"换言之，朝廷已决定接收英、法的条件。伊氏于九月初五致信于法国公使葛罗，说他如何在北京力劝留守大臣迅速接受英、法的条件。英、法进攻的原意在强迫中国承认《天津条约》及雪大沽之耻，并不在占据北京。英法联军在北京的时候，咸丰帝已逃避热河，北京官吏能逃者也逃散。倘和议不成，势必须进兵热河，那么，时季已到秋末，须等来年。倘英、法压迫太甚，清廷或将瓦解。列强在远东的角逐很能引起世界战争。是时英、法因为意大利的问题全盘关系已趋紧张。因为这些缘故，英国公使额尔金及法国公使葛罗均以为宜速定和议，速撤军队，否则夜长梦多，枝节横生。所以他们将赔款现银部分由二百万两减到一百万两。此中背景，恭亲王及文祥（我方的全权代表）当然无从知其详，而伊格那提耶夫则完全知道，因此他又向我方冒功。

　　九月十一日及十二日英、法《北京条约》签订之后，伊格那提耶夫遂向恭亲王要求报酬。我方代表的感想如何见于他们九月十三日所具的奏折：

　　……本日复接伊酋照会，以英、佛两国业已换约，仍以所祈之事，请派大员前往商酌等语。臣等思英、佛两夷敢于如此猖獗者，未必非俄酋为之怂恿。现虽和约已换，而夷兵未退，设或暗中挑衅，必致别生枝节，且该酋前次照复，有兵端不难屡兴之语。该夷地接蒙古，距北路较近。万一衅启边隅，尤属不易措手。查前次该酋向崇厚等面称，允给英、佛等银两，尚可从缓，且可酌减，并不久驻京师，夷兵亦令退至大沽等处。现英、佛议减现银一百万两，难保非该酋豫探此语，有意冒撞。而此次照会内，颇有居功之意，心殊叵测。

是以恭亲王、桂良、文祥并非觉得俄国有恩于我故必有以报之；他们不过觉得伊氏挑拨之力太大，非使其满意不可。后英国军队因故退出北京稍迟数日，恭亲王等更急了。他们九月二十日的奏折说："且英、佛两夷之来，皆属该夷怂恿。倘或从中作祟，则俄夷之事一日不了，即恐英夷之兵一日不退，深为可虑。"

伊氏所索的报酬除东北疆土外，尚包括西北边界及通商与邦交的权利。恭亲王既以速决为要，所以九月二十三日中俄《北京条约》就议好了，十月初二日（西历十一月十四日）签字。这约的第一条就是规定东北的疆界的，也是全约最要紧的一条。条文如下：

> 议定详明一千八百五十八年玛乙月十六日，即咸丰八年四月二十一日，在瑷珲城所立和约之第一条，遵照是年伊云月初一日即五月初三日，在天津地方所立和约之第九条：此后两国东界定为由什勒喀、额尔古纳两河会处，即顺黑龙江下流至该江、乌苏里河会处，其北边地属俄罗斯国，其南边地至乌苏里河口所有地方属中国；自乌苏里河口而南，上至兴凯湖，两国以乌苏里及松阿察二河作为交界，其二河东之地属俄罗斯国，二河西属中国；自松阿察河之源，两国交界逾兴凯湖直到白棱河，自白棱河口，顺山岭，至瑚布图河口，再由瑚布图河口，顺珲春河及海中间之岭至图们江口，其东皆属俄罗斯国，其西皆属中国；两国交界与图们江之会处及江口相距不过二十里。……

这两个条约——中俄《瑷珲条约》及中俄《北京条约》——在世界历史上开了一个新纪元，即土地割让的纪录。我国在咸丰八年及十年所丧失的土地，其总面积有一百零四万平方公里。现今的东三省加上江苏，比我们这两年所丧失的土地只多三千六百平方公里。法、德两国的面积，比我们这两年所丧失的土地，还少一万七千平方公里。俄国从我国得着这大的领土不但未费一颗子弹，且从始至终口口声声地说俄国是中国唯一的朋友。俄国友谊的代价不能不算高了！

咸丰以后的东北可称为半东北、残东北，因其面积缩小了一半有余，且因为它东边无门户，北边无自然防具——它是残缺的。所以到这种田地的缘由有三：第一是太平天国的内乱；第二是咸丰年间全盘外交政策的荒谬，争所不必争，而必争者反不争；比这两个缘由还重要、还基本的是在世界诸民族的竞进中，我族落伍了。有了这个缘由，无论有无前两个缘由，我们的大东北、全东北是不能保的。

附录之一：资料评叙

中文著作中尚无一种与本文范围相同的。西文中有三部著作，其范围与本文大致相同；其中两部均因十九世纪中年俄国在远东发展之速有所感触而著的，两部均是一八六一年出版的。（1）E. R.Ravenstein, *The Russians on the, Amur, its Discovery, Conquest, and Colonization*（London，1861）。著者用了不少俄国方面的材料，可惜甄别似欠功夫，且不详细注明出处。书后附有简略史料目录。（2）C. de Sabir, *Le Fleuve Amour-Histoire, Géographie, Ethnographie*（Paris，1861）。此书与前书的范围完全相同，资料大致相同，两书著者均系地理学家，两书前半皆叙历史，后半讲地理。（3）F. A. Golder, *Russian Expansion on the Pacific 1641-1850*。著者精通俄文，且专治史；他审查史料的严密远在前两个著者之上。书后附有详细书目，至为可贵。此外尚有北平燕京大学徐淑希教授之（4）*China and her Political Entity*（New York，1924）。此书实即一部东北外交史。西文著作论东北问题而参用中西的材料，据我所知，以此书为最早。

本文论《俄国的远东发展》的一节不过作背景的叙述，故极简略。欲做进一步的研究者应参看（5）G. E. Müller, *Sammlung Russischer Geschichte*, 9 vols.（St. Petersburg，1732-1764）。此书出版几将两百年。批评者、抄袭者、继起者不少，但至今此书有读的必要，因为著者所见及所用的原料实不少。（6）J. E. Fischer, *Sibirische Geschichte*, 2 vols.（St. Petersburg，1768）。此书即抄袭前书者之一，不过著者深知西伯利亚的历史，在重编前人著作的时候亦有所发明和纠正。关于满人向黑龙江的发展，至今尚无专著。《皇清开国方略》《太祖高皇帝实录》《东华录》及《盛京通志》等官书皆记有某年某月伐某部族或某部落来贡一类的事实，但对满人的武功不免夸耀过实，且所举地名及部落名称间有不可考者。何秋涛的《朔方备乘》收了他自己所著的（7）《东海诸部内属述略》及（8）《索伦诸部内属述略》。前书述清太祖、太宗征收牡丹江、乌苏里江、珲春河、黑龙江下流及库页岛各部落的事迹；后书述同时征收黑龙江上流各部落的事迹。两书皆根据咸丰以前的官书，不正确，甚简略，但有系统。

《中俄初次在东北的冲突》的主要资料即《朔方备乘》内的（9）《平定罗刹方略》。此亦官书之一，过于夸耀朝政，但其中保有几件重要谕旨及奏折。在事的人，如郎坦、萨布素诸人的传见于《清史列传》《碑传集》，《清史稿》的"列传"类，皆无声无色，唯（10）《八旗通志》初集卷一百五十三之《郎坦传》诚为至宝之史料。（11）吴振臣《宁古塔纪略》（见《小方壶斋舆地丛钞》）有一段记"逻车国人造反"事，形容俄人炮火的厉害，大可补官书之偏。著者随其父在宁古塔戍所多年，其父亦为被调往征"逻车"者之一，故所记皆亲历的事。

《尼布楚的交涉》的主要史料当然是张诚的日记。张诚即康熙帝所信任的传教士之一，原名 Jean Francois Gerbillon。其日记见于（12）J. B. du Halde, *Description Géographique, Historique, Chronologique, Politique, et Physique de L'Empire de la Chine et de la Tartarie Chinoise*, 4 vols.（La Haye，1736）。康熙二十七年的日记（见卷四页一〇三至一九五）仅记路程，与外交无大关系；次年的日记（见卷四页一九六至三〇一）记尼布楚的交涉甚详。张诚是耶稣会的会员，不敢也不愿开罪中国；同时耶稣会正求俄国许其会员假道西伯利亚来华，故亦不敢开罪俄国。他及徐日升无疑地做了忠实的疏通者。不过日记言其调停之功过甚，因为双方政府最后的训令并没有冲突。《八旗通志》的《郎谈传》及《平定罗刹方略》大可补充张诚的日记。（13）Gaston Cahen, *Histoire des Relations de la Russie avec la Chine sous Pierre le Crand, 1689–1730*（Paris，1912）。著者是法国的一个俄国史专家，且专攻中、俄的关系。俄国已出版的及未出版的史料，关于中、俄这时期的往来的，他曾研究过，于书后备有详细目录。本书第一章论尼布楚交涉，其他各章论中、俄在北京的通商。关于尼布楚以前的交涉，我国旧籍过于简略，且多不实；最好的史料是（14）J. F. Baddeley, *Russia, Mongolia, China: Being Some Record of the Relations between Them from the Beginning of the 17th Century to the Death of the Tsar Alexei Mikhailovich, A.D. 1602–1676*, 2 vols.（London，1919）。上卷大半是著者的叙论，说明俄国十七世纪以前的历史，俄人入西伯利亚的经过，及西伯利亚的地理；下卷则几全为史料，中有曾未出版者，内包括俄人出使中国的记录及报告（页一三〇至一六九，一九五至二〇三，二四二至四二五）。书后有极好的目录。（15）张鹏翮《奉使俄罗斯行程录》（见《小方壶斋舆地丛钞》），记康熙二十七年代表团的行程，亦可资参考。

尼布楚以后、咸丰以前，东北的状况，除《盛京通志》及《吉林通志》外，尚有（16）萨英额的《吉林外记》（光绪庚子年广雅书局刊）及（17）西清的《黑龙江外记》（出版同上）两书的叙述。《吉林外记》述事到道光初年止；《黑龙江外记》到嘉庆末年止。因其不为体裁所拘，这二书的史料价值反在官书之上。至于十九世纪的前半，列强如何竞争太平洋的海权，我们从（18）Foster Rhea Dulles, *America in the Pacific: A Century of Expansion*（New York，1932）可窥见一斑。

书后附有很详细的目录。

咸丰一朝，中、俄关于东北的冲突及交涉当以（19）北平故宫博物院出版的《咸丰朝筹办夷务始末》为主要史料。书共八十卷四十册，民国十九年出版。因此书的出版，在此书以前的著作均须根本修改。咸丰朝，我方主持中、俄交涉者——奕山、景淳、特普钦、桂毅、恭亲王奕䜣、文祥诸人——的文稿均于《夷务始末》初次发表。关于伊格那提耶夫的挑拨，（20）Henri Cordier,*L'Expedition de Chine de 1860-Notes et Documents*（Paris，1906）及（21）Henri Cordier, *Histoire des Relations de la Chine avec les Puissances Occidentales 1860–1900,*3 vols.（Paris，1901）之第一册第六章有不少的材料，可惜法国人不知伊氏的狡猾。

俄文的资料必甚多，可惜著者因为文字的困难不能利用。在未直接利用俄方资料之前，我们谈不到东北外患史的最后定论。

附录之二：清太祖、太宗征服的边境民族考

草此文时，亟思参考人类学家的著作，以决定所谓索伦及窝集诸部的种类，于是向清华同事史禄国教授请教并参用了他的 *Social Organization of the Northern Tungus*（Commercial Press，1929）。我参考了几张详细地图并审查了许多名字。我的结论大概如下：巴尔呼即西人所谓 Bargut，是蒙古种类的。索伦即 Solon，鄂伦春即 Orochun，均是北通古斯种类的。达呼尔即 Dahur，其语言是蒙古语言的一种，其种类是蒙古种类或通古斯种类尚待考。窝集部的"窝集"实即满

文的森林；此部支派甚多，按其风俗及区域大概是 Goldi。奇勒尔即 Gilak；库叶即居库页岛的 Gilak。赫真及飞牙喀大概也是 Goldi。穆伦、奇雅、瓦尔喀大概是 Udehe。

附录之三：释"俄罗斯察罕汗"

"察罕"或"察汉"并非任何俄皇的名字，亦非 Tsar 的译音。二字实即蒙古文之白色的"白"字。"察罕汗"就是"白汗"，这是当时蒙古人给俄皇的称呼而我国抄袭之，正如蒙古人称清朝皇帝为 Bogdikhan 而俄人借用之，光绪年间总理衙门曾因 Bogdikhan 一字向俄国提出抗议。凡此足证中、俄两国最初的相识是以蒙古文及蒙古人为媒介的。

附录之四：《尼布楚条约》之条文考

现今最有权威的中国条约集是海关总税务司所出版的 *Treaties, Conventions, etc. between China and Foreign States,* 2 vols. (Shanghai)。书中所载之《尼布楚条约》有中文、法文及英文三种。其法文稿录自张诚的日记，中文稿录自《通商约章类纂》。按《类纂》所录者即《平定罗刹方略》所记的界碑碑文。此碑文原用汉、满、蒙、俄及拉丁五种文字，但所刊的并非条约全文，不过其撮要而已。且界碑并非中俄两国共同设立，乃中国单独设立，其无权威可知。旧外务部所刊的《各朝条约》有碑文，亦有条约全文，碑文录自《平定罗刹方略》，约文系录自《黑龙江外记》。著者西清明说（卷一页十一）他得着条约的满文稿，再由满译汉，所以中文的《尼布楚条约》仅有这《外记》所录的。以《外记》的条文来比张诚日记的条文，不符之处颇多。原来《尼布楚条约》以拉丁文本为正本，是两国代表所同签字的。这拉丁文本是张诚撰稿的，日记的法文本是张诚自己所译的，所以最有权威的是拉丁文本，其次要算日记里的法文本。兹特从这法文本译汉如下（原文见 Du Halde，vol. IV，pp. 242 ～ 244）：

大皇帝钦派：

领侍卫、议政大臣、内大臣萨额图，内大臣、一等公、都统、国舅佟国纲，都统郎坦，都统班达尔善，镇守黑龙江等处将军萨布素，护军统领玛喇，理藩院侍郎温达，于康熙二十八年七月，在尼市楚城附近，会同俄国全权大臣戈洛文，为要禁绝那般越界捕猎及抢掠杀人滋事的不法之徒，并要确实划清中华及俄罗斯两帝国的边界，更要建立永久的和平及谅解，双方一意的议定下列诸款：

第一条。自北流入黑龙江的绰纳河，即满文的乌鲁木河，最毗近的格尔必齐河即作为两国的边界。处于格尔必齐河河源之上的，而且绵延至海滨的山脉亦作为两国的边界：从这山脉之南流到黑龙江的一切大小溪河及山脉峰脊之南的一切土地皆归中华帝国所有；山脉之北的一切土地溪河皆归俄罗斯帝国所有。但这山脉及乌第河之间的土地暂不划分；等到两国大使返国，得了决定此事的必须知识，然后或由大使，或由函札，再行决定。

此外流入黑龙江的额尔古纳河也作为两帝国的边界：这额尔古纳河以南的一切土地均属中华帝国；以北的一切土地均属俄罗斯帝国。在莫尔道嘎河流入额尔古纳河之处，在南岸已有的房舍均应迁至北岸。

第二条。俄罗斯人在雅克萨所建的城垣应尽毁灭。俄罗斯帝国的臣民在雅克萨居住的，连同他们的财物应撤回至俄罗斯王的领土。

两国猎户，无论因何事故，均不得超越上面的疆界。

如有一二小人越界游行，或为捕猎，或为窃盗，应即行擒拿，送交两国边境的巡抚或武官。该巡抚审知罪情后，应给以相当的惩处。

如十人或十五人以上聚群携械，越界去捕猎，或抢掠，或杀对方的人民，应奏报两国的皇帝。所有犯这类的罪的人，审明属实，应处以死刑。但不得因私人的暴行引起战争，更不得因此而致大流血。

第三条。以往所有的争执，无论其性质如何，今以后忘记不计。

第四条。自两国宣誓成立本永久和约之日起，两国绝不收纳对方的逋逃。如有人从一国逃到对方国去，应即擒拿送回。

第五条。俄罗斯臣民现在中国者及中国臣民现在俄罗斯国内者，概仍留如旧。

第六条。两国之间既已成立本和好友谊条约，一切人民均可完全自由地从一国到对方国，惟必须携带执照，证明他们是得允许而来的，他们并可完全自由交易。两国边境的争执既已如此结束，而两国之间既已成立忠诚的和平及永久的友谊，如双方切实遵守本约明文所定的各款，以后不应发生任何争执。

两国大使将本约盖印后，互换两本。并且两国应将此约用满文、汉文、俄文、拉丁及别上石碑，在认界上树立，以作永久纪念，俾不忘两国间现有的谅解。

（录自《清华学报》第八卷第一期）

南京的机会与日本的"和平"

一　小序

一九三一年九月十八日，日本关东军按照蓄谋已久的计划，先是炸毁了沈阳柳条湖附近的南满铁路路轨，并嫁祸于中国军队，后又以此为借口，进攻沈阳北大营。由于东北军执行"不抵抗"政策，日军当晚就攻占了北大营，次日便占领了整个沈阳城。随后，日军不断扩大侵略范围，短短四个多月，就攻陷东北辽宁、吉林和黑龙江三省一百二十八万平方公里国土。这就是震惊中外的九一八事变。

日本占领东北三省以后，立即着手在东北建立自己的傀儡政权。时任特务机关负责人的土肥原贤二以复兴清朝为条件，说服清废帝溥仪到东北筹建"满洲国"。一九三二年三月一日，"满洲国"正式成立，溥仪担任"国家元首"。十一月二十四日，日本任命关东军司令官武藤信义为驻"满洲国"大使，成为中国东北的实际掌控者。

日本攻占沈阳，中国国内舆论一片哗然，要求国民政府坚决抵制日本的侵略行径。九月十九日，中国驻国联全权代表施肇基向国联提交报告，请求国联主持公道；同日，中国外交部长王正廷向日本公使重光葵提出严重抗议；九月二十一日，施肇基正式向国联提出申诉；九月二十三日，中国政府就此事照会美国政府，希望对方"深切关怀"。诸列强担心日本在东北的军事行动可能会影响到他们在中国的利益，于是由美国主导的国联发出了对日本的强烈谴责，并派遣以李顿为团长的调查团到上海调查中国与日本在满洲的争端，以及九一八事变的始末。一九三二年十月二日，调查团发表报告，指出日本是侵略者，"满洲国"的成立是日本侵华的产物；但又认为日本与满洲有经济联系，日本对满洲的关切"无可厚非"。最后国联得出结论：满洲应该获得自治，但仍应受中国控制。由于国联不承认"满洲国"，日本提出要退出国联以表示"不满"。

实际上，日本根本没把国联放在眼里，如能借此退出国联，摆脱国联的束缚，正是日本政府梦寐的事情。一九三三年二月二十二日，日军与"满洲国"伪军对热河发动全面进攻，热河抗战爆发。热河军阀汤玉麟不但未能做出有效防御和抵抗，还动用下属军队为其搬运私财，逃往滦平。日军仅以一百二十八名骑兵为先锋，轻松占领承德，中国又丢掉了热河省。热河失守，国内民情鼎沸，纷纷抨击张学良的"不抵抗"政策，要求惩办责任者。国际上，由于英、美、法等国的在华利益受到严重损害，二月二十四日，国联通过决议，宣布"满洲国"的建立不符合国际法普遍公认的原则，要求国联及其成员国均不得承认其为主权国，并要求日军撤出中国东北，把东北交由各国"共管"。三月二十七日，日本政府指责国联的"不公正"态度，声明日本自即日起正式退出国联。

一九四五年八月十五日，日本战败投降，通过九一八事变建立的傀儡政权"满洲国"也随即灭亡了。

二 "九一八"的责任问题

假若九一八事变发生在别的国家（这当然是不可能的），我们想想这事件大概会怎样发展：无疑地，一方面的发展是军事的抵抗；又假若该国也像中国一样不但无抵抗的能力，且也无抵抗的坚强意志（这当然也是不可能的），那又怎样呢？最低限度，民众团体、舆论机关及国会代表要群起追究这事件的责任和经过。政府呢，将不待国民的催迫，就会在国会里发表负责的、附有证据的说明，同时又将不待国联的调查，就会发表白皮书或红皮书或蓝皮书使全世界都能明了该事件的真相。这些口头的或书面的说明，虽然不能完全是客观的、科学的，纵使大部分是当局者为自己粉饰而诿过于人的，总而言之，不待周年的国耻纪念，该国政府对于该事件的官方观，早已为世人所熟知了。

现在我们已到丧失东北的周年忌日了，而我国政府至今没有这样的说明。直到现在，关于九一八事变的远因近因我们还有许多问题存在。我国没有国会，当然没有国会记录可寻找。但是我们的政府是对党负责的，政府对党总应该有一个系统的报告。若是有的话，我是没有看过，也没听人说过。至于各国外交部所惯有的色皮书，我至今没有听说我们的外交部关于九一八事变发表过。这是个什么样的政府？什么样的国家？

"九一八"的责任问题没有多少人提出过，最大的原因是一般人都想这责任无疑是在日本身上，用不着追究。除非我们把整个东北送给日本，无论我国人民及政府怎样对付日本，九一八事变是要发生的，日本是要用武力占领东北的。这几乎是我们全国一致的观察。我对此观察大致是同意的，但不能全无疑问；并且就是中、日彼此间的责任问题明白了，我方事前预防的努力的方法及程度都是有问题的。

"九一八"的事变说是日本预谋的，因此是万不能避免的，未免太笼统了。若指日本的军人言（恐怕也还有例外）这话大概是对的。若指彼时的日本政府言，这话显然是不对的。我们的证据是：第一，九一八事变发生之前，日本显然没有外交的预备。国联关于此事最初两次的开会绝不利于日本，就是日本所反对的议案，理事会公然提出，毅然付表决，置日本的反对于不顾。倘九一八事变是民政党内阁的政策，那么，日本外务省事先必有一番的努力。纵使我们承认日本外交的笨拙，也不至于全理事会无一国的代表与日本表同情。现在我们知道理事会间接限期撤兵的议案之通告（日本除外）最主要原因尚是欧西各国不明事件性质的严重；不然，他们也不会骑上不可下的老虎。这更足以证明日本事先没有外交的预备，间接证明九一八事变不是民政党内阁的政策。第二，民政党内阁的丧失政权及其最要阁员井上的被刺，皆足以证明日本军阀之不满于民政党及民政党之不与军阀同道。第三，为防止事件之更加扩大，币原曾同意于我方锦州设立中立区的提议，并对美国有不侵犯锦州的声明。

不但此也，去年夏季日本政府曾要求我方与之交涉东北悬案，我方除推诿外，别无所为。据我所闻，币原曾向我国驻日公使表示，中国应趁他在朝的时候与日本协议两国关系根本的改造。他说他固不能做人情而不顾日本的利益，但他的后任者要的价恐怕更加高，而且必至闹到不可收拾的田地。币原这种劝告，听说我方置之不答。我不说我国当局不接受币原的要求就是错了，因为就是民政党也可提出我方绝不能承认的条件，但我们应该知道到底在"九一八"以前日本对我们提出了没有一种妥协的方案。倘若提出了，其内容怎样；我方的应付是简直不与谈判呢，还是虽起始谈判，因双方相差的过远就中途停止了。这一段管家的经过，是公仆的政府应该向主人翁的国民报告的。

原来中、日的外交，双方均是感到困难的。在我们这面，日本在"九一八"以前已实施了高压的手段，强夺了不少的权利，不能不教我们仇视日本。但是我们的国家尚在统一建设之中，倘若这建设的中国是仇视日本的，必于建设未完成之先遭日本莫大的打击，这是显而易见的。为新中国计，无论治本是亲日或仇日，在过渡的时期不能不万分努力以图避免中、日的决裂。就是不为国家打算，单为军政界的领袖打算，也不能不如此，因为我可断定，仇日的领袖或党派，日本人决不让他统一中国。至于说在近几年欧美或有国家愿以实力帮助一个仇日的领袖或党派完成统一，这是绝不可能的事。尚情感者必说，甲午以后，或"二十一条"以后，中国对日就只有报仇的政策。现在姑不讨论这政策的根本是非。我们要记得，普法之战以后，法人仇视德国的情感当不在国人对日仇视之下，然而直等到法国元气恢复了，俄国的联盟成立了，法国在朝的当局无不尽其力之所能以免法、德的决裂。我现在要提出责任问题是"九一八"以前的我国外交当局，尽了还是没有尽了他们力之所能以免中、日的大决裂。照我所知，他们不但没有尽，简直不知道大祸之将至。甚至在野人士有以日本舆情之激烈相劝告者，当局亦置之不理。除非别有证据拿出来，"九一八"以前外交当局的误国之罪是不能逃的。

九一八事变发生以后，日本的宣传集矢于东北地方当局。这自然有其作用。我们不可完全根据这种宣传来评判我们的疆吏，并且我们还要记得，东北悬挂青天白日旗及积极修路筑路，无论其原动力如何，总是走的路对。张学良氏近日有句话，大致说："如张氏父子不爱国，哪能有今天之祸变？"其实所谓爱国在今日应该是人人公有的道德，尤其在负国家大任者不能以"爱国"二字搪塞一切。据欧美新闻记者及外交官的调查，近几年来东北人民所受政府及官吏的压迫和剥夺简直不堪言状。这般中立国的人士都说"九一八"以前的政权，就是为东北人民计，是不应该恢复的。凭良心说，东北我也曾实地去考察过，东北的地方行政，若拿关内来比较，只有比平均成绩好，不会比平均成绩坏。但这是因为东北经济较为发达，一切行政的设施比较容易见功效。有了那种经济的基础，当局的人不能励精图治，只知穷兵黩武，闹到财政破产、民不聊生，这责任除东北当局外，是丝毫不能移到别人身上的。一国内政的好坏固然不能充作外国侵略理论的根据，但国际政治事实上论理的少、论势的多。就现在国际大势论，东北以往行政的成绩可说是东北问题的致命之伤。

"九一八"以前的外交，东北当局亦不能完全脱离责任。名义上虽为中央主政，事实上地方实左右之。据我所闻，推诿的政策与其说是中央所决定，不若说是地方所酿成。此外，中村案件及朝鲜人租地问题，地方当局亦未处置得当。三年以前中、俄的冲突，表面上与九一八事变无关系，事实上确不少。从法理的立场看，中、俄的冲突不能说是俄方负责的；从政治的立场上说，简直不必多此一举。当时军事的经过，因为我们只读受过检查的报纸，还是不明真相。日本及欧美的报纸则无所忌讳，他们说苏俄军队实际入中国境者不满三千人；中国军队除一旅外，毫无抵抗能力。在满洲里及海拉尔，中国军队不但没有抵抗，且于奔逃之前，大肆抢掠，冲突的结果是屈服于俄国的条件。最近英国舆论界领袖柯蒂斯氏发表一部《大问题的中国》，其论中、俄冲突与九一八事变的关系，颇值得我们的注意。他说：

> 日本从此事件得了一个结论，就是中国的军队，若以迅速的强有力的行动临之，无不崩溃。中央及地方的关系是如此疏远，外国可以以武力对付满洲的地方政府而不必对中国宣战。……以事后之明论之，苏俄的胜利，毫无疑问的，给了日本武人一个很深刻的印象，尤其是在满洲的日本军官。

三年以前的中、俄冲突的责任，虽在公文上中央已负担起来，但照中国政治的实情看来，地方当局至少要负一半。

然而中央及地方的当局者究竟均是人，还均是中国人，他们也免不了受环境和时潮的支配。我们近几年来朝野所共造的空气，一句话，就是虚骄自负。今天打倒这个，明天打倒那个。不问自己的能力是否与欲望同时长进，不权衡事件的轻重缓急，好像我们的敌人愈多愈好。自己让自己的口号标语麻醉了，而美其名曰，这是"革命的外交"。等到九一八事变一发生，前日我们口号标语中所要打倒的，我们厚起面皮来，求他们同情和帮助。当局所做的就是仰承他们的主人翁——民众——的意旨所做的。有这样的民众然后有这样的当局，全国都变为开空头支票的。好在还有一班明眼的外人，知道中国民众尚是中古的民众，所谓口号标语不过是中古人的符咒，是无关紧要的。

我们不要白过九一八事变的忌日而不去追究我们的当局和我们自己的责任。若是白过了，第二次和第三次的九一八事变还要发生。至于日本的前途，我是不替他抱乐观的。自从去年的"九一八"到今年的"九一八"，日本的军阀，除为日本民族挖坟墓外，别无所事。所可忧虑的，日本的失败未见得就是中国的胜利。

　　　　　　　　　　——一九三二年九月十八日《独立评论》第十号

三　国联调查团所指的路

　　去年十二月十日国联行政院的决议案所给予调查团的任务有二：一个是调查中日冲突的远因、近因及现状；一个是考虑解决的方法。"该团声明对于已往行动之责任，坚持较轻；而对于寻求防止将来再发生此类行动之方法，坚持较重。"调查团虽把两种任务都做了，却自定了轻重的区别。因此报告书虽是整个的、前后相贯的，末后两章（论解决原则及具体方案的两章）无疑是报告书的主脑。调查团也因此仅首先发表前八章的摘要，于后二章则发表全文。

　　李顿爵士及其同事在这二章里为中、日两国指出了一条邦交的新路。其精神及主旨完全与行政院的议决案相符——"务须对于两国之根本利益，予以调和"。这是我们完全赞成的，也是我们历年所主张的。原来现代的外交不是在占便宜，是在调和国际的利益。我们外交的出路也不是在危害外人的利益来促进我们的利益，是在设法使中外的利益共同长进；最低限度，要使我们的利益不受外人的侵害。本此精神，调查团要日本退让两件事：（一）取消"满洲国"，（二）撤回东三省的驻军。同时也要中国退让三件事：（一）东三省的特殊自治制度的创立，（二）日本在东三省经济权利的承认，（三）中、日新商约的缔结。为善后计，调查团此外又提议中、日两国应缔结和解、仲裁、互不侵犯及互助条约。我们现在看看这个方案是否"对于两国之根本利益，予以调和"。

在调查团的眼里，日本对中国有两条路可走。一条就是"九一八"以来所走的路，用武力分割中国。换句话说，在中国的领土上建设亚洲大陆帝国。"九一八"的事变，在日本方面，是按照预定计划进行的、非自卫的。调查团报告书第四章说得有据有理，无论日本如何强辩，我们恐怕这个判词是天下永久的定谳。"满洲国"原先是日人造的，现在也是日人把持的。换言之，"满洲国"就是日人大陆帝国的实现。有了这个第六章，"满洲国"的傀儡戏完全揭穿了，日人此后再不能掩盖天下人的耳目了。这条路是军国主义的路，是走不通的。"满洲国"的维持"与国际义务之主要原则不合（Does not adopt to us compatible with the fundamental principles of existing international obligations），并与远东和平所系之两国好感有碍，且违反中国之利益，不顾满洲人民之愿望；兼之，此种办法日后是否可以维护日本永久的利益，亦尚属疑问"。日本单靠移民不能解决他的经济问题。移民以外，必须图进一步的工业化。若然，不能不谋市场。那么，中国关内各省市场的重要远在东三省之上。为日本计，中日关系比日满关系还重要。日本断不可因专顾满洲而丧失中国国内的市场，何况在日本军国主义之下满洲不能安宁，经济无从发展呢？至于日本军阀在东三省设防的计划，调查团亦以为行不通。"日本军队受时怀反侧之民众包围，其后有包含敌意之中国，试问日本军队能不受重大之困难否耶？"维持"满洲国"及在满洲设国防皆是军国主义的政策，是行不通的。其理由除调查团所举的外，我们还可加一个，就是调查团的报告，尤其是第五章及第九章。依我看来，这两章给了

"满洲国"莫大的打击。

调查团确为日本指出一条新路：日本放弃在东三省的帝国野心而专力于纯粹的经济事业。日本怕中国危害他的已得权利吗？调查团提议中日两国新订条约，承认日本在东三省之经济利益，包括铁路及土地商租权。日本怕以后东三省的发展没有他的份吗？调查团提议中、日在东三省经济合作，日本怕东三省行政不良足以妨碍他的经济事业吗？调查团提议东三省应有特殊的自治制度。此外，调查团还提议中日新商约以图促进中、日贸易。日本所有的实在利益都顾到了。调查团并不要日本放弃他的根本利益，不过要日本变更求利益的方法。

日本所走的路及调查团所指的路有很大的差别——时代的差别及国情的差别。一条路是军国所走的，一条路是工商国所走的。调查团的团员均来自受过欧战洗礼、工商经验及殖民经验较富的国家。他们的思想恐非后进的日本帝国所能领会，不知调查团曾否考虑日本的国情。报告书第一章认为中国近年的政情使中、日冲突尖锐化了。中国近年一面图谋收回国权，一面继续演我们的内战，使友邦皆感不便，尤其是邻近的日本。我认为这个批评虽非公允的，但是客观的、而且是友谊的。我惋惜调查团未对日本近年的政情照样加以客观的、友谊的研究，因为远东问题闹到如此田地，日本的政情和中国的政情是同等的造因。日本的物质文明是近代而又近代化了，但是他的政情包含着封建及军国元素甚多。军阀的跋扈、在乡军人会及黑龙会的活动、亚洲大陆帝国的野心——这些现象不加以研究，则远东问题绝不能了解。西人徒知近年与中国交涉的麻烦，不知我们与日本邻居的困苦。日本不但地理上多火山，政治上就是远东、全世界的一座大火山，时时可以爆发的。因为调查团对日本的政情未加充分的研究，所以报告书论中国政情致有欠公允之处。报告书说国民党使中国近年仇外的空气浓厚了。不错，但此中有点大区别是不可忽略的。国民党在野时代向带亲日色彩。孙中山先生看破了缔造新中国须得日本的好感，他一生所处的境遇也不容他不联络日本。联俄以后、北伐之初，国民党虽口倡打倒帝国主义，取消不平等条约，实际的对敌是英国。南京案件发生的时候，新兴的国民党与日本尚是感情融洽。近年国民党及一般民众对日本的恶感实起自济南案件，这是客观的史家所不能否认的。报告书摘要不提济案，我不知道调查团是否认清济案的真正意义及其所发生的影响。日本所派到济南的军队，不是来保护日侨，是来要过路钱的。派遣军队到济南就是明白地表示：除非中国给日本相当的报酬，日本不会让中国统一。所谓相当的报酬就是东三省。假使在一九二八年及一九二九年的前半，国民党当局把东三省送给日本，就是田中也不得派兵到济南。纵使我们承认济案及九一八事变，国民党的过激主义有以招之，一九一五年的"二十一条"总不能归咎于国民党。一九一二年，日本一面与国民党联络，一面与清廷交涉，许清廷以协助，只要清廷愿意放弃东三省，调查团的团员倘若翻看其外部所藏之外交公文，就知道此中的内幕。宣统末年，第一个银行团准备大借外债与中国的时候，日、俄两国竭力阻止，说明中国的现代化不利于日俄。调查团只分析了中国近年的政情而不注意日本近年的政情，因此团员对远东问题的性质未得着根本的认识，又因此所提出的解决方案是日本军阀所不愿接受的。

调查团似乎不能不知道前段所说的。调查团或者想日本不乏开明的领袖。倘国联及美国给这般人相当的精神援助，他们或能挽回狂澜。所以调查团的方案与去冬民政党内阁所提出之基本五条若合符节，在利于日本方面，只有过而无不及。虽然，我们对于调查团的方案是佩服的。远东和平关系中、日两国的前途和全世界的前途太大，调查团不能因为日本已疯狂地走上了死路，就不尽人事之可能而不指出一条活路。在我国方面呢，我主张不问日本接受与否，我们除一点应保留、一点待考虑外，应完全接受调查团所拟的方案。我这样的主张，并不是因为我不知道这方案含有若干矛盾及其有不利于我国者。调查团向我们指出一条新路。概而言之，这条路就是中、日合作。调查团的理由有两个：

一、中、日间此种经济之接近，固与日本有重大之利益，与中国亦有同等之利益，盖中国借此经济上及技术上与日本合作，可获得建设国家主要工作上之助力。

二、中国有识之士既已承认建设与现代化为该国之根本问题，亦即该国之真正国家问题，则彼时不能不确认此种业已开始且有如许成功希望之建设及现代化政策之完全，实有赖于一切国家培植友好之关系；而与彼在咫尺之大国维持良好之关系，尤属重要。在政治上及经济上，中国均需要列强之合作，而日本政府之友善态度及满洲方面之经济合作，尤为可贵。中国政府应将基于新唤醒之民族主义之一切要求——即使不正当而且急切——置于此种国家内部之最高需要之下（All the other claims or her newly a wakened nationalism is legitimate and urgent though they may be —— should be subordinated to this one dominating need for the effective internal reconstruction of the state.）。我主张接受的理由就是调查团所举的，尤其是第二个。国人不可不再三细读调查团这段良药苦口的忠言，其中所含的意义是极深厚的。我国当前最急要的事业，无疑地，是国家整个的现代化。为完成这事业，无疑地，我们需要"日本政府之友善态度"。为获得这友善态度——万一尚有方法能获得——更"无疑地"，唯有承认日本在东三省的经济利益及中、日经济合作这一条路。无论我们对国联调查团所指的路是如何悲观，我们不能不竭力竭诚一试。因为失败的责任，无论如何，不可落在我们的身上。

我所要保留的一点就是，东三省特别自治制度应有确定的年期限制。论这制度产生的方式，表面上是由中国政府以宣言行之，事实上是根据中、日的协定，因为中国政府的宣言事先须得所谓顾问会议的通过，而这会议的代表实际是中、日各半的；事后又须"转达国际联合会及九国公约之签字各国；国联会员国及九国公约之签字国对于此项宣言当表示知悉；此项宣言将被认为对于中国政府有国际协定之约束性质；此项宣言嗣后倘须修改，其条件当依照上述之程序，彼此同意宣言本身中，预为规定"。论其内容，这制度对中央政府之权利加以极大限制，对地方政府强以聘请外国籍顾问，尤其是日本籍顾问，且取消中国在该地方驻兵权。方式同内容皆损害中国主权，而修改这制度必须得日本的同意，就国联的立场说，这个办法说不通。就是国联的委任统治制尚以培植受委治者的完全自主为目的。东三省这种特殊制度，既危害中国的主权，可能也无年期的限制！调查团虽说过此制度之最后目的，"乃为造成一种纯粹中国人之吏治，使无雇用外人之需要"，但无年期明文的规定，则易引起纠纷。至于中央及地方政权之划分全无终止之日，更不适当。就中国的利益说，中国应能斟酌情形变更中央与地方权限之划分，且各省与中央之关系应该一致；即使不一致，也只应为短时的、过渡的。我以为不如把这制度分为三项，各别处理之。中央与地方权力划分的协定应限十年或十五年，此后则如他省一样同受中国宪法的约束。外国顾问应于特殊制度终止后五年或十年按年递减净尽。至于不驻军一层，不妨在宣言中不提，而搁于中日和解、仲裁及互不侵犯的条约中，而无年期的限制。这样国联盟约，中国的利益及远东和平均可顾到了。

我说待考虑的一点就是中、日经济合作，尤其是中、日新商约。我们平日也想中、日经济合作是一个解决的方法，苦于想不出一种办法一方面能使日本满意，一方面又能不反门户开放主义。九国公约给此主义的界说是：外国不得在中国任何区域有任何优越权利。我不知道我们如何可以与日本合作，同时又不违反这界说。原来海约翰提议此主义的时候，并未咨询中国。到华府会议，中国确签订了九国公约，且现在的门户开放主义与中国领土及行政的完整是分不开的。为中国计，此主义应竭力拥护，不应由中国破坏。可惜报告书的摘要，于经济合作，及中、日新商约，言之不详。我们只能留待考虑。

——一九三二年十月十六日《独立评论》第二十二号

四 南京的机会

经过这二十年的革命和内战，我们政治的勇气和理想已丧失大半。在一八九八年、一九一二年、一九二七年，我们都曾有过短期的改革蜜月，好像新天新地已在目前。现在我们知道这些都是海上蜃楼。自由主义不讲了，约法、宪法的争执也过去了，取消不平等条约的口号也不时髦了，任何新标语都不出色了。新出的杂志都没有劲，都唤不起任何运动和潮流。随便你讲什么主义、提什么方案，听者都不置可否。我们革命疲了，战争疲了，失望疲了。

　　几年前，我们对国家的统一抱无穷的希望。现在呢，我们也不谈统一了。因为谈有什么好处？我们倘表示对统一的渴望，军阀们又会利用统一的美名来行所谓武力统一。那些想以武力统一中国者，虽曾一时名震天下，一个一个都失败了。他们的遗迹就是遍地的军阀和饥寒交迫的民众。这样的求统一不如不求统一。我们有了这么多年的经验，再加上日本的侵略，于是对内的企图，由统一而转移到暂时的安宁。如果废止内战大同盟有民众的基础，这个基础就是民众求苟安的心理。

　　这种心理产生了一种思想。一般民情以为南京所代表的统一是无数代价换来的，绝不可使之动摇。没有人说南京好或国民党好，但是人人都怕南京倒了以后的不可收拾。就是极不满意南京的人（这种人并不少）也不愿且不敢冒天下之大不韪公开来破坏南京的基础。这种思想是中国当前政潮的一个大潜伏力。

　　上面所讲的民众心理和思想又产生一种方案。不少的人把中国的政治病看作肺痨，不能开刀，只能徐图补养。他们想中国的政治是中古式的，因为中国的社会是中古式的。倘若我们能得到妥协的割据，我们就能慢慢地养成近代式的社会。所谓妥协的割据，就是割据虽割据，但一方面不打仗，一方面让一个中央政府存在，使他能办外交，能维持最低限度的文化事业，和建设几件全国范围的事业如粤汉及陇海二路的完成。这样的割据虽不能免养军之费，但战费及战争的破坏可免，中央及地方政府均可因此做点建设事业，而人民因为时局的稳定也可以进行他们的私营事业。这样一来，元气能渐恢复，体内的抵抗力能渐提高，痨菌就可制止了。纵使将来这种割据的妥协不能永久维持（我们也不希望它永久存在），经过相当时期的休养，以后的战争或者不至于如以往的之无意义、无成绩了。不然，我们简直无希望了。如果内战还继续演下去，我们这个社会不但不能脱离中古式，恐怕简直要回到史前式。交通也要"复古"了，从火车交通回到大车；住宅也要从房室回到穴居。我们这个社会崩溃的趋势已经很明显，当局者绝不可大意了。

依我的观察，上文所说的是目前全国最普遍的政治意愿。这不是一个积极的运动，没有口号、没有主动，只能说是一种意态。少数青年或者因此不满意而恨生活的沉闷；多数革命专家或者也不满意，因为在这种空气之中，英雄无用武之地了。所谓英雄，用不着说，就是指他们自己。照我看来，中国今天有这种意态就是中国人的政治知识的大进步。因为实在说起来，一个民族生活的演化不能有突变的。民族的进步不能靠少数领袖的号召，也不能靠一个万能的药方。实际的进步还是靠无数人，不动声色地努力于他们日常的工作。革命不过提出一种目标，其实现往往有待数十年的努力。就是最震动世界的苏俄革命，还须第一个、第二个，将来必有第三、第四个五年计划，然后能产生一个健全的共产国家。这种五年计划当然是很好的宣传资料，但是在苏俄一般工人农夫的生活上，五年计划是什么呢？是多做工、多出汗。一个民族能看穿政治的浪漫而又继续努力不浪漫地工作，那个民族的前途就有很大的希望了。

这种意态是南京目前的大机会。第一，因为人民现在降价以求了。我还记得一九二七年西湖的一个老船夫和我的谈话。我对他说，现在革命军已经收复了浙江，老百姓总好过日子一点吧？起初他不愿意回答，后来他仅说什么好处都没有。过了许久他又说："蒋介石没到杭州之先，人都说革命军一到，米价就可落到五块，现在米价反涨到八块。你看革命有什么好处？"老船夫的奢望是人人有过的。有些奢望是人人有过的：有些奢望革命给他们官做，有些奢望革命替他们免除苛捐杂税，有些奢望革命能赐给中国三民主义，有些奢望革命能取消不平等条约。这种奢望也难怪，一则因为这些事情是人民感觉的需要，一则因为国民党曾给过人民这些支票。革命军到了以后，他们当然要兑现。经过这几年的失望，人民知道这些支票是废纸，早已不要了。人民的奢望已经扫干净了。所以现在南京要得人心是比较容易多了，只要政府能实地去做，就是成绩慢一点，人民也就满意了。

第二，因为现在民情及局势似乎可防止内乱的发生，南京大可利用这个机会来做建设的事业。究竟中央直辖的省份是全国最富的省份，中央在国内国外的活动能力比任何地方当局的都要大。我们这个民族受过几千年的帝国训练，总觉得一统是国家的常态、是治世，割据是国家的变态、是乱世。所以我们虽不希望南京这时完全统一中国，我们确承认南京是法统所在，也是真正统一的基础。所以南京在物质上、精神上，均占优越的地位。

南京的前途要看南京如何利用这个机会。利用得好，南京的优越地位不但可维持，且可发展；不会利用，南京也可变为将来的"南平"。奢望当然不必提，几件事情是南京必须做的：

第一，直辖各省的地方行政必须比其他省份更加廉明，更加现代化。

第二，军民须分治。这是政治现代化的第一个条件，也是中央防止卵翼军阀的方法之一。

第三，党不可成为人民的负担。民间讨厌党的程度不在讨厌军阀程度之下。党部，中央的及地方的，衮衮诸公切不可执迷不悟。南京事实上不能无党，非南京直辖的省份可云有党而实无。这是这些省份的大便宜，这是南京的大困难，因为人民免不了把党的罪恶移到政府身上。一个党外的人当然无资格来谈党的改革，但他可以、他应该报告民间实在的议论。据我所知，一般人民见党就头痛。

总而言之，南京的地位不可单靠法律和军队来维持、来发展。中国现在固然是百端待举，但归根起来，还是一件事，就是国家的现代化。南京的政治设施必须表示它有领导中国现代化的本领。

——一九三二年十二月十八日《独立评论》第三十一号

五　热河失守以后

远东问题闹到如此田地，缘故固多，其中最主要的莫过于中、日两国国情之相左。在日本，武人主战，文人主和而不敢言和；在中国呢，文人主战，而首当其冲的武人则不主战，其是否主和无人知之。不幸两国都是武人当政。武人的日本只论势而不论理，文人的中国只论理而不论势。目前日本得着了意外的胜利，终究这种局面只能演到两败俱伤。

自明治维新以后，倘日本武人是时常主政的，则日本的战争尚不只中日、日俄及日德三役。明治五年的时候，因朝鲜拒绝与日本往来，西乡隆盛、江藤新平及副岛种臣诸人主张与朝鲜宣战。适是时岩仓、伊藤及大久保新自欧美归来，看见西洋文化的进步及日本的落后，力主日本的第一要务是在于速图西洋化的推展。那一次靠了岩仓诸政治家的远见及明治帝的果断，主战的运动总算压下去了。后江藤新平虽以武力反对政府，当局者不但不想借外战来平内争，反以叛逆处置江藤而加以讨伐。明治十年的时候，反文治的领袖西乡隆盛又想以武力来贯彻他的政策。文治派毫不顾惜迁就，致双方鏖战七月之久，兵士加入者几及十万人。这役以后，直到近年，武人反文治者没有敢做到西乡隆盛那个地步的。明治十七八年之际，因中、日在朝鲜驻兵的冲突，武人的领袖黑田清隆一方面愤日兵在汉城的被迫而退，一方面以为中国自中法战争以后将励精图治，就主张先发制人，对中国宣战。那时首相伊藤的议论极值得我们的回忆：

　　我国现当无事之时，每年国库尚短一千万元左右。若遽与中国、朝鲜交战，款更不敷，此时万难冒昧。至云三年后，中国必强，此事直可不必虑。中国以时文取文，以弓矢取武，所取非所用。稍为变更，则言官肆口参之。虽此时外面于水陆各军俱似整顿，以我看来，皆是空言，缘现当法事（中法战争）甫定之后，似乎奋发有为，殊不知一二年后则又因循苟安，诚如西洋人形容中国所说，又睡觉矣。倘此时我与之战，是催其速强也。诸君不看中国自俄之役（光绪六年伊犁问题）始设电线，自法之役始设海军，若平静一二年，言官必多参更变之事，谋国者又不敢举行矣。即中国执权大官腹中经济只有前数千年之书据为治国要典。此时只宜与之和好。我国速节冗费，多建铁路，赶造海军。今年我国钞票已与银钱一样通行，三五年后我国官商皆可充裕。彼时看中国情形再行办理。至黑田云，我国非开辟新地实难自强，亦系确论，惟现时则不可妄动。

　　伊藤考虑中、日两国内情以为不必即时宣战以后，井上馨外相又继续说明当时的国际形势如何不宜于战：

> 　　使我与中国构兵，俄人势必乘机占取朝地。彼时朝未取得，饷已花去，俄反增地，非特中国之忧，我日本与俄更近，东方更无日宁静矣。

　　黑田虽不服输，但明治帝裁夺以后，也就算了。

　　日本文治派并不是酷爱和平者，伊藤也承认"我国非开辟新地实难自强"。文治派与武人的不同，不过是文治派主张战前应有充分的内政与外交的预备，战后应守分寸，所希望者不可超越局势所许可者。中日、日俄及日德三役均是如此布置的，此日本之所以成为世界大国之一，此日本政治家之所以能成大业。国人当能记得《马关条约》以后，中国已割让辽东半岛予日本，俄、法、德三国联合出而强迫日本放弃。三国的行动不为日本留余地十倍于国联的报告书。彼时明治帝、伊藤、陆奥诸人反能镇压舆情，接受三国的劝告，现在国联对日本可谓尽情尽理了，而日本不但不接受报告书，反而扩大事件的严重，加增自己的罪恶。

　　此无他，因日本近年的内政及世界近年的局势有以致之。我们若不把这两点看清楚，我们不能决定热河失守以后的步骤。近年日本经济的困难，政党政治的腐化，世界法西斯的潮流，加上日本民族离封建时代之近：这是在日本造成武人主政的根因。荒木也是时代所造的英雄。"九一八"以前，日本人心已离文治派而附于武人了。"九一八"以后，武人节节得胜，战争仅十日又得了热河。此时想要日人悔祸，要日人屈服于国联一纸决议之下，这是断不可能的。

自大战以后，欧美人民怕战过于怕虎。元气尚未恢复以前，又来了这三年的空前经济恐慌。共产主义与资本主义，战债、军缩、关税，法意、法德诸问题，使得西洋绝难有两国或三国联合对日的可能，而这种联合是制裁日本必需的条件。欧战以前，日本对中国的进攻已有余，所可虑者，日本对西洋的防守力不足；欧战以后，这一点的不足也就补上了。现在日本对中国的进攻有余，对西洋任何一国的防守也有余，日本因此就肆行无忌。在这种形势之下，日本原能占相当便宜。这是日本的一个好机会，但所能占的便宜也不能毫无止境。他不能全不知分寸，把华府会议所造的均势根本推翻。全世界受了这种压迫之后，难联合的亦必设法联合。在十九世纪，英、俄原为世仇。德国外交的一个基本前提就是英、俄绝不能合作。等到英、俄感觉德国的威迫太甚的时候，这个德国所逆料不能发生的联合居然于一九〇七年发生了。日本之进占热河并没有减少、实大加增，日本对全世界的压迫，热河的失守，虽然在我们看来是可万分痛心的，并没有基本改变世界的形势。

不过热河的失守，尤其是这样可怜可耻的失守，当然是有其影响的。精神的损失比土地的损失还要大。自从九一八事变发生以后，欧美一般人民（政府当然别有打算）以为日本之侵略中国有如一个凶汉欺负一个老婆婆。他们旁观者很忍不住，要打抱不平，但是仔细一想，如出来干涉，这个老婆婆不但毫无能力，且须人负荷。旁观者认为一面要背着老婆婆，一面又要与那凶汉对抗，这是不可干的事。淞沪战争以后，旁观者知道了这个老婆婆并不是老婆婆，不过是一个无训练、无器械的不幸人，而训练和器械都是可以设法得到的。淞沪之战的影响是全国上下都知道的。国联大会通过报告书以后，热河战争将起之际，我们都以为这又是一个好机会，颜、顾、郭三代表之所以力主抵抗，宋院长的北上，宋、张、汤三人的通电，以及全国人民对此通电的鼓掌，无非是要利用这个机会来促进世界对日本的制裁。原来事在人为，倘热河的战争能做到淞沪战争那种程度，我虽不敢说国联就会引用"十六条"，我敢说国联必须向"十六条"进一步。

经过这一次的大失望以后，我以为我们应须认清这个基本事实。第一，武力地收复失地是绝不可能的。第二，我们须承认汤玉麟虽不足代表中国的军人，十九路军及第五军也不能代表中国的军人。我们以后未必能希望淞沪之战那样的精神胜利。这次热河之战，如我们无这种太乐观的奢侈，宋子文也不与张学良、汤玉麟联名发通电了。热河这样的失败，其精神上的损失远过于东北三省不抵抗而失败。我们要看清楚就是我们能在平津做淞沪的战争，其收获尚不能弥补热河这一战的损失，何况我们在平津绝不能做淞沪之战呢？第三，我们丧失热河这个机会以后，我们很难促进世界对日制裁的产生。原来我们绝无左右世界大势的能力，充其量不过促进已成的趋势，现在连这一点促进的能力都没有了。倘国联于某年月日决定制裁，那必不是因为我们做了什么事，必是因为国联自有其理由。

有了以上这些事实，我们不能不承认中、日问题现在已到了一个很严重的新阶段。我们应该认清局势，决定我们的策略。我们至今还未认清中日问题的严重；因为如此，我们在以往的一年多内，还常常想找解决的捷径。这种野梦，我们现在必须放弃，而下决心来做长期的准备。第一，中国自今以后，无论因何缘故、假何名义，不可再有内战。第二，中、俄复交我们应当看为一个外交的种子，要多费力气来培养它，使它将来能结好好的果子。我们外交的大毛病是在只图收获，不事培植。私人的交情尚须时日，何况邦交？第三，无论国联做何处置，即使有令我们失望的处置，我们绝不可放松它。李顿报告书岂不是替我们做了无价的宣传？国联大会所通过的报告书岂不是为我们做了联合世界一致对日的预备工作？最低限度，国联不但是我们的代表宣传的好讲坛，且是最有效的宣传工具。倘两个报告书不是出自国联，是出自中国政府，或美国政府，或俄国政府，其效力能有如此之大吗？对国联，如同对苏俄，我们不可期望收获太早，我们尚须继续做培植的功夫。第四，我用不着说，我们应十分努力于内政的改良。激进者应拿牺牲于疆场的精神来与衙门中各种恶鬼去奋斗。就是我们暂时丧失了东北，我们的国永远是比伊藤博文的日本大好几倍。事全在人为。

自九一八事变发生以后，我常和外国朋友讲笑话，说上帝造日本的时候，原只造了一个三等国，日本人擅改为一个一等国；上帝造中国的时候，原造了一个一等国，中国人自改为一个三等国。但是我还信上帝。

总之，目前论中国的内情及国际形势，我们都谈不到收复失地。目前我们的工作唯有在国内造成有收复失地的能力和资格，在国际上造成有收复失地的可能形势。

——一九三三年三月二十六日《独立评论》第四十三号

六　长期抵抗中如何运用国联及国际

中国近代的厄运之主要原因，无疑地，是现代化的迟缓。换言之，就是内政改革的失败。所以对于靠国联不如靠自己的主张，我是十分同情的。但是立国于现代的世界，不仅一般弱小国家，即少数所谓大强权，都不能一日忽略国际的关系。内政与外交好像左右两腿，左腿向前进一步，右腿必须跟上；不然，全体就不能有进步。内政办得有起色，外交因之容易办；外交应付得宜，内政的进步亦因之更加顺利。我们要记得，我们统一的迟早和程度、工商业发达的快慢、铁路干线完成的早晚，处处都受外国政府和人民态度的影响。我在这里要讨论长期抵抗中如何运用国联和国际，不是因为我想国联和国际不问我们奋斗与否、牺牲与否，就会把东北四省（辽宁、吉林、黑龙江、热河）送回给我们；正是因为我深信现在唯一促进国联和国际帮助我们收复失地的方法在于图内政的改革——或国家的现代化。

《日内瓦日报》的前主笔马丁教授近在北平政治学会讲演的时候，说了一句很使我伤心的话。他说中国与国联的关系可分为两个时期：第一时期是中国无所求于国联因而冷淡的时期，第二时期是中国有所求于国联因而热烈的时期。马丁教授说这话的时候一定也是很伤心的，因为他是国联的忠实信徒，会为国联的缘故而替我们在日内瓦奋斗的。他这句话最足以形容我们全班的外交。我们是精于打小算盘的！不见利就不为义。我们是天生的物质主义者，政治上的精神力量——政治的不能测量的元素是我们所看不起的。国联盟约这个东西，我们平日（或者甚至于现在）不是把它当个"好好先生"看吗？国联在国际的重要及其所以然，我们看不清楚，因为我们想这根本不值得我们的注意。国联不是个理想的东西吗？有人这样疑问。它不是资本主义和帝国主义的工具和假面具吗？还有人这样判断。

国联在现今的国际上有两种重要。第一，它是世界的"公安局"。在欧战以前，各国是各自图安全的保障的。各国各自图安全好像各人各自图安全一样——一样地不经济，一样地危险。我带一支枪，你也带一支：我疑你的枪是对付我的，你疑我的枪是对付你的；为先发制人，战争就爆发了。我怕你的枪比我的厉害，你也怕我的比你的好，于是你我都节衣缩食以求枪杆（军备）的精良。有一天，我想我的努力得到了相当的成绩，我相信我的枪实在比你的好，我就趁早向你开放起来。上次世界大战就是这样打起来的。你我现在不带枪，不各自图安全，因为我们有"公安局"。上次大战只有战败者，没有战胜者，因为就是号称战胜的英、法在战后的富庶和安乐不但不及战前，并且十五年的努力尚不足以复原。拿现在的军器来演第二次大战，其结果不是人类的末日，也会是文化的末日。所以战后有许多远见的人（在大国的不少于在小国的）一致地主张组织一个国联，一个世界的"公安局"。他是小国的必需品，这是很明显的、全无疑问的。同时因为以上所说的缘故，他也是大国所需的，不过大国的需要国联究竟不如小国那样迫切。我们拿英国来做个例子。现在在英国的国联同志会的会员有三百万以上之多。哪一个英国政治家敢公开地藐视国联？尽管有些是口是心非，他们不敢不"口是"已经表现国联在英国的势力。这次为国联报告书的通过而奋斗的捷克、瑞士、瑞典、爱尔兰诸国的代表，我们要认清，与其说是为中国奋斗，不如说是为国联的前途而奋斗。他们觉得中、日问题是国联的试金石，而国联又是他们国家的"公安局"。

第二，国联是现代世界的"公益局"。有许多事业是各国的公益而非一国所能单独举行的，如劳工待遇的改良、麻醉品的取缔。还有许多问题虽发生在一国而其影响则牵连许多国，如数年之前奥国的经济破产。实际上，现代一国的贫穷能使全世界的减富，所谓局部的问题都是全世界的问题。

第三，国际的形势大部分在国联之内表演。国联和国际已到了一个不可分离的状态。日本除外，其他列强均将假国联的名义以贯彻其政策。当然各国的外交都以维护自己的利益为第一目标，但其主要的活动场是日内瓦。

国联现在固然没有海陆军，固然无制裁能力，固然不是太上政府，固是幼稚的，但它的目标是对的，所走的路是对的。说它是资本主义的工具的人并不承认军备是不应该裁的，仗是应该打的，大国是应该并吞小国的；他们也不过说国联的毛病在于不能实行盟约的条款。就中国说，我们所患的不是国联盟约之不利于我们，而是国联的力量薄弱。那么，我们运用国联的第一个方法就是要培养国联的力量。别国不信任国联的时候，我们要特别信任它。别国事事处处要破坏国联威信的时候，我们一举一动都要尊崇，要提高国联的威信。别国的人如说国联盟约是废纸，我们就要说盟约是天经地义。别国的人如说国联只能管欧洲的事，我们就要说国联是全世界的仲裁者。别国的国联同志会会员如有三百万，我们就应该有三千万。别国如把国联作为外交专门研究的题目，我们就应把国联的历史、组织、目的作为中小学的必需课。无论国联提倡什么，我们都竭力合作。无论国联召集什么会，我们必派代表出席，且派国内最有资望的人去。

日本退出国联了，我们在国联活动的机会也就到了。在会员国之中，中国最有代表亚洲的资格。国联为维持他的世界性起见，从此以后，将再欢迎中国的合作。

国联不但是我们联合世界一致对日的好工具，且是帮助我们实行现代化的一个好机关。我们如要找外国的专家来帮助我们，国联替我们去找比我们自己找的还要好些。我们如要利用外国的资本来开发我们的利源，国联能做有力的媒介。借用外资，大概现在没有人反对；中国以往的毛病不是聘任外国人太多，是所聘任者间或不得其人。比这更要紧的是，在外国专家指导下服务的人引以为耻而不虚心学习。甲午以前，北洋海军的留学生如刘步蟾、林泰曾诸人就犯了这个毛病。他们自己升官虽然快些，但国家的损失不知几何。

近来政府好几次请了，或托国联替我们请了一些外国专家来。不过做了调查报告书或计划书，他们就回国了，而政府就把他们的计划置之不理了。除军队里的外国顾问外，别的顾问只替我们造计划，并不得帮助我们来实行。这是不能收效的。我们奋发图强的日子——那就是说，切实现代化的日子——已经到了。我们如能在现代化的程序中竭力图欧美资本及技术的合作，我们的进步必可一日千里。

远东问题，归根起来，就是中国的无力，而无力的根由就是中国之欠缺现代化。国联及国际对日本不能施行制裁，大部分可说是心有余而力不足。但是国联及国际如有机会来帮助中国改造，这是心有余而力亦有余的事情。一个强有力的中国是当今国际形势的一个必需品。这是我们千载一时的机会。近几十年来，与中国有邦交的列强可分两种：一种是以通商为目的的，如英、美；一种是在远东有土地野心的，如日、俄。通商的国家唯恐中国自己不富强，因为中国一富强，他们的商业就可以进步。有土地野心的则唯恐中国富强。当宣统末年英、美、德、法组织四国银行团的时候，日、俄即起而反对之。现在我们从法国外部所发表的秘密公文，我们知道日、俄反对的理由。他们说如果中国能大借外债来修铁路、兴实业，中国就能自强起来，这是与他们的希望相反的。华府会议以后，在华只图通商的国家切望中国的自强更加热烈，有时比中国人只有过而无不及。我们以往没有利用这种国际形势，以致有今日。一误不可再误了。一个富强的中国出世之日就是远东问题终止之日，此外别无出路。我们是这样想，国联及美国也是这样想。从这方面看，国联及国际的利益完全是与中国的利益相同的。

在长期抵抗中，利用国联和国际来图中国的富强，比利用国联和国际来制裁日本，是更容易举行的、更有实效的、更无流弊的。

中、日两国的对抗不是我们所求的。直到现在，我还想是两国的大不幸。但我们是处于被动的地位，是迫不得已的。在甲午以前，日本是进步的、顺世界潮流的；中国是守旧的，在内政外交上，均是反动的。日本有了局部的改革，因而富强；富强了以后，就以为无须再改革了、再事西化了。我们的历史正相反：甲午以前，局部的物质改革不见效，于是有戊戌的局部政治改革；又不见效，于是有辛亥的整个革命；还不见效，于是有一九一五年以来的思想及社会革命。我们牺牲之大及上轨道的困难当然远过于日本，同时我们也有相当的代价。现在我们的思想解放亦远在日本之上。日本现在的全盘外交内政都到了反动时期，我们则处于前进及后退两可之间。日本现在无选择的可能，因为他的局面是已定的，我们则正在十字路上。在这个当儿，我们应该决然毅然放弃反动的路而走到欧战后改革家所提出的新路上。不但在外交上，因为日本是反国联及其精神的，我们应该全心地拥护国联及其所代表的新国际关系。就是在内政上，我们也应该如此做。日本军阀讨厌国会及政党，我们则应大行民治的宪政。日本严厉地取缔劳工运动，我们于劳资之间则应扶持劳工的利益。日本的工商业已归少数财阀把持，我们不妨贯彻资本与工业的社会化。

民治主义，政治的和经济的，是一个不可遏抑的潮流。反动只能得一时的成功。反之，天下是民众的天下。在长期抵抗中，我们的基本政策如能顺着世界的大潮，最后的胜利一定是我们的，正如日本甲午以前的努力得着甲午的收获一样。

——一九三三年四月五日《独立评论》第四十五号

七　这一次的华府会议

自九一八事变以来，国人屡有提议请美国根据一九二二年的《九国公约》召集第二次的华府会议者。现在世界各国的代表又将集于华府，在英、美最有声望的宋子文氏也放洋了。究竟这一次的华府会议是会有利于我们如上一次的华府会议吗？

这个问题可分为三个问题回答。第一，一九二二年冬季的华府会议有利于我们者究竟是什么？第二，当时的国际形势及会议形势有什么特别使我们能得相当便宜呢？第三，现在的形势与当时的形势比较又如何？

第一次的华府会议赞助我们收复已失的权利是有限制的。我们代表团所提出的要求有两种：一种是对普遍国际的，一种是对日本的。对普遍国际的包括关税自主、法权自主（即领判权的取消）、外国驻华军队的撤退、外国在华所设邮局的取消，及租借地如旅大、威海、广州湾的退还等项。实际我国代表所要求的就是"取消不平等的条约"，不过他们没有用这个标语就是了。除邮局外，其他各项均是成败参有的。关税我们略可提高；领判权呢，会议以为时机过早；驻军的撤退，会议以为应斟酌时地办理；租借地除威海外别无具体的结果。单对日本的就是一九一五年条约的取消。我们所得到的是山东的收回及日本放弃了"二十一条"的第五组的正式声明。至于旅、大问题，南满、安奉、吉长诸铁路问题，土地商租权的问题，及汉冶萍问题，日本在上一次的华府会议丝毫没有让步。总而言之，第一次的华府会议可说是我们收复失权的初步，离完成还差得远。这也是不足怪的：八十余年的失土及失权的历史哪能一笔勾销？

上次的华府会议虽然不能完全挽回以往，却曾努力于保障将来！至少是条约上的保障。《九国公约》一则曰，列强共同尊重中国政治的独立及领土与行政的完整；再则曰，列强须给中国充分的机会来完成他的统一和建设强有力的政府；三则曰，列强各国不得在中国任何指定区域有任何优越权利。这个条约西人都称为列强自制律令；此约在远东问题历史上的重要简直不可言喻，它可以说是关于远东的国际大宪章。

所以把两方面合起来看——挽回以往及保障将来——上次的华府会议可说是有利于我们的：在保障将来方面远胜于挽回以往方面。

当时的形势有三点特别。第一是美国国际地位的优越。欧战期中，美国的富力和兵力有了一日千里的长进，战后美国实有左右世界大势的能力。上次的会议一方面讨论海军限制的问题，一方面讨论远东问题。是时美国并无限制海军的必要。美国人民的负担远在他国人民之下，而富力又在他国人民之上。如美国要与别国竞争，他很可以超过海上霸主的英国。别国如要与他竞争，必至破产。由美国提出海军限制，是他所牺牲者多，别国所牺牲者少，甚至谈不到牺牲。是以美国有所施于人。在外交上，有所施于人然后可以有所求于人。因此美国所提对于远东问题的处置能得着别国的赞同。去年史汀生曾说过，如《九国公约》不能维持，全华府会议的成绩，海军的限制在内，均将被推翻。海军的限制与《九国公约》可说是互为因果、互为条件的。

当时形势的第二点特别是欧洲各国都为欧洲的问题所困，无余力在中国发展。同时他们都以为中国是世界唯一的、最容易受宰割的"大肥肉"。在这种状况之下，他们何乐不赞成大家不下手的政策呢？日本适得其反。日本除中国外别无问题，他的国力全集中于中国。并且日本的资本和工业远不及英、美，不用政治的侵略，专靠经济的竞争，日本未见得能维持他在远东的地位。何况他的目的不仅在维持，而在发展。美国当时固有余力在中国发展，但美国只须通商的机会均等；政治的侵略是无须的，且是不经济的。在这种状况之下，美国一倡之，欧洲自然和之，这个"列强自制的律令"于是产生了。实在呢，《九国公约》与其说是列强的自制，不如说是欧美联合制裁日本。

第三点特别是大英帝国外交的改变。英国在中国有通商的机会均等也就够了，用不着政治的侵略。关于这一点，英、美的立场完全相同。门户开放主义是英国的素志。英国最讲帝国主义的内阁总理沙候尚以门户开放主义为上策，利益范围与瓜分为下策。在欧战以前，反对门户开放主义的就是日、俄两国。战前两国都是英国的与国，那全是为防德。战后，德国败了，俄国革命了！短期内，这两国均不能危害英国。苏俄固尚能以世界革命来动摇英国，但这种危险不是联日所能防止的。所以在华府会议，英、日同盟就宣告寿终正寝了。同时在欧战期内，日本的进步颇足使加拿大及澳大利亚寒心。美国禁止日本移民，英属自治领也禁止日本移民。在巴黎和会，日本提出民族平等的时候，美国、加拿大、澳大利业都知道这个提议是指他们的移民禁律的。这两国自治领对日所处的地理地位又完全与美国相同。战后，自治领在大英帝国内的重要远过于战前；他们的意志，亲美反日的意志，英国政府不能不尊重。

因为有了以上三种战后的特殊情形，上次的华府会议才能得着成绩。现在国际形势与一九二一年的形势又怎样呢？

上文所举的三种形势基本上存在。美国的势力仍旧是列强中最雄厚的。欧洲各国仍旧为欧洲的问题所困而希望远东没有巨大的变化，希望美国出力维持门户开放主义。大英帝国仍旧对中国只图通商机会均等，对美国力图亲善。然而近十年来世界上发生了一个大变动：上次华府会议的时候正是世界经济上进的时候，这一次则是世界经济最黑暗的时候。会议快将开始，美国竟放弃金本位。美国现在失业的人民在千万以上。去年美国的国际贸易不过一九二九年国际贸易百分之三十。这类的数字我不必多提。全世界的经济恐慌是当代最重要的事实。

所以这次的华府会议是世界经济会议的预备会议，所讨论的问题分为三大项：战债、各国币制的整理及国际贸易的提倡。三种问题均严重、均复杂。欧洲各国所欠美国的战债的原本约计美金一百亿元：其中英国所欠的占四十六亿元，法国所欠的占三十亿元，意大利所欠的占十六亿元。原先欧洲各国希望能拿德国给他们的赔款来还他们欠美国的战债。去年德国赔款已由各国决定实际上取消，于是英、法、意诸国感觉无法还美国。而战债问题一日不解决，国际经济一日不能恢复常态。各国的币制均已放弃金本位，国际汇兑因之纷乱，国际贸易因之加添阻碍。并且各国均求本国货币的汇兑率的降低，以图推销货物于国外。国际贸易近年大为各国关税所阻，长此下去，各国均会回到我国闭关时代的经济。这是世界经济恐慌主要原因之一。

在这次的华府会议，美国所能施于人者是战债的减少或取消。美国大概会拿战债来交换币制的整理和关税的减少。如美国想更进一步，拿战债的减少或取消来交换英、法关于远东问题的合作，这就要看合作的范围如何了。如果这种合作需要重大的牺牲，英、法必以为要价太高，交易难成。同时我们要知道，美国如能拿战债换得各国金币的稳定及关税的减少，美国的经济恢复就有了希望。这是美国切身的问题，他绝不愿因远东问题而牺牲经济恢复的希望。这是与上次华府会议的大不同点，上次美国甘愿为远东问题而牺牲海军的充分发展，所以这次会议的形势不如上次会议的形势之有利于我们。

但是上次华府会议有利于我们的三种形势依然存在，不过因为经济恐慌的缘故不能成为动力。这次的会议如能得到关于经济问题的了解，远东问题的解决亦必能有进展。总之，这次的会议关于经济问题已经是预备会议，且其成败颇难预料；关于远东问题，充其量不过是预备之预备而已。

同时中国也为经济恐慌所困。中国的经济不振也是世界的经济不振原因之一。我们如在会议中提出具体的经济振兴计划，比较容易得到列强的协助。最后之最后，这远东问题解决之是否有利于我们，还看我们自己的力量如何。我们绝不可因远东问题而忽视这次会议的重要。

——一九三三年四月三十日《独立评论》第四十八号

八　我们目前对于中央政府最要的希望

宋子文氏一到上海，国人对他的期望可说是与他所受的欢迎成正比例。第一，华北的政委主席黄郛氏及河北省政府主席于学忠氏都在南方等着他，望他能给华北相当的财政援助。这种期望是极自然的，并且也是极正当的。冀、察二省现处兵多民困的境遇，非得中央的援助是不能度日的。何况这两省都是冲要的边省，内部的安宁及人民的富庶件件皆与国防有关。不过近数月来，华北的当局只能顾目前，不能顾将来。原有的军队，不问其战斗力如何、纪律如何、功罪如何，概给以保存。此外土匪、伪军、义勇军新收编者亦在不少。为权宜之计，势不得不出此，这是我们应该原谅的。同时此种局面若不整理，中央无源源接济的能力，也没有源源接济的道理。中央的接济，事实上、道理上，不能不递减。我们希望华北当局对华北的军队，不问其系统如何，专按其各部之战斗力、纪律及对国家的功罪，定一个缩编的方案，分步地但严厉地去执行。第二，黄河水灾的救济及水流的防治也是迫不及待的。所可幸地，中央对此已有相当的注意，宋氏归国之初亦已表示关怀，我们希望宋氏拿二年前防堵长江的精神来治理黄河。或者河北及察哈尔二省的裁军能与治河并行，一部分的治河费用就可同时作为编遣费用。

此外，国人对于宋氏的期望甚多，我们不必列举，我们自己对于宋氏回国以后的中央也有一种期望，我们认为是最重要的。我们期望中央从此更加团结，汪、蒋、宋三人的合作更加密切。

中国问题之大及其方面之多，无须我们赘述，国人早已知之。汪、蒋、宋三人各有其特殊经验和地位，合作以应付这严重的时局或能济事，分化则中央在国内及国际上的权威必大遭减杀。

宋氏这次在欧美的活动引起许多无根的误会。这种误会不但在日本发生，连在国内也曾发生。日本的误会不值得多辩，因为宋氏实际所做到的不过两件事，促进国联技术合作及棉麦借款。国联与中国的合作限于技术，且起始在"九一八"以前。无论有无中、日的冲突，中国借外资及外国技师以求建设是势在必行的，是中国近百年历史趋势。至于棉麦借款，在美国方面，是一种农村救济政策，我恐怕此中没有丝毫帮助中国抗日的意思。美国政府全盘的政策，不分外交内政，都是以经济复兴为大前提。说美国别有作用者，实际自己别有作用。在中国方面，虽汪、蒋、宋三人屡次宣言棉麦借款只用于建设，我想恐怕实际做不到。现在中央财源如此枯竭，运用又如此浩繁，事实上这批借款不得不部分地甚至于大部分地移作政费及救灾与救荒的费用。以国联技术合作及棉麦借款为中国政治之新转机者都是神经过敏。同时国人对宋氏在外国的活动也不免无中生有，过事夸大。有人以为宋氏在外国不必如此招摇、如此宣传，殊不知在此宣传的世界，不宣传则不能活动。宋氏的宣传亦有出于不得已者，同时宋氏的宣传大部分不是为自己宣传，是为国家及政府宣传。当宋氏在伦敦的时候，《泰晤士报》的社评，一则曰南京政府为中国唯一有希望之政府，二则曰蒋、宋政府以往的成绩尚差强人意。于此可知宋氏并不是在外国出个人风头，为自己抬高身价。

误会除开，政府又怎样？现在汪、蒋、宋三人是否有政策的争执？先就外交言，据我们所知，中国目前所能有的外交政策就是汪先生近几次在国府纪念周所发表的。我们目前谈不到复仇，因为谈是空谈，空谈只能有害而无益。我们不但内部的充实刚在起始，就是外交的运用亦刚在起始。除非内部充实，及外交联络到相当程度，唱高调者都是误国者。在宋氏出国的时候，国内舆论尚未尽去掉客气；政界领袖尚不敢公开说目前的工作在充实内部，不在似战非战的抵抗。现在国内的空气大不同了，唱高调者也不唱了，以宋氏的精明不至落伍。就内政言，目前的急务，无疑地在力求团结，在避免一切风波。宋氏归国之初，即以团结勉国人，这可以推知宋氏在外所受的刺激和他自己的态度。现汪、蒋、宋三人近来的言行，似乎在内政上也没有什么政策的冲突。我们所希望的，是由汪、蒋、宋三人的合作，进而达到西南合作的结果。

政策如此，利害又怎样？关于这一点，局外的人不应有所猜测。不过，我以为就三人各自的事业言，合作有百益而无一害，分化有百害而无一益。国人近二十年来饱尝了要人争执的苦头，现在一闻争执冲突，无暇来分别是非，总是一句判语：争执者都是自私的，都是不对的。三人以自己的政治生活为重，自然不愿自绝于国人。但是讲合作，不能不行分工。管兵者，不能兼管财政；任财政者，不能兼握兵权；总其成者，务须尽调剂之责，理大纲而不问细则。同时若三人以国事的成败为目的，置个人成败于度外，则进一步的团结与合作不难实现了。

——一九三三年九月十日《独立评论》第六十七号

九 "九一八"——两年以后

一切严重的国难都是国家和民族的试金石。我们若要知道一国人民的知识程度、组织能力、习尚与人生观，最好的法子就是看这民族如何处置一个严重的国难。至于政府及军队，更用不着说，在国难之下，其强弱优劣都自然而然地暴露出来了。

"九一八"就是我们民族这样的一种试金石。

为计划民族的前途计，我们也应该知道我们自己的长短成败，应该知道在文化的过程之中，我们现在已经跑到什么地点；以我们的本质，我们能否跑到最高的目的地。我们现在看看这中华民族，在"九一八"的试金石之下，表现了什么样的民族性。

先论军队。因为军队所受的试验最深，又因为军队就是民族的缩影。

我们的军队，从器械、组织、训练、精神看起来，就全盘说，简直是一堆大混沌。飞机、汽车、洋车、大车、单轮的人力车，以及骆驼驴马；野炮、机关枪、手榴弹、大刀，以及高射炮；从上古人所用的器械到近代人所用的器械，无所不有，哪一样都不齐备。单就步枪一门（步枪是兵士最基本的器械）说，我们军队里面有江南制造局的、汉阳兵工厂的、巩县兵工厂的、德州兵工厂的、太原兵工厂的、奉天兵工厂的，以及欧美日本各国来的。同是国产，有些采用德国的式样，有些采用日本的式样，有些采用捷克的式样。同采用一国的式样，有些用四十年以前的模型，有些用最新的模型。若把我们军队里的物质设备各种各样抽一个标本，堆在一处，我们就有个很好的博物院。甲午之役——将近四十年前敌人给我们第一次试金石的时候——我们的军器，就内部的参差不齐说，虽已够乱了，还不及现在的乱杂；就与敌人军器比较说，四十年前，我们与他们相差无几（这是就陆军说；若论海军，我们那时只有过而无不及），现在我们与他们相差太远了。我不是说，我们这四十年来全无进步。进步是有的，不过敌人的进步比我们更快，并且他们的进步是有组织、有计划的，我们的进步是全无次序的。实际近七十年来，日本政府对人民生活的方方面面，不仅军事，一贯地强行统制，而我们则一贯地敷衍迁就，听其自然；偶有提倡，亦是朝令夕改，漫无计划地提倡。

军队的器械如此，其组织和精神亦复如此。有些军队中央要调到前线去的不受调动，有些又自告奋勇。在前线的兵士，有些见敌则退，甚至于未见敌人就退了的。同时有些军队是敌人的飞机、大炮、坦克所能打死而不能打退的。这两年之内，我们一方面有热河可怜可耻的崩溃，另一方面又有淞沪、喜峰口、冷口、南天门的可敬可悲大奋斗、大牺牲。在"九一八"的试金石之下，我们知道我们的军队，论组织和训练，虽差得很远，但论本质，论练军的人力原料，我们这个民族并非老大腐化，实在尚能大有作为。比这点还要紧的是，这两年来军队意识的变迁。兵士现在知道凡为民族奋斗的，民族必拥护之，甚至崇拜之。在这两年之内，兵士们始知道勇敢和牺牲的无上光荣，始知道当兵的民族意义。因为社会的敬重，兵士从此将自敬自重了。

次论政府。最使我们痛心的是政府事先的毫无准备。我们的外交部，在"九一八"以前的半年，简直是在那里做梦。我不知道外交当局是为自己的标语所麻醉，还是因为忙于向民众鼓吹，向政府党部做报告而无暇看国际的风云呢？稍有外交常识的人都应该知道取消协定关税和领事裁判权不是中国的大难关，东北问题才是中国的难关。九一八事变发生以来，政府在对外上，大致还不错。诉诸国联，虽只得着道德的胜利，但我相信，这道德的胜利是有无上价值的。并且以中国现在的国势，要得着实体的胜利是万万做不到的。得着了道德的胜利，我们不能不归功于外交当局，尤其是我国历次出席国联的代表。倘若在十年之内，我们内政的成绩能赶上这两年来外交的成绩，那时候，我们一定看得出道德胜利的价值。

政府在内政的成绩上却又差些。除最近半年外，政府始终不肯负责任。锦州中立区之未能成立，虽大半由于所谓民众（实在是一般士大夫）的盲目，政府的不肯负责、不敢负责实亦是要紧的缘故。政府的要人，在过去这两年之内，明明知道不能不有局部的交涉和妥协，但无人敢说老实话、良心话，无人敢不逢迎民众。不过此中亦有可原者，在九一八事变爆发的时候，南京政府本身就在狂风暴雨之中，一不小心，大势就去了。世人常怪政府的不和不战，殊不知和则政府必被推倒于内，战则政府必被推倒于外。要政府宣布或和或战者，其志并不在和，更不在战，不过欲借和战问题以倒政府而已。一般人民，为感情所冲动，不知此中的作用，遂随声附和，在野领袖既以政客手段对政府，政府亦只好以政客手段回答。

中国政府，在"九一八"的试金石之下居然不但未被推倒，反而因之巩固，这是天下的大奇事。近百年来，世界各国倘对外有重大的损失如东北四省，其政府无有不被推倒者。大战后，战败各国的革命就是目前的例子。我国则不然，一九三三年九月十八日的政府反比一九三一年九月十八日的政府要稳固，此中缘故颇难索讨。我想第一是民族意识的进步。我们究竟觉得在此严重国难当中反起内讧实在是不像样子，说不过去。第二是武人的明理。我们文人骂武人已经成了习惯，实在他们的爱国心并不在我们文人之下。并且他们的思想比较简单，大是大非反而容易判断，因之更容易受民族意识的熏染。第三，国民党究竟有充分的民众运动经验。党员既从民众运动出身，他们对付民众运动的手段总比旧官僚要胜一筹，所以历史家常说唯独出身革命者能制服革命。

南京目前算是站住了，但离现代化的政府还甚远呢！政府在这两年之内所暴露的乱七八糟也就够了。行政的效能和廉明并未因国难而加增。步法不整齐，组织不紧密，处处皆可以看得出。前途如何，还要看现在人人所讲的团结和建设究竟能否实现。

至于民众呢？民众在"九一八"试金石之下所暴露的性质是与军队和政府一样的。论感情、知识、品格，民众也是包古今中外而兼有之，内容是极参差不齐的。在这两年之内，民众极悲哀的牺牲和极滑稽的虚伪，极纯粹的爱国行动而又参以小政客的手段，或极卑鄙之事业而加以爱国的粉饰，我们都一幕一幕地看见了。比之四十年前的甲午之役，今日中国的民众究竟进步多了。在甲午战争的时候，无民众慰劳军队的事情；这一次捐钱的、捐东西的、为军队做东西的，各大城市都有了。上一次，学生只知公车上书，反对和议；这一次除到南京请愿外，尚有造烟幕弹、钢盔，及实际在后方修路，或到前方去作战者。总而言之，民众意识的进步是毫无疑问的。和这点同样要紧的，中国新的知识阶级，从这两年的经验，大大地感觉军事应该知识化、科学化，于是愿以其科学训练及特殊知识贡献于军队者亦日见其加多。

回顾这两年我们对这严重国难的处置，我们若说中国前途定有希望，我们却无把握；若说中国的前途绝无希望，事实又不尽合。我们有奋斗的天能，且有奋斗的机会。这天能是否会继续发展到充分的程度（非到充分的程度不能济事），这机会是否会被我们利用到充分的程度，这些问题全在我们的手里。

——一九三三年九月十七日《独立评论》第六十八号

十　国际现势的分析

去年七月中，我在本刊发表一篇时论，题目是"国际的风云和我们的准备"。我彼时说过，民国二十二年（一九三三年）是国际关系史上的一个大分水界。这一年之内，国际的三大事业都失败了：国联处置中、日问题失败了，裁军会议失败了，伦敦世界经济会议也要告失败了。这三大事业的失败就是欧战以来国际主义的破产，和偏狭的、军备竞争的、商战的国家主义的胜利。人类的前途是不可乐观的。

过了半年以后，这种趋势更加显明了。我们现在看得很清楚：一九三三年的前半是国际主义最后的努力，后半是国家主义火速地膨胀。我们若具体地研究现今的国际形势，我们更能了解其严重性。

战后的世界是以两个条约为其根本宪章的：一个是《凡尔赛和约》，一个是华府会议的《九国公约》。根据前一个条约，列强分派了西洋的权利；根据后一个，列强分派了东洋的权利。这种分派的方法大致是维持订约时候的实状，而彼时的实状利于战胜的国家，或列强中先进的国家。所谓先进的国家，就是近五百年，在欧洲瓜分他洲的过程中，占优势的国家，那就是英、俄、法、美四大帝国。上次大战的根本原因，可说是一个后起的帝国——德意志——图谋强迫与这四个先进的帝国分肥。不幸，在上次的大战中，这个后起的帝国战败了，结果战后权利的新分派更不利于德国。他的海外殖民地全被剥夺；在欧洲，土地丧失也不少，并且因为波兰及捷克斯洛伐克诸国的成立，德国在欧洲的外交及军事地位远不如战前。换句话说，德国因谋一个世界的更优地位致其在欧洲的地位降低。于此我们尤应注意的是德国失败的缘故。这个缘故，无疑地，是与英国作敌。英、德未成仇之先，德国外交是时常优胜的。倘若在上次大战中，英国不加入，德国无疑地可以战胜法、俄。英、德的冲突并不在欧洲大陆，全在海外，所以这冲突的结晶成为海军竞争，德国为维持在大陆的权利无须海军，他在战前竟与英国争海权，那就是因为他企图世界强权。在近代史上，所有海权的竞争确是世界强权的竞争：扩充海权的国家都是争世界强权的国家。此外还有一点我们应该注意：先进的帝国虽彼此之间利害冲突甚多，倘若后起的帝国野心太大，致先进的帝国都受危害，那么先进的帝国必彼此妥协，合纵以对付这后起者。战前英、法、俄的联络就出于这种动机，所以上次的大战根本是先进国与后起国的冲突。结果先进国胜了，于是他们战前优胜的地位更加优胜。他们当然是心满意足，组织一个国联，来给现状一种法律的、精神的、道德的保障。《国联盟约》《洛迦诺公约》《非战公约》，及裁军运动都是在维持现状的大前提之下产生的，都是这些先进而胜利的国家维持现状最便宜、最经济的方法。所谓战后的国际主义就是这么一回事，所谓国际主义的破产就是这些方法的不适用。先进而胜利的国家又须把战前的军备竞争及外交纵横那一套拿出来。

远东的问题，表面上看起来似乎特别，实际是与欧洲的问题大同小异的，《九国公约》也是一个维持现状的条约。日本也是一个后起的帝国，所特异者，这个后起的帝国在上次的大战中是与先进国为伍的。在欧战期中及在战后分赃之际，他算是沾了光。赤道以北的德属太平洋的岛屿，国联委托了给他去统治——这是日本在太平洋海权的长进。日本在欧战期中在中国所得的权利，山东除外，列强也未追究——这是日本在大陆上的长进。但是《九国公约》此外则加了严厉的限制：对中国，日本必须尊重主权的独立、领土及行政的完整；对其他列强，日本必须尊重通商的和投资的均等机会。条约上虽分两方面，实际除非中国有领土及行政的完整，否则列强是得不到均等机会的。这个《九国公约》与华府的《海军条约》是连成一片的。《九国公约》订定了现状的维持，于是各国缩减海军以缩减维持现状的费用。列强在战后处置远东问题的精神与处置欧洲问题的精神如出一辙。在远东，这些先进国也是图谋一个最经济的方法来维持有利于己的现状。"九一八"以后，日本的行动也是使这方法不适用，迫着先进国利用战前的旧方法，于是有法、俄的联欢，美、俄的恢复邦交，及美国的新海军建设计划。

自"九一八"以来，我们所看见的、所痛恨的是东北的丧失。在世界先进帝国眼里，这个问题不是个东北问题，是个世界权利旧分派的推翻和新分派的成立问题。东北本身虽至关重要，但至少英、美、法、意四国在东北既无大宗商业和投资，并且就是日本没有"九一八"的举动，他们也是没有经济发展的希望的。他们所以关心的一则因为远东的现状不能维持，欧洲的现状也是不能维持，因为维持现状的条约，如《国联盟约》及《非战公约》，是双方公用的；二则因为东北是日本向先进国进攻的一步，也是进攻第二步的好资料。中、日问题的严重，全在乎这个世界性。

前途的发展全在日本是否要即时举行第二步。换句话说，日本外交家此后是否将取守势或攻势，是第二次大战的主要关键。如果日本表明他是为东北本身而占领东北，他现在既得了东北所以就心满意足，那么，第二次大战未必爆发。如果日本自己要给东北问题更大的世界性，那么，大战是必会在短期内一二年爆发的。日本的外交现在究竟是取守势呢，还是取攻势呢？

广田的真正政策，我们很难知道。我们如果设身处地专凭理智来计日本的利害，我想他必采守势的外交，正如俾斯麦得了亚、罗二州以后，始终只守不攻。因为他一采守势，其他国家就无可如何了。第一，美国政府现在对任何方面都不能行攻势的外交。美国人民对东北本身没有多大兴趣，民间反战的空气一向是十分浓厚的。现在美国朝野正在那里图经济复兴，纵使政府要向日本进攻，美国的舆论和军备均不容许。美国现在虽扩充海军，但以条约为限度，而这条约的海军是守的海军，不是攻的海军。第二，苏俄与日本的关系极紧张，但苏俄目前所患者是日本的进攻，不是日本的保守已得权利。苏俄至今仍愿与日本订互不侵犯条约——苏俄最近又声明仍愿出售中东路。"满洲国"的成立虽不利于苏俄，但直到现在苏俄毫无以武力推翻"满洲国"的形势。为苏俄计，国内工业化的长进是当前的急务。美、俄复交当然是针对远东问题的，但复交以外，美国政府不能有协助苏俄任何秘密条约或了解。美、俄两国既不愿进攻，他国更不必说了。在这种状况之下，广田若采守势的外交，那是很自然的。中东路出售的交涉，他力图进行。对英、美的和缓，他简直不遗余力。他每次的正式表示都把日本皇帝退出国联的诏书抬出来。那篇诏书的主旨在于日本虽退出国联，日本为维持世界的和平，仍愿尽其责任。

但是日本近半年的外交是很矛盾的。第一，广田这次在国会的演辞，不但声明"满洲国"必须维持，并明言华北的治安与日本有关，华北的局面若有变动，日本必出面干涉；对于中国共产党之发展，他也预留干涉的权利。无形之中，这个干涉权的保留岂不是日本的门罗主义的宣布？这是攻势的外交，这表示日本不是单为东北本身而占领东北，是要拿东北来控制全中国。这种野心之大超过战前德国任何发展计划，这是国际形势所不许的。最可注意的不仅是这一篇演辞，还有日本的基本形势。日本得了东北以后，国防问题、移民问题、原料问题算是解决了大部分，但是商场问题仍未解决。在现今世界经济竞争的形势之下，中国的商场是日本工业前途最可靠的商场。在未得到保障以前，日本的国策仍不能贯彻。所以对于关内的中国，日本是不能放手的。第二，倘若日本是采守势的外交，溥仪不应在这时候称帝。至于说溥仪称帝是表示"满洲国"实在地独立，这只能骗小孩，不能骗明眼的外交家。朝鲜虽曾有一个几百年的王朝仍不免于亡国，何况这个日本一手造的"满洲国"的王位？溥仪称帝只能有一个作用，那就是吸收蒙古人的人心。这又是攻势的外交。第三，日本人似乎已把海军平等作为日本的国策。这个海权问题更直接与世界强权相关。日本竟欲一跃而跻与英、美平等的地位。东北问题，英、美或可通融，因为它还勉强可作为一个区域问题看。海军平等问题绝无区域性质，绝不是英、美所可通融的。日本人因占领东北所引起的恐慌尚以为不足，反要在此以上加海军平等企图更大的恐慌，这是先进国所能容忍的吗？与这海权有关系的，有赤道以北的海岛问题。到了一九三五年，日本与国联完全脱离关系的时候，如日本一面要求海军平等，一面又要求保留太平洋的任委统治的海岛，这问题就更加严重了。同时从日本立场看，这个海权竞争也是不能放弃的。没有充分的海权，亚洲的门罗主义是不能成立的，日本在南洋及印度的商业也是无保障的。

总而言之，日本现在所企图的是世界权利的新分派。他这个企图危害一切先进国的权利，战争因此是不能避免的，但是广田若在目前采取守势的外交，换句话说，把日本的企图分为几段落来实现，目前的战争是可避免的，因为目前这些先进国，除非不得已，皆不愿战。我们能得的安宁，不过是短期的苟安。但是我们如何利用这短期的苟安，那确与我民族的命运有莫大的关系。

——一九三四年二月四日《独立评论》第八十八号

十一 论"日本和平"

在上古的时候，罗马人创造了一个包括全西洋所认为文明世界的帝国。在此帝国之内的种族，赖帝国的威力和开明政治，享受了三百余年的和平及富庶。这个状况就是史家所谓"罗马和平"。内幕虽有不少的黑暗和残缺，外表总算是西洋上古的黄金时代。

自罗马帝国崩溃以后，西洋至今没有见过大一统的局面，因此也没有享受过长期的和平。所有的和平都是武装的和平，都是循环内战的暂时休战。像罗马那样包括全文明世界的帝国曾无第二次的出现，但是，自十五世纪末年西洋各国向海外发展起，世界的局面产生了两种新现象。一种是东西的合化为一，成整个的世界政治舞台；另一种是数大帝国的并存，如英、俄、美。这两种政治现象都是人类史上未曾有过的，都是当代政治的基本事实。在这个局面之下，世界大和平虽是不少人士的理想和企图，直到现在仍只是理想和企图。不过，在各个帝国之内，区域之间及民族之间曾得着和平，且因此和平及近代科学之赐，享受过空前的富庶。英国人对维多利亚时代的大英帝国也贡献过所谓"不列颠和平"，英人现在努力的目标就是这个伟业的维持和发扬。不列颠和平的内幕虽也有不少的黑暗和残缺，英人在人类史上占了这样光荣的一页，总算不愧为一个伟大的民族了。

美国也可说有他的"美利坚和平"，但是其性质与"罗马和平"或"不列颠和平"的性质不同。美国在其和平范围之内并不施行统治权，如英国在印度那样；美国与中美、南美的国家也没有宪法和民族的关联，如英国与其自治领那样。"美利坚和平"虽也建在政治势力之上，虽也有人称他为美利坚帝国，且其缔造虽也利用过不少的横暴，美国人对其和平范围内的国家所加之压力自起始就比较有限，而且是逐渐减少的，但其对外力的侵略是始终一贯决不容许的。最近美国竟许菲律宾群岛独立，足证美国人对于异族统治权是不留恋的。美国当局近年在增进与南美各国的友谊之工作，可说是不遗余力。现在门罗主义的性质几乎全变了，保障美洲安全及和平已从美国单独的责任变为全美洲各国的共同责任。从一方面看起来，"美利坚和平"好像一种未成熟的帝国主义；从另一方面看，"美利坚和平"实是一种超成熟的帝国主义，因为"美利坚和平"既能供给美国充分的经济机会（至少不在其他方式的和平之下），同时美国又能避免与近代的民族国家主义敌对。或者我们可以说，"美利坚和平"是适合于二十世纪的帝国主义，是美国人对于近代政治的一种贡献。

现在苏俄也在那里建设一种"苏俄和平"。这个庞大的苏维埃联邦，论面积，仅小于大英帝国，而大于罗马帝国或美国；论所包括的民族之多，尚过于大英帝国。苏俄虽完全否认了帝俄的债务，但他没有放弃许多帝俄的土地遗产。"苏俄和平"也是建在政治势力之上，苏俄集团也是现今世界政治的主力之一。我们不要看错了，苏俄的宪法尽管替各入联的单位保留了退联的权利，实际这权利是不存在的。倘若外蒙古共和国或乌克兰共和国明天要独立，苏俄绝对不会容许——为维持他的整体，虽诉诸武力，苏俄也是不会顾惜的。虽然，"苏俄和平"的制度也有其特色，在这和平范围以内的异族有充分的文化自决权。苏俄不但不要这些异族与俄罗斯族同化，反鼓励它们保存和发扬它们固有的文化。原无文学的，苏俄替它们造了固有的文学！苏俄革命的彻底莫过于放弃，完全放弃帝俄的俄罗斯化政策。第二，苏俄决不许一区域或一民族榨取其集团之内的其他区域或民族。苏俄的经济政策是要其和平之内的各区域各民族各就其物产所宜而求均衡地发展。在这种制度之下，绝不能发生如英伦与印度那样贫富悬殊。因为有这两种特别，苏俄的团结一天坚固一天，苏俄和平也就成为当代基本事实，且是苏俄号召天下的好资料。

自"九一八"以来，日本早已说过，屡次说过，日本是东亚和平唯一的保障者。日本所做的事，无论是强占东北四省也罢，制造伪国也罢，淞沪之战也罢，长城以内的侵略也罢，退出国联也罢。日本自己说，都是以稳定东亚局面为目的。四月十七日外务省的声明就是这些发展的结晶，也就是"日本和平"向全世界的公开宣布。那个声明清清楚楚地说过：

> 单独进行维持东亚之和平与秩序，乃日本之使命，日本对此使命有决行之决心。

毫无疑问地，这个"日本和平"的树立是当代日本的国策。如果现在还有人关于这一点尚有疑问，那真是有目不见、有耳不闻了。日本自四月十七日以后对我们，对英国、美国、法国的言论，并没有否认这个国策，只加上了解释，以图避免日人所谓别人的误会。在另一方面，日人近来的言论，对于这国策本身，更加强调化了。

国人近来讨论四月十七日的声明者好像还没有充分注意日人事后的解释，我们自然把这些当作外交官话看。胡适之先生在上一期的《独立评论》就是这样的断定。他说：

> 但是这些话都是官话，都是外交官的口头禅。美国不会相信，英国也不会相信，我们中国人更不能相信。

他又问："当日若槻内阁的许多正式声明，有何效力？"但是无论这些解释是真是假，无论我们相信不相信，这些解释是极重要的。第一，日本对各国的解释是一种备案，是将来外交出发点之一。日本固可自相矛盾，到了时候又可置这些解释于不顾，但别的国家可以不忘记，可以拿这些解释来难为日本、质问日本。别的国家有了这些解释，就更多了一层理由，添了一个把柄。从外交策略上说，我们或者要相信这些解释。第二，我们从这些解释可以知道这"日本和平"的性质，至少是日本官方所宣布的性质。在上文已经指出好几种的和平方式。"日本和平"到底是个什么东西，这是我国前途的大问题，我们岂可不研究？第三，这些解释已由英国认为满意，美国亦说四月十七日声明之事已告结束，且望赫尔与广田换文的友好精神能继续存在。所以这些解释已得国际的承认或默认。

　　根据四月十七日的声明及以后的解释，"日本和平"是个什么东西呢？第一，我们可以断定，"日本和平"不容西洋各国在中国"开设定势力范围、国际管理或瓜分之端"。这是十七日声明的原文。换句话说，日本不许西洋在东亚树立政治势力。这点很像美国的门罗主义。第二，日本认这个东亚门罗主义不违反《九国公约》，日本且声明无意违反《九国公约》。在"满洲国"成立的时候，日本实已违反了《九国公约》，因为日本已破坏了中国领土的完整。日本这时还提那个条约，其意不外在关内的中国。日本愿尊重中国领土的完整、政治的独立，及列国在华均等的机会。第三，"中国之保全、统一，乃至国内秩序之恢复，自东亚和平见地观察，固日本最所切望者"。这是十七日的原文。事后日本对我国的解释更加明显：日本希望我们能够统一，也希望我们与他共分维持东亚和平的责任。第四，中国不得利用他国以排斥日本。以上四点可说是日本和平的方案。在四月十七日的声明书内，日本所注重的是第一与第四两点，在以后的解释中，日本又把第二与第四两点略加注意些。声明书与解释实在只有轻重之不同。声明书发表之后，因为它对第一及第四两点措辞那么严重，世人就未注意第二及第三两点。现在国际风波似稍微平静，因为以后的解释稍为平衡。

　　这个方案能实行吗？在我们这方面，倘若日本关于第三点是出于至诚，那我们无反对之必要，因为我们现在的急需莫过于统一。统一，依我看来，是我们解决一切问题的初步。没有统一，不但谈不到收复失地，连关内的建设亦谈不到。有了统一，就是没有外助，我们的建设就能一日千里。我们试想倘若民国以来的内战经费都搁在建设上，其成绩岂不大可观么？虽然，日本关于这点的诚心是大有疑问的。以往他对于我们统一的破坏给了我们太深的印象，除非日本在三四年内能给我们无疑的证据，我们是不能相信的。同时在日本那方面，他又怎能相信我们是为中国自己的福利而求统一及建设，不是为排日呢？这个方案的实现须有极大的互信，而这互信正是双方所缺的。同时在日本与西洋各国之间，这方案也有不少的困难。日本虽说"准各国与中国自经济上贸易上进行交涉，事实上虽为对华援助，但在不妨碍东亚和平维持范围以内，日本亦无对此实行干涉之必要"，但什么是妨碍东亚和平？谁有权能决定这点？美国已声明他不能接受日本的决定，中国也已声明不能接受日本的决定，如接受了，中国就会变为日本的保护国。这是中国舆情及国际形势所不许的。

好在日本国策的实行有无困难，不久就可以揭晓。一方面有吉回华之后，我们就可以知道日本所希望我们的究竟是什么。同时，国联开会讨论技术合作的时候，我们就可以知道，日本将反对中国的建设到何等程度，列国将顾全日本的立场到什么程度。有了这些答案，然后我们可以明了"日本和平"的真正性质。在此以前，我们不能决定一个对策。

——一九三四年五月十三日《独立评论》第一〇〇号

十二　经过"满洲国"

现在的旅行者谁不想到苏联去看个究竟？近十几年来关于苏俄的情形，我读了不少，也听了不少。誉之者说苏联是天堂的临世，毁之者说苏联是疯子造的活地狱。数月以前，我遇着一个新从苏俄来北京的美国教授。我告诉他，我准备到苏联去，他说："好极了。现在只有苏俄值得一看，别国，连美国在内，都是束手无策，唯独苏俄一往直前，并且在苏俄旅行毫无困难。"不久，我偶与北平某使馆人员快要归国者谈话，我问他是否将取道西伯利亚。他说："我不走过苏联。我不愿在途中饿死，或被蚊子臭虫咬死；我的行李，我也不要被小偷窃去了。我何不走海道舒舒服服地回家呢？"这个人，我以为是有成见。不过临行之前，我买到一部新出版的《旅俄须知》。著者的口气是袒苏联的，他著书的目的是要劝人到苏联去的，却是他的写法颇使旅行者为难。他说旅行者必须带蚊帐、臭虫药；必须谨防扒手；牙粉、胰子要多带些；纸笔也不可不带。这样说来，到苏联去简直比到中央亚细亚还要难些。

我因为这次出国是要去找欧洲各国所藏有关中国的史料，不能不到苏俄去。无论怎样困难，去是要去的。这个大前提决定了，走哪条路颇费斟酌。中、苏两国是邻邦，而且疆界相连的几及万里，但是两国之间的交通尚有困难。若乘船过苏伊士运河，不但费钱费时，而且须经过好几个第三国家。若走旱路，最直接的莫过于坐欧亚航空公司的飞机，经新疆、中央亚细亚；可是新疆地方当局，抱定闭关割据主义，不许通航得以实现。许多的朋友劝我取道海参崴，不过这也有困难。第一，怎样到海参崴？从天津到海参崴，并没有直航的船。从上海到海参崴虽有船往来，但是航行无定期，且都是装货的船。只有先到日本，再从日本坐船到海参崴——这样，岂不是绕了一个大圈子。第二，从海参崴，坐乌苏里铁路及阿穆尔铁路也费时间。第三，人们所以不愿走东北的缘故之一是精神的不愉快，但是海参崴、乌苏里、阿穆尔（即黑龙江）岂不也是失地？想来想去，我终决定出山海关，取道哈尔滨、满洲里。这是无办法中的一个办法。决定虽是这样决定了，经过"满洲国"的困难哪能使我欣然就道呢？

我是八月十六日晚间在北平动身的。因为无同伴，我更加感觉不高兴。十七日清早车到了山海关。我的心跳上跳下，如临大敌一样，不知日本浪人军警要玩什么把戏。殊不知下了车以后，第一件事不是别的，而是在同一个站上等"奉山路"的特别快。直等了三个钟头，谁也没有来理会我，我只好看别人往往来来。山海关这个地方是最奇怪的。车站虽是北宁路的车站，站上的军警及海关职员，除非细加考察，很难分别他们的国籍。车刚到站的时候，站上有一排兵，我当初以为他们是"满洲国"兵。但是排长发号令的时候，用的是日文，我就把他们当作日本兵。后来我又想：或者由日本人用日文发号是"满洲国"的国粹，这些兵仍是"满洲国"的兵。至于旅客，那些坐三等车，背着包袱，牵着小孩，有老婆跟着，不敢左右顾视的，当然是我们贵国人。坐头二等的，有些很难分别。像我那样穿西洋衣服，说湖南话，一班脚夫总疑我是东洋老。

在站上，忍不住，与日本国际观光社的一个社员交谈起来。这人倒很聪明，一见面他就认定我是中国人，且是一个受过盎格鲁-撒克逊教育的中国人，因为他开口就向我说英文，其实他的北京话比我的还好。他很客气地领导我到一个小钱铺去换钱，这就是我的消遣。"满洲国"的副币轻便整齐极了。我做了一个点历史考据的工作，发现了两个极关紧要的事实：一个是"满洲国"居然自称为"大满洲国"；另一个是在"康德元年"以前居然有"大同三年"。

"大同"这两个字文又引起了许多的感想：戊戌变法家康有为好讲大同，孙中山先生有时候也讲大同，现在郑孝胥又这样地实行大同起来了！大同究竟是大同，还是大不同呢？

十点钟检查行李。检查者是哪一国人，我始终没法断定。检查倒很合理，不过严，也不过于随便。同时我看见一个三等旅客带着一个旧式皮箱，外加木架，架板是无数绳子缚住的，难怪检查者要疑心他。箱子打开以后，检查者要这位旅客把衣服一件一件拿出来，摇一摇、摆一摆，如北平前门外或天津估衣街卖旧衣的那样。检查的时候，旁边站着一个荷枪的兵士，威风凛凛，大有要吞人的样子。许多脚夫闲人围着看把戏——商女不知亡国恨，不知商女者又何其多也！

十点半，我上了"奉山路"的特别快。在上车以前，没有人问我要看护照。上了车以后，前面所讲的那位荷枪兵士不久也上来了，他问我到哪里去，我说到欧洲去。大概我的"欧洲"是十足湖南土音的。我说了三遍，他还没有懂。他很气，我也很气。于是我从口袋里拿出名片及北平日本使馆给我的介绍信给他看。他看了，不再问就下车去了。

这样的，我算出了关，进了"满洲国"。现在且谈这个"奉山路"的特别快。最后一辆是头等，头等以前是二等，二等以前是饭车，饭车以前是什么，我没有去看。饭车及头等、二等的式样完全与"南满路"相同，而其精致反过之。尤其是那辆头等车，一半是坐车，一半是客厅，最后是观望台；其装饰之巧美，只有日本人能做得出。这辆车子之新，新过"满洲国"。日人好美而尚武，我们好美者尚雅，而雅者多半有痨病。这是什么缘故呢？车开不久，侍役在各客人前搁了双拖鞋。同车者仅四位日本客人，两文两武。文武同时脱下皮鞋，套上拖鞋。我也跟着他们在"奉山路"过日本生活了。

辽西没有特别风景，乡间的状况一如关内，各处都满布太平景象。我看不出什么"王道"，挑担者挑担，赶火车者赶火车，一概仍旧。沿途的站上，兵稍微多一点，沙袋、铁丝网、碉堡似乎也比往日多一点，不过这些只使人们想起霸道。车到锦州的时候，一位高级日本军官上车。站上排满了送行的人：军官居首，次是兵士，再次是成年平民，再后是儿童。车开的时候，行军礼的行军礼，弯腰的弯腰。我不知怎样忽然想起法国一七九一年的宪法。那个宪法把国民分为两种，积极的或动的国民及消极的或静的国民。静的国民有人权而无民权，唯独动的国民有人权亦有民权。当时法国革命的激烈分子批评这个宪法为反动。我觉得国民有动静之分是彰明昭著的事实，与是非毫无关系。锦州站上的送行列队表示日本人，不分男女、老幼、文武，都是动的国民。我们的人口虽六倍于日本，恐怕我们之中动的国民之总数还不及日本。

下午七点多钟，车到沈阳，日人叫"奉天驿"。这里我又须等四个钟头。我得想法子"杀时"。在满铁站的食堂里吃晚饭"杀"了一点钟。这里的菜单与"奉山路"车的菜单是一样的，第一行是日文，第二行是和化的汉文。我不懂日文的时候，看和化的汉文；不懂和化的汉文的时候，就看日文；把两种凑合起来，可以勉强定菜。譬如，车上有牛肉扒，日文字母说这就是Beefsteak。"蝴蝶蛋"这个名词多么诱人，但是拿出来一看，不是别的，就是一面煎的两个鸡蛋。吃了饭，还有三个钟头，只好在候车室里观人。许多青年日人，身着洋服，兴高采扬地在室里谈话吸烟。仔细看看，我觉得他们并不快乐、不自然。快乐的、自然的，还是那些脚拖木屐、身着宽袖大领和服的人。最不自然的是日本军官，他们的长筒皮靴子使旁观者看见不舒服！日本的西洋化虽比我们高些，日人的天性似乎不安于西洋文化。

日本国内的不安及日本给国际的不安，归根岂不是因为日人中了西洋文化病菌？

十一点上"南满路"的特别快。上车以后就睡，醒来就到了"新京驿"。一九二九年的夏天曾游过长春，现在似乎热闹多了。上了"中东路"的车以后，一个着制服的人进我的房间，问我要名片。他看了，就问："那边都好？"我答："那边都好。"他又问："您舒服吗？有什么事我可做吗？"我答了"没有"，他笑嘻嘻地下去了。不久又来一个着便服的，他道歉式地说："您知道我不能不这样做。"于是他问我答，不外从哪里来，到哪里去，做什么去等，总共不过四五句，他也下去了。

"中东路"（或"北满路"）车子有点像汪精卫先生所说的破落户：宽大，而且曾有一个时代很讲究，现在不过装个体面而已。上午八点多钟开车，下午两点到哈尔滨。沿途的景象一如常态。我同房的皮箱上面写的 P.Y.Wu，但他手里拿的是本日文杂志。我们始终没有交谈一句。

哈尔滨的"格兰得火大鲁"（Grand Hotel）几乎是专为西伯利亚旅行者而设的。事无大小，这旅馆没有不能代办的。旅客把事情委托了以后，可以安心乐意地到街上去玩。上次我在哈尔滨的时候，特区的长官是张焕相。他治哈埠的精神很像诸葛亮治蜀那样，抱定鞠躬尽瘁的目的，事无大小必亲自处理。那时我因为要知道外人对哈埠市政的感想，去找了美国总领事汉森先生谈话。我问他美侨是否交纳市税，他回答说："美侨为什么不纳税呢？市中道路、警政、电话等都办得大有长进。我们的商人既然享受这许多的便宜，他们有何理由不纳税？"民国十八年可说是中国人在哈埠的黄金时代。造孔庙、建宫殿式的中学校舍，收回"中东路"的地亩和电话，开市民议会。论市政，那时哈埠是全国的模范市；论国际关系，那时特区长官勇往直前地收复失权。那时在哈埠的中国人真能扬眉吐气，不免太骄傲一点，目中太无人了（这种心理是以后中苏战争的根由）；白俄赶车，做叫花子，在街上替人刷鞋，做娼妓，开饭店；赤俄为主义所束，大势所迫，进退两难；至于日人，那时他们是看戏的，不是唱戏的。现在日人不但上了台，且唱的是主角；中国人少数上台的不过装小丑而已。

十九日早晨，搭"中东路"车往满洲里。车子过了松花江，四面一片汪洋。我很奇怪怎么哈埠以北来了一个大湖，打探才知道是涨大水，过了半个钟头始到旱地。下午路过一站名叫"成吉思汗"，可惜我不知道那个地方与成吉思汗有什么关系。大概说来，齐齐哈尔以东，土地肥沃；以西则只有草地，且带点沙漠气象。有几站有日人的军功碑：某年某月某日帝国军队某营某团以少敌众，杀退几千几万中国兵。有些地方有日本军官的土坟，简略的木牌说明这是大佐或中校某某以身殉国之处。

二十日（星期一）清早到满洲里，这是中东路的最西一站，过了这站就入苏俄境了。西伯利亚的特别快还没有到站，我们只好到市里去玩玩。我同两个美国人（一个是哥伦比亚大学的法文教员，一个是钟表商）进城。读者不要误会，满洲里与中国其他城市大不一样。第一，此城没有城墙。第二，市上的房子大多数是木建的。第三，街道宽则宽矣，全是自然的，雨后的状况可想而知。第四，店铺的招牌全是汉俄合璧。伙友全是能说俄国话的山东人。不到黑龙江及西伯利亚走走，我们不能知道山东人的殖民能力。走了半点钟，我们把满洲里的街道都走到了。所见的人，汉俄的各半，似乎很相安的。我看见少数日本兵，一个小小的日本旅馆，我没有看见日本商店或日本商人。

十点，"满洲国"检查出"国"旅客的行李和护照。检查护照者是个说英文的日人，连办公室墙上的通告都是日文的。他读了我的介绍信，倒很客气，没有多问，并且祝我一路平安。检查完了，上"西伯利亚特别快"。十一点多钟车开了，我就算经过"满洲国"了。

——一九三四年十月二十一日《独立评论》第一二三号

十三　民族复兴的一个条件

凡抱有事业志愿而入政界者，十之八九在极短的时期内无不感叹地说："在中国做官可以；做官而要同时做事，很困难；做事而又认真，很危险；认真而且有计划，那简直不可能。"为做官而做官的，只要人人敷衍、事事通融，反得久于其位、步步高升。官场最不可缺的品格是圆滑，最宝贵的技术是应付。这种自然的淘汰是淘汰民族中之强者、有能力者，保留民族中之弱者、庸碌无能者。

这种风气的盛行已太久了，在前清宣统年间，全国所认为罪魁的是盛宣怀。其实当时的权贵，哪一个做的事之多且大可以比得盛宣怀？社会对其贪污之厌弃，固是公论，但对其所创造之事业曾无一词的赞许，这岂算得公道？在光绪年间，权臣最受御史的弹劾及清议批评的就是李鸿章。其实在光绪一朝，集其他人物的一切事业还不及李鸿章的事业的一半。在中国几千年的历史中，有几个人敢于大规模地改造传统的制度？这几个人的名誉又如何？秦始皇创造了大一统的中国而论者只知其"暴"，那班假托为封建诸侯复仇的反得着了二千余年的士大夫的同情。王莽及王安石乃我民族仅有的社会经济改造家，而二人之为奸，在士大夫的眼光里，只有程度的差别。这种空气只能培养高官达爵，不能产生事业家。

政界如此，其他各界亦复如此。最可痛心的是，这种病态心理已深入教育界。现在在这界服务的人大多数只愿担任教学，不敢担任行政；担任教学的人大多数又只愿讲学，不愿督学。我国教育之宜改良，这是人人承认的。但是教育部长、校长、院长、系主任一动手改革，那就满城风雨了。若以报纸所载的为根据，中国人的理想大学是这样的：对教职员无论如何不裁人；对学生不收学费，津贴愈多愈好，按期发文凭。其实在我国的学术早已化成资格的造就。科举虽废了，科举的心理尚存。

世界上只有一个民族，其注重个人主义可以与我们相比，那就是盎格鲁-撒克逊人。但是他们以自食其力为荣，食人之力为耻；我们以自食其力为耻，食人之力为荣。他们崇拜英雄、事业家，我们不崇拜。在他们的社会里，不做事而说便宜话的没有立身之地；在我们这社会里，不做事者的骂人就是清议。英、美是民治制度最发达的国家，但英、美人民并不借以重权付诸其领袖；我们号称几千年专制的国家，但在我们中间，有一人操权，就有百人忌他、骂他、破坏他。英、美的个人主义是为个人谋创造的自由及机会，同时鼓励别人的创造；我们只有地位欲，没有事业欲，我们不图创造，亦不容别人创造。

前几年，有位青年朋友来找我，要我替他在南京政府里谋一差事。我问他能做什么、希望什么薪金。他说他能抄写，希望六七十元一月。我就告诉他，这六七十块钱也是人民出的，应该替人民做六七十块钱的事情。他的回答很愤慨："在南京拿六七百元一月而全不做事的太多了，你何必计较这六七十元呢？"三十几年以前，中、俄合办中东铁路的时候，俄国要保存合办名而实行独办，于是把位高禄厚无事的督办位置给中国人做；我们以为占了便宜，于是心满意足。近代在所谓中外合办的事业上，外人利用我民族这种弱点者还不仅俄国。

我们不要以为我们几千年来一切的国难都敷衍过去，这一次也能敷衍过去。我们现在所处的局势是几千年来未有之变局。美国提高银价，我们的农工商业就受重大打击，只有国家积极的政策始能挽回万一。英国要联日以制俄，我们就成了英国送给日本的礼物，这也不是靠圆滑的无为所能阻止的。日本放弃金本位，我们的幼稚工业就受压迫，这不是各工厂各自努力所能抵抗的。日本要为大和民族谋万世安全，我们就发生存亡的问题，这不是我们"独善其身"的传统哲学所能补救的。这种外来的压力，如同黄河长江的洪水，非有强有力的政府、积极做事的政府，及全国的总动员，是无法抵御的。现在的世界是个积极的世界、事业的世界。

在这个当儿，我以为我们要首先改革我们的人生观。圆滑、通融、敷衍，以及什么消极、清高都应该被打倒。我们要做事。我们要修路，要治河，要立炼钢厂，要改良棉种麦种，要多立学校、立更好的学校。我们要做事，吃苦要做事，挨骂也要做事。官可不做，事要做。别的可牺牲，事业不可牺牲。做事的人，我们要拥护、要崇拜。说便宜话的人，纵使其话说得十分漂亮，我们要鄙视。对一切公私事业，只要大政方针不错，我们只有善意的批评，没有恶意的破坏。我们知道，我们现在所做的事业都是新事业，是我民族没有经历过的事

业。做或者要做错，不做则永远做不好。做尚有一线之望，不做等于
坐以待毙。

革除地位的人生观，抱定事业的人生观。这是我民族复兴的先决
条件。

——一九三四年七月八日《大公报》星期论文

十四　中国近代化的问题

近代世界文化有两种重要的特别：一种是自然科学，一种是机械
工业。这两种特别引起了许多政治经济社会的变迁，如大规模的民
治，兼领数洲的大殖民帝国，资产阶级与劳动阶级的斗争，支配世界
市场的大公司等。上次世界大战以前，全世界的文化发展似乎有共同
的趋势：素不行民治的国家如中国、日本、土耳其、俄罗斯都像望着
民治走；曾未使用机械的国家也步步地踏入工业革命的园地。却是大
战以后，经苏联的革命，意大利、德意志、日本诸国的法西斯运动，
世界的政治经济制度反而背道而驰了，至少是各向各方去了。现在世
界没有共同的趋势，所谓近代文化究竟是什么，各国亦有各国的说法
了。虽然，此中有一点我们必须注意：斯大林与希特勒在政治经济的
立场上虽一个站在北极，一个站在南极，两人对于自然科学及机械工
业都是维护的。世界的一切都可革命，谁都对于自然科学及机械工业
尚未闻有革命之声。左派的、右派的，帝国主义者与反帝国主义者，
男的、女的，白种、黄种，老年、幼年：没有一个肯树反自然科学和
反机械工业的旗帜。所以我们如说中国必须科学化及机械化，并且科

学化和机械化就是近代化，大概没有人反对的。

这种科学机械文化发源于欧洲西部，近代史就是这种文化的发展史。西欧以外的国家都被这种文化征服了。抵抗这种文化的国家不是被西欧占领了，化为殖民地了，就是因战争失败而觉悟，而自动地接受这种文化。胜利的抵抗是没有的。能利用这种文化来生产，来防守国土者就生存，不能者便灭亡。这是近代史中的铁律，没有一个民族能违犯的。

关于西欧以外的国家接受科学机械文化的过程，有几点值得我们的注意。第一，接受愈早愈便宜，愈迟愈吃亏。在同治、光绪年间（十九世纪的后四十年）远东历史的最重要事实是中、日两国近代化竞争。在那个竞争之中得胜者一切都得胜了，失败者一切都失败了。十八及十九世纪俄罗斯及土耳其的形势亦复如此。俄国能占领黑海以北的土地是因为大彼得在十八世纪初年为俄国立了近代化的基础。近代化的迟早、快慢和程度是决定近代国家命脉的要素。

第二，科学机械文化从西欧向外发展的区域有两种。一种是土著的人很少，西欧人移居其中，把这种文化带去了。美洲及澳洲之成为西欧文化区域是因为美洲及澳洲成了西欧人居住的区域。另一种是人口稠密，西人不能移植的区域，如东欧、中国、日本、印度。西欧人的势力到这些地方去的是政治经济的，不是移民的。这些地方能否近代化须看地方人民自己的努力。第一种区域近代化的过程是简单的、自然的，其经验没有可资我们借鉴的。第二种区域的近代化都是从艰难困苦、内忧外患交迫中得来的，其过程之富有色彩和戏剧性是历史家和政治家不能也不应忽视的。

印度在近代史的前几幕就亡国了，我们可以置之不论。余有四国可资比较，即中国、日本、俄国、土耳其。这四国的经验有紧要的共同点：四国近代化都是自上而下的。俄国近代化的发起人是大权独揽的大彼得。日本近代化的发起人是少数贵族的政治家。中国近代化的发起人是同治年间的权贵，在内恭亲王奕䜣和大学士文祥，在外长江的督抚曾国藩、李鸿章、左宗棠。土耳其近代化的发起人是少数留学西欧的知识分子。在四国，群众都是反对近代化的。这不是说这四国的群众是比别国的群众特别顽固。无论在哪一国，群众是守旧的，创造是少数人的事业。在辛亥年，如果全国对国体问题有个总投票的机会，民众十之八九是要皇帝的。现在的民众如有全权决定要不要修汽车路，大多数会投票决定不要汽车路。数年之前，如苏联的民众能自由选择集耕或分耕，百分之九十是要维持分耕的。凯末尔假使遵从民意，土耳其妇女的解放就不会实现了。我们在西欧文化区域内受过教育的人不知不觉地接受了那个区域内的民意哲学，忘记了我们所处的境遇完全不同。英、法、德、美各国进步上的再进步是可迟可早的，至少不致成为国家存亡的问题。西欧文化区域以外的国家则不能不积极地推动各种反民意的改革。

在中、俄、日、土四国之中，近代化既是自上而下，并且常违反民意，改革的推动不能不赖政权的集中。从这四国近代化的过程，我们可以得着一个共同结论：政权愈集中的国家，其推行近代的成绩愈好。所谓好，就是改革的程度愈彻底、愈快速。没有大彼得的横暴（不仅专制），旧莫斯科的守旧势力是不能打倒的。俄国或要保存鞑靼的、东欧的文化直到拿破仑大战的狂风暴雨，十八世纪的宝贵光阴将整个地空费了。在民族的竞争之中，百年的落伍是不易补救的。大彼得虽于死前未得着俄国人的感激，他是俄罗斯民族的大恩人，这是无容疑问的。战后列宁和斯大林的伟业实在就是大彼得的事业的继进。不过他们在俄国的专制、恐怖、横暴，可说到极度了。有许多人至今只知道布尔什维克的厉害和俄国反革命者末日的惨痛，不知道共产党在俄国的使命是要俄国超近代的近代化。以俄国民众的愚蠢及昔日领袖阶级的自私，非用极大的暴力，苏俄革命是不能成功的。

日本明治的维新与我国所谓同治中兴有一个极大的差别。日本的维新是以政治革命为基础的。尊王派的政治目的达到了以后，政权才集中，维新家始得以天皇的尊严来号召全国。因为天皇的尊严到了绝顶，所以日本的维新家无须倡一党专政，无须用密探和恐怖。同光年间的中国名为统一，实不统一。曾、李、左诸人的事业不是国家通盘筹划的事业。李鸿章在北洋负创设新陆军和新海军的责任，但他的财源可靠的仅北洋一隅。其他各省的协饷要看李的势力和李与其他各省督抚的私人关系。京内的御史老爷们，甚至各衙门的胥吏及内廷的太监都能和他捣乱。到了甲午，尚有北洋舰队敢与日本一战，李鸿章已算大成功了。只有绝顶天才始能创造新事业，始能为民族行百年大计。这些天才，因为没有集中的政权做后盾，不知道历史上有多少被庸人和群众反对而消没了。

土耳其在革命以前的维新很像中国在前清末年的维新：三心二意地维新，成绩很少，费用很多，整个国家几乎为这样的维新所灭亡。等到凯末尔用严密的组织统一了政权，又利用这政权来打倒一切步骤不齐的行动，然后土耳其始真正地复兴了。

民国以来，我们一面想要接受近代的科学和机械，一面又因内战把国家割裂了，政权分散了，所以国运反而在革命以后遭更严重的打击。自国府定都南京以后，我们才慢慢地从艰难困苦之中建设了近代化的最低限度的基础，那就是说，政权慢慢地统一了。我们不必讳言，这种统一还有不健全的地方，还有待我们努力和牺牲来完成的地方。但是近代化的问题关系民族的前途太大了，无论牺牲多大，我们不可顾惜。不近代化，我们这民族是不能继续生存的。不统一，我们的近代化就不能进行。统一而政权不集中或集中而运用不大胆、不猛烈，则近代化虽进行而不能快。那么，我们落伍的距离就不能追上了。

所谓自然科学和机械工业不是少数学者和学校的事业，也不是几个都市的事业。我们有时因为近年理工两科的学生和设备加多，就心满意足，以为中国就近代化了。其实中国近代化的程度是很可怜的。说农业：中国的农民与近代的科学可说是不发生关系的。说行政：仅少数上层机关有几分近代化的皮毛，余则因循度日。说工业：就是大都市里面的大工厂尚且有用中古的管理方法来使用近代的机器的。倘此后政府不加以督促和鞭打，我们的生产事业都会被国际竞争所淘汰。

我们近年在各方面确有相当的进步，但是我们的进步离应付国难的程度还远呢。我们的外交内政，大干、冒险地干、革命地干，或者干得通；小干、三心二意地干，就会干不通了。所以在纪念民国二十五年的时候，我愿全体同胞从大处着眼，为民族谋百年的大计，拿出我民族的伟大精神来。

（一九三七年《大公报》国庆特刊）

现今史家的制度改革观

　　史学是研究文化沿革的学问。文化沿革包含制度的改革，所以政体的变迁，宗教的演进，以及社会组织的改良，尽属制度改革的范围。即如普通一般人所说"维新""变法"等，也无非是制度上局部的改革。至于他们所谓"革命"，也就是制度改革剧烈的象征。人类自有史以来，经过多次的革命，即经过多次剧烈的制度改革。所以制度改革，是人类一个大问题。关于这问题的研究与讨论，中外都不乏人。然而研究愈多，意见愈不一致。这不一致的缘故，最要莫过于各人思想方法的不同。思想方法好像各人戴的眼镜，眼镜的光线若有毫厘之差，全世界面目必致有千里之谬。所以我们要研究、批评、采取哪一派史家制度改革的意见，先要留神他的思想、观察方法。我们若要对于国内政治社会问题的解决有所贡献，我们也必须慎重我们自己的思想方法。本文要讨论的就是现今史学对于制度改革具怎样的观念，有什么思想方法的贡献？我深信史学有极大的贡献，因为史学范围是研究文化上各重要问题。但是欲明白这贡献的性质和价值，我们须细看近二百年来史学对于制度改革观念的变迁。

　　在中古的时候，欧洲思想家皆奉耶教的《圣经》、教堂父老的遗训及亚里士多德的哲学为万世法。为人的目标在于遵守万世法，求学的目标在于精通万世法。著作只有注解，辩论不过引经。提倡制度改革者，反对制度改革者，均以《圣经》为标准。即按中国历史讲，这个道统的思想法，我们也曾使用过。我国昔时的学者，每逢制度改革问题发生的时候，往往问新制度是否合乎尧、舜、禹、汤、文、武、周公、孔子的圣道。现在公然承认这方法为正当者可谓无人，但不知不觉中使用之者尚有其人。自从马克思、列宁、孙中山新道统发现以来，这思想法恐有复活的趋势。

欧洲自文艺复兴以后，道统在思想上的势力一步一步地减损了。科学家在自然界发现了许多与《圣经》相反的观念，对于道统，就不能无疑了。哲学家如笛卡儿一派又力倡怀疑，以为这是思想的第一步。还有因为商业和实业发达而产生的资产阶级，明明有财产、有势力，而政治势力远在贵族与僧侣两阶级之下；他们也要打破教堂的势力。这种科学的、哲学的、经济的发展，虽与道统的思想法是势不两立的，但起始无人敢正大光明地否认古法。直等到十八世纪，法国人伏尔泰始下总攻击令。伏氏是一个多才的人，他在史学史上、文学史上、政治社会史上，均占有地位。本文只论他在史学中发表的制度改革观念。

伏尔泰（一六九四——一七七八）的环境，我已间接地说了一点。史家称他的时代为开明专制时代，因开明专制为当时的时尚。与他同时的有俄之大彼得，普之大腓特烈，中国之乾隆。当开明专制君主的模范路易十四世死时，伏氏正二十一岁，尔时欧洲非君主专制而国强民富者首推英国，次则荷兰。就政体说，英是君主立宪，荷是共和，实际上两国皆由贵族与资本家操政。两国的商业最兴旺，思想最自由。法国正是英荷的反面。在十八世纪的时候，法国外交大失败，法属北美及印度皆被英国夺去。加之内政不修，行政腐败，赋税虽重而财政常患破产，思想极不自由，资产阶级与贵族僧侣的冲突，日甚一日。于是法人忧心国事者，莫不大倡制度改单。果然，伏氏死后十年，法兰西革命就起始了。

伏氏时代的思想潮流，我们可以在下列几件事实里寻线索：牛顿比他大五十二岁，牛顿的大著作《原理》出版在他生前七年，牛顿死时，伏氏已经三十五岁。诸科学家中，伏氏最佩服牛顿。比伏氏年幼的大科学家有化学家拉瓦锡及生物学家布封，社会思想家与伏氏同时的有孟德斯鸠、亚当·斯密、卢梭、狄德罗。所以这时代可谓思想史上的开明时代。我们现在且看在这种环境生长的伏尔泰关于制度改革的观念是怎样？

伏氏以为国家立制度只有两个目的：（一）为人民谋富庶，（二）促进文艺与科学。这两个目的在他看来均极自然。他既是资产阶级的发言人，他自然要政府注重商业与工业；他又是知识阶级的领袖，他自然要政府提倡文艺与科学。在他著的《路易十四世史》内，他说这两个目的是同等的重要；在以后著的《人类风俗制度论》内，他又说第一个目的比第二个更重要。但他始终以为制度不应限制人民思想自由，因此他极恨当时教堂的跋扈。这为人类争思想自由的主张，或者就是他一生最大的功劳。

定目的为制度改革之第一步，求方法为第二步。在伏氏思想中，第二步并不困难。他所著的《大彼得时代俄罗斯史》，极端地称赞彼得以一人的决心居然能在沼泽中立圣彼得堡新都。在他头脑中，这桩事可以代表当时开明专制君主改革制度的能力。至于法国维新方法，他的提议也很简单，就是废除法国的旧制度，输进英国的新制度。只要如此，大事就成了。他佩服英国，并不因为英国人民有参政权，他明明知道当时英国人尚无参政权。他以为政体是个枝叶问题，专制也好，立宪也好；但是政府开明不开明，执政者开通不开通，这些是根本问题。他佩服英国，因为英国人民富庶，思想自由，因为他想英国达到了他理想的两个目的。

伏氏派（唯理派）的史学有两特点：（一）伏氏派以为制度是一人或数人突然用意造成的。文化的沿革，正如大彼得之筑圣彼得堡。你若问他：“为什么这样一个黑暗的教堂制度可以成立？”他必答：“教堂制度是几个教皇为私利造成的。”若又问：“为什么这样一个限制自由的工业基尔特制可以发生？”他必答：“就是黑暗时代少数工人领袖为私利组织的。”（二）伏氏以为制度是无国别的。一国用之而富，他国用之亦必富。所以他不问英、法二国有没有环境的、民族的、历史的差异，能使一国的制度，不适宜于第二国。这二点用不着批评，因为下文所述的史学史一部分，就是批评他和他那派的史学。

谈论到此，有一疑问发生：伏氏派的思想和中国近五十年来维新家的思想，到底有否异同？我们以为异的有一点，就是中国维新家注重政体，伏氏不大注重政体；同的有二点：（一）伏氏希望法国能出大改革君主如大彼得，我们的维新家亦盼望中国出改革君主如日本的明治，或革命家如美国的华盛顿。华氏与彼得固然不是一流的人物，但我国维新家的思想途径，与伏氏的仿佛一样。这种思想其实不新，中国几千年来人民唯望出圣天子，恐怕也是这个意思。（二）我们也喜欢仿效他国的制度。所以至今我们宪法上一个悬而未决的大问题，还是采法国内阁制，或美国总统制？

伏氏是资产阶级上层的代表。与他往来的是当时的名流及开明君主。他以为如他自己一般的上等社会有知识的人，定能革新社会；他极看不起下等社会的人，他不信他们有干涉国家大事的能力。卢梭与他同时，但卢梭的态度，却与伏氏相反。卢梭是资产阶级下层的分子，即下等社会的代表。他的父亲是一个工人，他与工人、农夫、小商贩的交际不少，所以于下等社会很表同情。伏氏说，小百姓的坏在于愚鲁；卢梭说，愚鲁正是他们的好处。伏氏要政府提倡文艺与科学；卢梭以为社会的腐败，正是因为文艺与科学的发达。卢梭思想的出发点，是他的"自然人"。"自然人"（原始人，无文明的人）是极高尚的、快乐的。原始社会是平等的、自由的、友爱的。平等自由是人类原有的，权利是天赋的人权，友爱是天赋的人性。卢梭对于法国改革的方法，就是"返于自然"。

卢梭不是历史家，但历史家受他影响的不少，尤其是十八世纪后半的德国历史家。当时德意志比法国更不自由，人民更无参政的机会。德国文人如我国太史公似的"意有所郁结，不能通其道"，就"述往事，思来者"。席勒的《荷兰革命史》、穆勒的《瑞士联邦独立史》、赫尔德的《人类史哲学大纲》等书，皆极称赞"自然人"，思想均似《民约论》。这几个史家把人类的全部史当作"自然人"为天赋人权及天赋人性战争史看。我们近几十年的排满运动，反对袁世凯运动，打倒帝国主义运动，在我们自己头脑中都带有为天赋人权战争的色彩。我们全没错过：我们只爱自由，我们所反对的完全是剥夺我们自由的桀纣；我们所崇拜的，像席勒和穆勒书中的英雄一样，均是为天赋人权战争而牺牲性命的英雄。

伏尔泰所希望的开明专制（非君主的），果然实现于法兰西革命时的政府；卢梭所倡的天赋人权，亦载在宪法上。经过二十五年战争，二位学者的思想，不但在法国施行，并且在比利时、荷兰、德属莱茵河两岸、瑞士、意大利、西班牙等地施行。伏氏所谓制度是数人突然用意造成的，是无国界的，似乎得了一个铁证。法国小百姓们为革命的牺牲，也好像证明卢梭的思想。不幸事与愿违，拿破仑失败以后，革命的成绩，在法只有部分地保存，其他各国几乎全废除了。欧洲思想的腔调，也完全改变：革命以前提倡维新，革命以后主张复旧。以前举伏氏和卢梭旗帜的人，现在均举伯克的旗帜了。普通历史教科书以为复旧潮流是梅特涅一人的狡诈手段造成的，其实不然，梅氏不过顺流而下。在这种潮流内发生了十九世纪前半的浪漫派史学。

　　浪漫派是唯理派的反面。它受了法兰西革命失败的影响，所以否认：（一）制度是可以数人突然用意造成的；（二）制度是像货物，可由各国彼此交换的。他们下了两个正相反的新定论：（一）制度、法律、风俗——一切的文化——是有机生长物；（二）各民族的个性，是这种生长物的滋养料。制度既为有机的生长物，它的变迁有一定的时期和速率，非人所能勉强的。法人革命之失败，正如宋人"揠苗而苗槁"。民族的个性既是制度的滋养料，各国的制度只适宜于本国，仿效他国制度是根本不可能的。

　　浪漫派的史学有一个大长处，就是促进缜密的研究。因为假若文化是数人一时用意造成的（如唯理派所说），我们可以不必学史，因为文化就可说是无史的。但假若文化是有机的生长物（如浪漫派所说），它必有根源：制度愈重要者，其根源必愈深远。况且民族个性的发展，大半是在幼稚时代，所以注重民族个性者，不能不注重古史——虽是极难研究的一段史，却非研究不可。浪漫派的许多学者，因而振奋精神，努力研究，求精深的学问。所以在十九世纪前半期，许多史学的附属科学，如语言历史学、金石学、校勘学大大发展。浪漫派的几个伟人——尼布尔、格林兄弟、艾希霍恩、萨维尼，实在为史学史开了一个新纪元。

浪漫派的成绩虽佳，它的两个结论（如上所述），似不能完全维持。在十九世纪的后半期，不但法国竟达到革命的目的，即其他各国，亦多少实行民治。法国革命之失败，不过一时，并非永远的，足见凭理去改革制度，不是完全可以"揠苗助长"讥笑他的。民治主义之传播于全欧，甚至于全世界，足证各民族虽有个性，亦有同性；人类是能彼此仿效的。浪漫派的文化观念，有些像现今国内主张保存国粹的观念：二者均有时看本国的文化——所有的制度、法律、思想、宗教、风俗——为完全的，为十分宝贵的；仿效外人的文化，终究是嫌混杂的；二者可谓均有些排外性质，因为二者均生于民族国家观念极热烈的社会里面。那么，假若我国学者能够像浪漫派那班伟人努力研究与著作，则中国史学也许有开一新纪元之可能。

浪漫派关于文化沿革的观念既太偏，必有一新派校正之者。这一派即十九世纪后半发生的唯实派。唯实派虽与浪漫派有差异，但并非浪漫派的反面。浪漫派与卢梭派接近而与唯理派相反。唯实派则居唯理与浪漫二派之中。此不过言其大概，实际并非若是简单。唯理派的史观既被浪漫派推倒，浪漫派的史观，又与目前时局之发展不相符合，唯实派自必另辟蹊径。此非易事，盖唯实派一方面欲继续浪漫派精密研究功夫，一方面又受多数社会的及思想的影响。所以唯实派与浪漫派，过渡极慢；其根基较深，其史料较繁，其方法较精。欲明唯实派的真相，我们必须分析欧洲近七十年来的政治社会及思想的潮流。我们并且要探索每一潮流在史学上发生何种特别影响。

（一）劳工运动。从一八三八年至一八四八年，英国工人发起一个极大的公民宪章运动。此运动的主旨，在为普通人民争选举权。当时工人以为选举权能助他们要挟议会立良善劳工法。他们要争的选举权，不过一种利器，他们的实在目的是求减轻工作及提高工资。比宪章运动的影响更大的，又有法国一八四八年二月的革命。以前的革命大概以资产阶级为主动团体，劳工不过附和而已；但是二月革命却以劳工为主动。革命以后，劳工代表加入临时政府，又逼着政府建设国家工厂。马克思和恩格斯的《共产党宣言》也在这年出世。以后机械实业愈进步，劳工运动亦愈扩充。劳工问题遂成各国内政的一大问题。

劳工运动在史学上发生两个连贯的影响：（1）推广历史范围。劳工运动以前的史，大概只有事实发生在政治舞台上者则入史。对于这种政府传记式的历史，唯实派提出几个质问："文化全是政治舞台上的人造成的么？人民虽未上台演剧，他们岂尽是观剧者？他们不是在台后做事么？"以这种质问为假设，唯实派再研究历史，结果历史一变而为人民公共生活的传记。英国史家格林所著的《英国人民略史》即应此潮流而出的。（2）用经济解释历史。十九世纪的阶级经济冲突，既然能左右时局，那么，在他世纪或者亦是如此情形。于是史家从事经济史的研究，结果唯实派不得不承认经济变迁为制度改革主要原因之一。文艺之复兴并非如旧史家之推测，盖其原因不在土耳其人之攻破君士坦丁而在十二及十三世纪意大利城市商业的发达。宗教革命与其说因为路德愤天主教堂的腐败及专制，不若说北欧人民不愿捐钱纳税给教皇。美人革命的大成绩，并非政治的独立，乃经济的自主。卢梭派所歌颂的天赋人权战争，一化而为鱼肉的战争。马克思的经济史观，即此潮流之极端左派。现今史家抱经济史观者还不多，因他们不承认历史是一元的，但无人否认经济竞争为数元中之一。

（二）达尔文主义。达氏思想的分析，不在本文范围之内。本文只能列举他的重要观念以为讨论的根据。（a）环境（包括气候、山水、土性等等）能滋养生物，亦能限制生物。（b）生物的繁殖是乘法式的。（c）各种生物的各种特性时常变迁。（d）因环境的限制，及生物的繁殖，变迁转优者则生存，转劣者则被淘汰。（e）特性之变状是能遗传的，积多数变状遂成新种类。进化论的总意，就是说生物界各种类，从极简单以至于人，是经极长时期继续演进的。达氏思想的影响，自不限于史学，但在史学上，已与他种影响分不清了。有时达氏的影响与孔德的及斯宾塞的影响混合起来，如同莱基及斯蒂芬。有史家立论与达氏思想相似，而其来源与达氏全无关系的，如德罗伊森所谓国际问题即权力的竞争，国即力的表现。达尔文主义在史学上的影响，举其要可谓有两端：

（1）环境的注重。生物即受环境之支配，人亦生物，自然不能超环境。其实达氏的注重环境，是社会科学家马尔萨斯引起的。但在马氏以前，还有孟德斯鸠。孟氏论气候、土性与文化的关系颇详，史家受其影响者亦不少，故唯实派可称孟氏派。但达氏学说盛行以后，史家的环境观念更深一层：文化根本是人类应付环境的利器；环境变迁因而文化亦时常变迁；诸变状中，应付环境能力较强者则生存，较低者则消灭。所以各国各时的文化皆有其价值，因为文化是对环境而生的。唯实派史家于是多少必研究地理，如森普尔甚至相信地理为最能解释历史的要端。但地理范围极广：有注重气候者，如汉庭顿；有注重土性者，如西姆科维奇；有注重交通者，如亚当斯。但唯实派各史家至少承认从地理能得文化变迁的一个理由。

史家所谓环境并不限于地理。文化包括极多分子，文化全体以地理为环境，各分子又彼此为环境。譬如工厂制为文化的一分子，工团亦是文化的一分子，此二者互相为环境。科学与实业，民治与民智，交通与商业，一种科学与他种科学，一门职业与他门职业，彼此关系线索往返不已。文化与地理的关系，亦极复杂；文化各部分的彼此关系更复杂。唯实派的困难可想而知。特赖奇克的《德意志十九世纪史》虽有多种缺点，究为极等佳作，因其能汇文化各支流成一大川，使读者于各支流的来龙去脉，彼此交错，以及全江的趋势，都了然在目。

（2）演进的观念。文化既为应付环境的利器，环境一变，文化亦必随之而变。但环境自然的变迁少有突然的，大变迁是积多年无数的小变化而成的。文化的变迁亦然，所以历史是演进的。唯实派因此不说美国独立于一七七六年七月四日，因为美国的独立是几百年养成的。唯实派也不说罗马亡于四七六年，因为罗马的衰败是几百年酿成的；并且罗马的一部分，至今尚未灭亡。但根据演进的观念，以观察时事，不是古非今，或是今非古；不反对改革，唯反对无知地改革——就是环境未变而偏要变制度，或改革制度的一部分而不能改革有关系的第二部分；不反对守旧，唯反对无知地守旧——就是环境变了而偏拘古法。

文化变迁既恃环境变迁为转移，现今人类从科学所得的制驭环境能力，即人类促进文化的大机会。譬如京汉铁路一成立，京汉间一、二〇〇公里之距离即缩为一〇〇公里之距离。意大利虽无煤矿，科学能助意人化水力为电力而创大实业。所以现今提倡改革者，与其坐祷圣主出世，或人类之返于自然，不若努力制驭环境。国内知识阶级望全国早统一者，与其责备军阀，不若谋交通之发展。望民治的实现而专讲宪法起草，正如"舍本逐末""缘木求鱼"。

（二）社会心理学。经济竞争及应付环境二观念——史学从劳工运动及达尔文主义所得的礼物——还不足以解释全部历史。譬如英人未压迫爱尔兰以前，爱人有自动地改革宗教的趋势；压迫以后，无论英人怎样勉强他们改教，爱人对于旧教的信仰反日日增加。这次欧洲大战，我们都说是各国经济帝国主义的冲突，然而甘心乐意为国家牺牲性命者，大多数是与帝国主义无关系的劳工。法国革命的时候，巴黎市民加入暴动者有许多并不知道革命的目的是什么。英国工人为选举权费了许多心血，但普选案成立以后，他们仍旧为贵族的及资本家的候选员投票。中国人现在还不剪发者，是为经济竞争呢，还是为应付环境呢？"经济竞争"与"应付环境"偏重人类的理想，其实理想以外还有感情，有习惯，个人单独的行为又与群众不同。在社会心理学上，制度就是社会的习惯，制度的改革就是习惯的改革。

近世社会问题的心理方面，大引起一般学者的研究，如沃拉斯、李普曼、奥格本、米勒。于是史家亦有利用社会心理学以研究历史者。自从勒庞的《革命心理学》出版以来，论法国革命者莫不讨论感情、习惯及群众行为与革命的关系。史学因之更形困难，但亦更近实学。

受了此三种影响——劳工运动，达尔文主义，及社会心理学——费了多少年精密的研究，唯实派始达到今日的地位，始能对于制度改革的思想法有所贡献。这个贡献是什么？以前史家对于制度的改革，有以政治开明不开明为标准者（伏尔泰派），有以天赋人权为标准者

（卢梭派），有以民族个性为标准者（浪漫派）。唯实派对于制度的改革，则以经济冲突、坏境变迁、社会心理为标准。"政治开明""天赋人权""民族个性"——此三者皆为空虚的、不可度量的观念。"经济冲突""环境变迁""社会心理"——此三者皆为事实的、客观的、可度量的观念。制度改革问题，从玄学界一移而至实学界。唯实派的史学固然尚在幼稚时代，但与其用玄学的思想法，不若用幼稚实学的思想法。且史学一上实学的途径，就有成科学的希望。或者将来科学的史学偕同其他社会科学，能产生一种社会工程学。那时的制度改革问题，将变为社会工程问题，而政治家就是社会工程师。

（录自《清华大学学报（自然科学版）》第二卷第二期）

图书在版编目（CIP）数据

中国近代史 / 蒋廷黻著. —广州：广东人民出版
社, 2023.5（2024.4重印）

ISBN 978-7-218-16519-6

Ⅰ.①中… Ⅱ.①蒋… Ⅲ.①中国历史—近代史—研
究 Ⅳ.①K25

中国国家版本馆CIP数据核字(2023)第067657号

ZHONGGUO JINDAISHI

中国近代史

蒋廷黻　著

版权所有　翻印必究

出 版 人：肖风华

责任编辑：马妮璐
责任技编：吴彦斌
监　　制：黄 利 万 夏
特约编辑：高 翔
营销支持：曹莉丽
装帧设计：紫图装帧

出版发行：广东人民出版社
地　　址：广东省广州市越秀区大沙头四马路10号（邮政编码：510199）
电　　话：(020)85716809(总编室)
传　　真：(020)83289585
网　　址：http://www.gdpph.com
印　　刷：艺堂印刷（天津）有限公司
开　　本：710mm×1000mm　1/16
印　　张：24.5　**字　　数**：294千
版　　次：2023年5月第1版
印　　次：2024年4月第2次印刷
定　　价：59.90元

如发现印装质量问题，影响阅读，请与出版社（020-85716849）联系调换。
售书热线：（020）87716172